# 이건희를
## 추억하는
## 아주 특별한 방법

## 이건희 개혁 이야기 365

한 명이 100만 명을 먹여 살리는 시대
타고난 천재를 조기에 발탁하고 그 재능을 마음껏 발현하도록 해주는 것이
미래를 위한 투자의 요체다.

아이북스

365일 독자와 함께 지식을 공유하고 희망을 열어가겠습니다.
지혜와 풍요로운 삶의 지수를 높이는 아인북스가 되겠습니다.

# 이건희를 추억하는 아주 특별한 방법

초판 1쇄 인쇄 2016년 02월 04일
초판 1쇄 발행 2016년 02월 11일

| | |
|---|---|
| 엮 은 이 | 김지숙 |
| 펴 낸 이 | 정유진 |
| 펴 낸 곳 | 아인북스 |
| 등록번호 | 제 2014-000010호 |
| 주　　소 | 서울시 금천구 가산디지털2로 98 |
| | (가산동 롯데 IT캐슬)2동 B208호 |
| 전　　화 | 02-868-3018 |
| 팩　　스 | 02-868-3019 |
| 메　　일 | bookakdma@naver.com |

ISBN 978-89-91042-62-9 (03320)
값 16,500원

# 이건희를
## 추억하는
## 아주 특별한 방법

## 이건희 개혁 이야기 365

한 명이 100만 명을 먹여 살리는 시대
타고난 천재를 조기에 발탁하고 그 재능을 마음껏 발현하도록 해주는 것이
미래를 위한 투자의 요체다.

아이북스

# 이건희를 추억하며

오늘 아침 문득 이건희 회장이 그립다. 병석에 계신 이 회장은 예전의 모습 그대로 우리 앞에 나타나실까? 아니면 우리와 이별을 준비하실까? 이런저런 상념에 마음이 착잡하다.

이 책은 삼성은 물론이고 대한민국 경제발전에 커다란 공헌을 하신 이 회장을 추억하는 의미로 썼다.

"마누라 자식 빼고 다 바꿔라." "이대로는 안 된다. 위기의식을 가져라. 위기의식이 곧 성공의식이다." "일류가 아니면 살아남지 못한다." "경제는 승부가 아니라 생존을 건 전쟁이다." "이제는 바꿔야 산다. 지금 바꾸지 않으면 우리에게는 영영 기회가 없다." "질 경영, 입체적 사고, 국제화, 복합화의 의미" 등 이 회장의 어록을 중심으로 그동안의 경제활동을 요약 정리해보았다.

이 책은 삼성이 재벌의 위치에서 우리에게 무엇을 불편하게 했나, 혹은 잘 했나, 또는 재벌가의 뒷얘기나 알려지지 않은 회장의 가십거리를 엮은 책이 아니다.

단순히 이 회장이 걸어온 길, 고비 때마다 어려움을 어떻게 이겨나갔는지를 정리한 책이다. 누구나 당연히 알고 있는 다소 진부한 내용이라 해도, 우리가 이 회장을 추억하는 방법의 하나로, 그를 다시 되돌아보고자 썼음을 밝혀둔다.

이 원고를 작성한 것은 2000년대 초반이었다. 그 동안 출판할 시기를 찾지 못하다가 이번에 기회가 닿았다.

시간이 너무 많이 흘러 내용이 뒤처진 것은 아닌지 걱정이었다. 그래서 다시 읽어보았다. 그러나 지금 다시 읽어봐도 당시에 했던 이건희 회장의 말은 모두 지당하고 앞날을 예견한 것들이라 오늘날에도 독자 여러분께 많은 도움이 될 것 같아 출판을 결정했다.

이건희 회장의 그 많은 말들을 한 마디로 요약하자면 '한 방향으로 가자'는 것이었다. 그의 말대로 무조건 한 방향으로만 가면 되는 것일까 의문을 품는 사람도 많을 것이다.

결과론적으로 보면 이 회장의 말은 모두 옳은 것이었다. 이 회장의 말이 모두 진실일 수 있었던 것은 삼성 호를 이끄는 선장으로서의 역할을 이건희 회장이 참 잘해 주었기 때문으로 보인다. 망망대해에서 선장이 방향 지시를 잘못했을 경우 사고가 날 수도, 좌초될 수도 있다. 그러나 삼성은 오늘날까지 세계적인 기업으로서 건재하다. 그것은 선장이 역할을 잘 해 준 반증이라 할 수 있을 것이다.

이 회장이 삼성의 메기를 자처하며 삼성 호를 튼튼하고 건실하게 이끌어왔기에 오늘의 삼성이 있는 것이 아닐까 생각해본다. 이 회장의 메기로서의 역할은 셀 수 없이 많다. 그 중 기억에 남는 몇 마디는 질 경영, 도덕 경영, 스케일, 기회 선점, 국제화, 복합화, 불량은 암이다, 라인 스톱 제, 현지화, 고부가가치, 하청업체가 아니라 협력업체다, 인간존중, 평생직장, 탁아소, 메기, 입체적 사고, 신 사고, 조기 출퇴근 제, 업의 개념, 자율경영, 뒷다리 잡으면 솎아내라, 초일류기업, 구매의 예술화, 기록이 역사이며 재산이다, 인재의 중요성, 여성 인력의 적극적 활용, 불량제품 화형식, 등등 수도 없이 많다.

사회나 기업을 이끄는 것은 5%의 핵심인력이라고 한다. 이 5%가 자칫 방향을 잘못 잡거나, 정체성을 망각하고 자기 이익에만 눈이 어둡다면 그 사회나 기업은 장래를 보장 받을 수 없을 것이다. 반면 이 5%가 정체성을 공고히 하고 사회발전을 위해 애쓴다면 사회, 나아가 국가, 세계의 발전에 지대한 영향을 미치리라 생각한다. 이 5%의 정체성을 확고히 심어줄 메기가 있다면 그건 바로 이건희 회장일 것이다.

옛날에 어떤 훈장이 학동들을 가르치는데 혀가 짧아 '바람 풍(風)'을 '바담 풍'이라 하니 아이들도 모두 '바담 풍'이라 했다지 않는가! 물론 웃자고 하는 이야기겠지만 여기서도 간과할 수 없는 것이 스승의 역할이자 본이다. '바담 풍'이라 발음하는 훈장을 바르게 가르쳐야 배우는 아이들이 '바람 풍'이라 제대로 발음하지 않겠는가! 이렇게 훈장을 제대로 가르치는 이가 이건희 회장이라면 우리의 앞날은 밝을 것이다. 본을 요즘 말로 바꾼다면 멘토가 될 것이다. 지금의 사회 상황으로 볼 때 우리에게 필요한 멘토는 용장(勇將)이나 덕장(德將)보다는 지장(智將)이 아닐까 싶다. 또 그 지장의 역할을 해줄 이가 이건희 회장이라고 개인적으로 생각한다.

아무쪼록 이 글을 읽는 당신께 시간 낭비가 되지 않기를 바라며 한 마디 한 마디 깊이 생각하며 읽어주기를 바래본다.

# 차 례

# 001 제2의 창업에 나서자

"위대한 창업주의 뒤를 잇는다는 것이 얼마나 힘들고 무거운 책무라는 것을 잘 알고 있습니다. 그러나 지난날 우리의 창업주와 선배들이 어떤 시련과 고난에도 굴하지 않고 오늘의 자랑스러운 삼성을 이룩하셨듯이 본인은 젊음의 패기와 진취의 기상을 바탕으로 제2의 창업에 나설 것입니다. 그리하여 우리의 삼성이 우리 세대 안에 세계 최고의 기업으로 도약하는 원대한 포부의 실현에 최선을 다하는 견인차가 되고자 합니다."

새 회장의 취임사는 당당하고 의욕에 넘칠 뿐 아니라 웅비의 의지를 담고 있다. 그러나 삼성그룹 임직원들은 물론 밖에서 이를 지켜보던 대부분의 사람들도 갓 취임한 회장의 발언에 그다지 비중을 두지 않았다.

1987년 11월 19일 오후 5시 5분 이병철 삼성회장이 이태원동 자택에서 향년 78세를 일기로 별세했다. 40여분 뒤 삼성본관 28층 회의실에서 신현확 삼성물산 회장 주재로 37개 계열사 사장단회의가 열렸고, 5분 만에 만장일치로 이건희 부회장을 회장으로 추대하였다. 이건희 부회장이 1971년 이병철 회장의 유언장 공증에 따라 후계자로 책봉된 지 16년 만에 드디어 황제의 자리에 오른 것이다.

그로부터 12일 후인 12월 1일, 호암아트홀에서 삼성그룹 간부 1천3백여 명이 참석한 가운데 회장취임식을 가졌다.

당시 그의 나이 45세, 1966년 동양방송에 평사원으로 입사한지 21년만이었다.

# 002 '변신'으로 표현되는 '불같은 분노'

"5년 전에, 여러분 뭐라고 그랬느냐? '저 사람 이상주의자다, 실무를 모르니 저런 소리 한다. 부잣집에서 자랐으니 우리 월급쟁이 고충을 알겠느냐'하면서 내 말을 밑으로 전달도 안했다. 그럼 그렇게 말하는 사람은 현실을 알았냐하면 더 몰랐다."

'변신'으로 표현되는 이건희 회장의 '불같은 분노'다.

창업주 고(故) 이병철 선대회장이 쌓은 업적이 워낙 뚜렷했고, '애송이 신참'은 아직은 그저 지켜보아야 할 '황제의 아들'에 불과했다. 장남과 차남을 뛰어넘어 3남인 그가 가업을 이어받았기에 '운 좋은 상속자'라는 형용사도 잊지 않고 붙여주었다.

하지만 재벌회장의 발언에 으레 있음직한 화려한 수사 정도로 치부되었던 이건희 회장의 취임사는 5년 남짓 뒤 이른바 '이건희 신드롬'을 불러일으키며 삼성그룹을 뒤흔들고, 사회전체에 엄청난 파문을 일으켰다.

"오늘은 내가 '제2창업'을 선언한 지 5주년이 되는 날이다. 나는 5년 전 바로 이 자리에서 '21세기 초일류기업'이라는 원대한 비전을 제시하였으며, 여러분들은 '위대한 내일'을 실현하기 위해 새롭게 태어날 것을 굳게 다짐한 바 있다. 제2창업은 우리 모두가 21세기를 자랑스럽게 맞이하기 위한 '영광의 선언이요' 격변의 시대를 이겨내는 절체절명의 '생존선언'인 동시에 국내 정상에서 세계 속의 일류로 도약하기 위한 '새 출발의 신호'였다."

# 003 공격이 최상의 방어다

"창업1세는 존재만 하면 되지만, 2세는 집안의 잡음을 없애고 임직원으로부터 인정을 받아야하며, 일반적으로 사회의 인정을 받아야한다. 이 일을 하는데, 나는 만 4년이 걸렸다."

흔히 창업보다 수성(守成)이 어렵다고들 하는데, 이건희 회장이 1993년까지 말해온 내용을 유심히 살펴보면 처음부터 '수성'보다는 '제2창업', '재도약', '세계 일류기업', '21세기 초일류기업' 등의 표현을 동원하며 적극적이고 공격적이며 미래지향적인 입장을 견지했다.

수성이란 퇴보이며, 궁극적으로는 수성조차 불가능하게 만든다고 보았기 때문에 시간이 흐를수록 표현 강도가 점차 높아진다. 경제 역시 공격만이 최상의 방어가 될 수 있다.

이처럼 이건희 회장이 일관되게 표방해온 적극적, 공격적, 미래지향적 경영방침에 비추어보면, 그가 보여준 발언과 행보는 오히려 때늦은 감도 있다.

이 회장은 제2창업 5주년이 되는 1993년 신년사에서 이런 말을 했다.

"지난 5년이 수련과 준비의 기간이었다면, 지금부터 5년간은 … 실천과 성과의 시기가 되어야 하겠다… 제2창업 제2기의 첫 해를 맞이하는 올해 그룹의 경영방침을 밝히고자 한다. 그룹의 사업구조를 21세기형으로 전환하는 일에 박차를 가해야 하겠다. 기업은 살아있는 생명체이며 끊임없이 변신하지 않으면 살아남을 수 없는 위기의 존재다."

# 004 수신제가(修身齊家) 후
# 일관된 경영관을 유지하라

"내가 말을 안 하니까 비서실 직원들조차 사실로 믿는 눈치였다. 심지어 자식이 95명이나 된다는 소문까지 나돌았다. 나는 다 알고 있었다. 그러나 나는 12년 전 막내를 낳은 후 정관수술을 했기 때문에 더 이상 자식을 낳을 수 없는 사람이다."

이건희 회장은 '수신제가(修身齊家)'와 '자율경영의 실험기간'으로 4년을 보내면서 나름대로 일관된 경영관을 유지하며 착실히 준비해왔다.

1991년 이 회장은 끊임없이 불화설이 나돌던 둘째 형 창희 씨의 병실을 40여 일간 지키면서 '물보다 진한 피'의 형제애를 보여주었다. 이런 일들은 집안의 잡음을 없애는 과정이었다. 그저 쉬고 있었던 게 아니다.

이 회장은 일본에서 초등학교를 졸업했다. 일본말을 할 줄 몰라 '꿔다놓은 보릿자루'처럼 지냈다. 말을 잘 못하는 '조센징(조선인)'이라 친구도 없었다. 그러니 자연 혼자 있게 되고, 그러다 보니 대화하는 것보다는 혼자 생각하는 시간을 많이 갖게 되었다. 서울사대부중고를 마칠 때까지 '부잣집 도련님'의 티를 전혀 내지 않았고, 급우들과 도시락을 나눠먹는 등 구김살 없이 지냈으며, 친구들과 뭘 사먹을 땐 자기가 먹은 값만 치르면서도 친구가 대학 등록금이 없어 쩔쩔매자 아무도 모르게 그를 도와주기도 했단다. 스스로 "제 별명이 '말 없는 사람'입니다. 집에선 으레 재미없는 사람으로 돼 있습니다."라고 털어놓기도 할 만큼 남 앞에 나서기를 꺼려하고 좀처럼 말이 없어 '수줍은 황제'라는 애칭까지 얻었다.

# 005 시장원리를 잘 이용하면
# 공부도 하고 돈도 벌고

"번호판만 달면 몇 킬로를 뛰었든 상관없이 중고차 값으로 떨어지기 때문에, 1년 이내에 파는 새 차도 중고차 값으로 살 수 있다. 그런데 미국인들은 차를 신발로 알고 청소를 잘 하지 않기 때문에, 몇 달 타다가도 청소만 잘 해서 팔면 살 때보다 더 비싸게 팔 수 있었다. 이런 시장원리를 이용해 1년 반 정도 미국에서 공부하는 동안 차를 여섯 번 바꿨는데, 나중에 보니까 6~7백 달러정도가 오히려 남아있었다."

이건희 회장은 일본 와세다 대학 상과를 졸업하고 미국으로 건너가 조지 워싱턴 대 대학원에 진학하였다.

그가 미국에서 처음 구입한 차는 이집트 대사가 타던 차였다. 대사가 새 차를 산 지 50일도 안 되었는데 전쟁이 터져 본국으로 소환되는 바람에 시장에 나온 차였는데, 새 차가 6천 6백 달러할 때 4천 2백 달러에 샀다고 한다. 그는 그 차를 서너 달 굴리다 4천8백 달러에 팔아 6백 달러를 남겼다고 한다.

"모든 길은 경영으로 통한다. 어떤 것도 무심코 넘어가는 법이 없다."는 그의 말에서 한국의 대표적인 기업을 경영하는 것이 곧 평생의 삶이 돼버린 훗날의 그를 일찌감치 발견하게 된다.

이 회장은 또 1988년 3월 22일 '제2창업'을 선언하고 '제2창업을 위한 그룹 경영방침'에 들어있는 그의 '신사고'를 시대의 흐름에 맞는 '새로운 개혁방식'과 독특한 스타일로 일반인들의 가슴을 두드렸다.

# 006 루머가 끊이지 않는 이유는 비정상 출근이었다

"1982년엔가 교통사고를 당해서 한동안 진통제에 의지했던 적이 있어요. 식물인간이니 마약중독이니 하는 얘기가 나돌았지요. 결국 혼자 힘으로 극복했어요. 중상모략이 끼어들고 해서 그 뒤에도 소문이 계속 났어요. 엘리베이터걸과 어쩌니 등등…. 이걸 안 믿은 사람은 내 자신과 가족들뿐이었어요. 나는 '내 자신이 아니면 그뿐'이라 생각하고 해명하려고도 하지 않았어요. 그러니 소문은 더 요란하게 났지요."

이 회장이 자신을 둘러싼 루머에 대해 언론에다 공식입장을 밝힌 것은 1993년 8월 초 유력 신문들과의 인터뷰가 처음이었다. 그만큼 각종 유언비어 때문에 이 회장이 큰 피해를 보았다는 뜻이다.

이 같은 루머가 나온 배경은 이 회장이 1992년 회장실에 정기출근하지 않았기 때문으로, "물리적 출근을 갖고 말이 많다는 것을 알고 있다"면서 "출근부 찍지 마라. 없애버려라. 집이든 어디에서든 일에 대한 생각만 있으면 된다. 구태여 회사에 출근해서 일할 필요는 없다."고 강변한다.

이 회장은 이와 관련해 다음과 같이 밝히고 꼭 28층에 출근해야 정상적인 것은 아니라고 주장한다.

"물리적 출근을 갖고 온갖 루머가 끊이지 않고 있다. … 사무실이 세 곳에 있다. 사는 곳(두 군데)에서 전화로 전 세계 주요지점이 곧바로 연결되고, 팩시밀리, 복사기 등이 있어 집무에 아무 불편이 없다. 사는 곳이 제2, 제3의 사무실이다."

# 007 루머는 암보다 더 독하다

"나에 대해서 많은 사람들이 생각했던 것과 그 이미지가 크게 다르다고 말한다. 식물인간이다. 회장 얘기하는 것 모두 비서실에서 만들어준 것으로 알고 있다는 반응이다. 회장의 건강 상태도 모르고 회사가 되겠는가? 회장이 남인가? 남의 유언비어나 믿다니……"

이 회장의 칩거에 대해 1991년 하반기 들어 재계에는 끊임없이 루머가 나돌았다. 이 회장은 오사카에서 중앙일보 임직원들을 대상으로 한 특강에서 이에 대해 위와 같이 밝혔을 정도로 그 자신도 잘 알고 있었다.

이 회장을 둘러싼 각종 루머는 살에 살을 더하며 재계에서 몸집을 불려나갔다. 이회장도 루머 때문에 얼마나 시달렸는지 오사카특강에서 다음과 같이 명확하게 자신의 입장을 밝히고 있다.

"나를 둘러싼 루머는 집단이기주의와 재산 때문으로 본다. 이것은 더럽고 유치하며 암보다 더 독하다. 집안과 회사, 나라 망치는 행위다. 유언비어가 여기서 나왔다. 식물인간이니 엘리베이터걸이 어떠니, 자동차 사고 때 연예인과 함께 있었다느니, 3~6살의 자식이 90여 명이라는 등등. 모두 다 믿는다. 99%가 믿는다. 이 자리에 있는 내 조카(이재현, 재관 씨)도 믿는 눈치다. 안 믿는 사람은 내 자신과 마누라뿐이다. 왜냐하면 3~6살의 자식이 수십 명 어쩌고 하는데 나는 12~13년 전에 이미 (정관)수술을 했다. 비서실 측근들도 루머를 믿고, 여러분도 믿고. 이게 바로 우리나라 풍토다."

31

# 008 스캔들 공식해명으로 '혁신의 기수'로

"나를 어떻게 생각하는가? 내가 그렇게 어려운 존재인가? 나는 괴물이 아닌데 모두 나를 괴물, 이상한 베일에 싸인 사람으로 만들고 있다. 많은 사람들이 선대 회장에 대한 무서움을 나에게까지 연결시켜 동물적으로 두려워하는데 이런 것부터 빨리 바꾸어야한다." "쓸데없는 잡음은 없어져야한다. 또 선대 회장을 모시던 그룹 임직원들이 나를 어리고 약하게 보는 인식도 이제는 바꿔야할 것이다. 이와 관련한 해명이나 설득으로 낭비되는 시간을 줄이는 것이 삼성에도 도움이 될 것이기 때문이다."

이 회장은 그동안 자신에 관해 난무하던 갖가지 '스캔들'에 대한 공식 해명을 자청했다. 물론 답은 '사실무근'이었다.

그러자 세인들의 관심은 진위여부보다는 왜 하필 이 시점에서 그가 해명을 자청하고 나섰을까 하는 데 쏠렸다. '경영혁신의 일선에 나선 그는 악성루머가 계속 나돌 경우 지도력 강화가 불가능하다고 판단했을 것이고, 이러한 루머를 하루빨리 불식시켜야만 불붙은 개혁 분위기를 계속 이어나갈 수 있고, 자신에게 덮여있던 부정적 이미지 또한 개선할 수 있을 것이라 판단했을 것이다.'라고 해석하면 의문이 풀린다.

스캔들 해명의 가장 큰 의의는 이 회장의 '철저한 자기 변신'이다. 스스로 '나부터 바꾸겠다. 나를 따르라.'고 외치는 그의 모습에서 삼성 인을 비롯한 많은 국민들은 비로소 그를 '운 좋은 상속자'에서 '혁신의 기수'로 그의 이미지를 바꿀 수 있었기 때문이다.

# 009 재벌 2세는 축복은 못 받아도
# 잡음은 없어야한다

"건강은 직접 보시면 아실 테니 문제랄 것도 없고 나와 관련된 그동안의 각종 소문을 내 자신도 듣고 있습니다. 뭐 엘리베이터걸이 어떻고 애들이 몇 명이고 하는 것 말이죠. 재산이 뭔지……. 나는 그런 소문들이 나와 가장 가까운 쪽에서 나왔었다는 것도 알고 있습니다. 재벌 1세에서 2세로의 이양이 그만큼 복잡하다고나 할까요. 여러분이 아시다시피 나는 3남입니다. 이양기간도 몇 년이나 걸렸고, 개인적인 문제입니다만 나는 16~17년 전에 불임시술을 받았는데……. 아무튼 재벌 2세는 집안에서 축복까지는 못 받아도 잡음은 없어야 합니다."

1993년 8월 4일 모 일간지와의 인터뷰 내용 중 '이 회장의 변신을 갑작스럽다고 보는 시각도 있습니다. 그동안 시중에 나돌았던 여러 설 등의 진위와 건강은 어떻습니까?'라는 질문 내용에 대한 답변의 일부이다.

'이건희'라는 이름은 '이병철'이라는 너무 큰 나무의 그늘에 가려 그저 '재벌 2세'라든지 '운 좋은 상속자' 또는 '스캔들 메이커' 따위의 부정적인 이미지로 덮여있어 실체를 제대로 보지 못했던 게 사실이다. 부정적으로만 보이던 대상이 어느 날 갑자기 아무도 예상치 못한 변신을, 그것도 대단히 파격적인 방법으로 시도했기에 그 변신은 충격적으로 다가올 수밖에 없었다. 발 빠른 행보로 이미지 변신에 성공할 수 있었던 것도 그와 관련된 '미확인 스캔들'이 뒤에 깔려있는 베일 효과 때문이 아니었을까 싶다.

# 010 나는 아버지로부터 고독을 배웠다

"가장 예민한 나이에 많은 것을 겪고 배웠죠. 고독과 가족에 대한 그리움, 일본의 차별구조에 대한 분노 등 모든 감정을 두루두루 느꼈습니다. 그렇지만 영화를 많이 볼 수 있어서 나름대로 바쁘게 보냈던 기억이 납니다."

이 회장은 "일본에 가서 일본을 배우라"는 아버지의 명령을 거역할 수 없어 1953년 초등학교 5학년 때 일본으로 건너갔다. 이미 영주권까지 얻고 동경농대에 다니던 큰형과, 작은 형 창희와 함께 동경에서 자취하며 고달픈 유학생활을 했다.

아버지는 사업차 일본에 자주 드나들었지만 바빠 거의 만나지도 못했다. 아버지는 어린 아들에게 용돈도 빠듯하게 쥐어주는가 하면, 어설픈 부정도 보여주지 않았다.

그는 일본유학시절을 회상할 때마다 아버지의 가르침을 잊지 않는다. 거부의 칭호를 듣던 아버지가 그에게는 의도적으로 검약정신을 몸에 배이게 하고 배고픈 생활을 견디도록 훈련시킨 것이 사무치기 때문이다.

"나는 아버지로부터 고독을 배웠다. 그래서 홀로서기에 도전할 수 있었다."고 이 회장은 회고한다. 우리는 '아버지는 아들에게 경험과 능력을 가르치기 위해 성장의 시기를 스스로 극복할 수 있도록 일본으로 보내 고독 속에서 사색토록 한 것이 아니겠느냐?'는 아주 긴 의문에 대한 간단한 결론을 내릴 수 있다.

# 011 먹기 위해 돈 버는 행위는
# 가장 천하다

"먹기 위해 돈 버는 행위는 가장 천한 것이다. 존재하기 위해서 존재한다는 것은 가장 차원 높은 삶이다."

이건희 회장은 이런 생활관과 인생관을 자주 강조한다. 권위를 부정하며 하루 한 끼의 소식을 하고 술도 거의 못한다.

이 회장은 음악을 듣거나 비디오를 보는 등 혼자 있기를 좋아하여, 스스로도 밝히듯 친구가 없다. 그래서인지 그는 어려운 일이 생기면 자문을 구하기보다는 혼자만의 깊은 생각 끝에 결정을 내린다고 한다. 개혁 정책도 참모들의 도움보다는 스스로의 결정에 따른 것으로 분석된 것은 이런 그의 성격 탓이었다. 혼자 생각에 잠기는 버릇에 따라 다양한 사고를 하는 것이 남이 보기에는 핵심이 없는 것처럼 보이기도 했다.

일본에서 초등학교를 다니고 대학까지 졸업한 그는 일본의 역사와 관습 등에 대해서는 권위자로 통할만큼 해박하다. 이는 그룹 임직원들을 대상으로 한 개혁에서 큰 무기로 활용되었다.

그는 또 "부잣집에 태어나 열 살 때부터 골프채와 운전대를 잡았다"고 할 정도로 자기 자신을 거리낌 없이 말한다.

그는 회장취임 후는 물론 1991년 말 이후 거의 모습을 드러내지 않아 온갖 억측과 루머에 휘말리기도 했다.

이랬던 그가 잇따른 해외회의 특강을 통한 개혁조치로 전면에 나서는 형태로 바뀌어 주목을 끌었다.

# 012 좋은 의미의 메기가 되자

"논에서 미꾸라지를 키울 때 한쪽에는 미꾸라지만 넣어두고, 또 다른 쪽에는 메기 한 마리와 함께 넣고 키워보면 메기와 함께 큰 미꾸라지들이 오히려 더 통통하고 싱싱하다. 왜냐하면 메기와 같이 있는 미꾸라지들은 메기를 피해서 도망 다니느라고 항상 활발하게 움직이기 때문이다. 우리 '삼성이 제일'이라고 착각하는 삼성 인에게도 건전한 위기의식과 함께 적절한 자극이 있어야 경영환경변화에 적응하기가 쉽다. 따라서 나는 좋은 의미의 메기가 되어 삼성 조직에 항상 활력과 긴장을 불어넣고, 사원 모두 메기가 될 수 있도록 리드하고 있다."

이 회장이 강조하는 '메기론'이다.

사실 '메기론'은 이병철 회장 생존 시 그에게 누차 강조하던 교훈 중의 하나로, 이병철 회장도 20대에 농사를 지으며 터득한 경험에서 나온 철학이라고 한다.

또 그는 누구보다 가정을 사랑하는 사람이다.

"가정은 모든 것의 근본이다. 가정을 지키지 못하고 무슨 일을 하겠는가? 육아전서도 30번 이상은 읽어야 한다."

이 회장은 가정의 소중함을 이렇게 일깨우며 자상함을 보인다. 그러면서 사원들에게도 항상 가정에 충실할 것을 강조한다.

# 013 '메기'가 되어 '살찐 미꾸라지'로 변화시키는 것이 할 일

"… 개인이건 조직이건 간에 위기감 속에서 문제의식이 싹트고 적당한 긴장감은 활력을 가져다준다. 회장직에 취임한 직후부터 나는 그룹 내 임직원들에게 이 건전한 위기의식을 늘 강조해왔다. 21세기를 접어드는 오늘날에도 정보, 통신기술의 발달로 세계는 이미 하나의 지구촌이 된지 오래고 산업분야는 물론 문화, 예술분야에까지 큰 변혁이 일어나고 있다. … 이웃 일본은 일찍이 미국, 독일 등으로부터 기술을 들여와 자기기술로 정착시켜 오늘날의 경제대국으로 성장하였으나 이제는 더 이상 모방할 기술이 없어 그들 스스로 독창적인 기술을 개발하지 못하면 살아남지 못하며, 한 번 뒤떨어지면 영원히 2류 기업으로 전락해 버린다는 사실에 위기감을 느끼고 차세대를 겨냥한 첨단기술 개발에 온갖 노력을 다하고 있다. 말하자면 메기가 없어진 시점이 바로 위기의 출발점이라는 영악한 자각을 그들은 벌써 하고 있다는 얘기다. 어떤 형태로든 메기는 필요하다. 수많은 임직원을 거느리고 있는 기업의 최고경영자는 좋은 의미에서 '메기'가 되어야한다. 그러나 더 욕심을 부리자면 최고경영자는 물론, 직원들 모두가 스스로에 대한 메기가 될 때 비로소 그 조직은 활기와 의욕이 넘치고 그래야 진정한 의미의 자율경영도 가능해질 것이라고 나는 생각한다."(한국일보 1991년 2월 14일)

그는 스스로 '메기'가 되어 삼성을 '살찐 미꾸라지'로 변화시키려한다. 그리고 더 나아가 전 임직원들에게 스스로 메기가 되자고 강조한다.

# 014 KH의 집착력을 보고 배워라

'KH 스타일'의 이해를 위해 꼭 필요한 것이 일단 시작하면 반드시 끝을 보는 이 회장의 집착력이다. 그의 이런 성격은 가끔 지나치다거나 편협한 것으로 비쳐지기도 할 만큼 그는 보통사람으로서는 생각하기 힘든 몰입 성과 집착력을 갖고 있다. 관련내용을 1993년 6월호 〈말〉지에 실린 글 중에서 간추려보았다.

*1* 그는 혼자 있기를 좋아하고 친구가 별로 없다. 골똘히 생각에 잠기는 버릇이 있어 한 가지 일에 몰두한다. 이렇게 형성된 집중력은 정평이 나 있고 하나를 알아도 확실히 알아야 직성이 풀리고 한번 시작하면 끝까지 물고 늘어지는 승부근성도 있다.

*2* 그는 5학년 때 일본으로 건너가 배고픔과 민족차별에 대한 분노와 외로움을 맛보고 내성적이 되었다. 이때 모든 것을 잊고 외로움을 떨치기 위해 3년 동안 1,200~1,300편의 영화를 보며 입체사고력을 길렀다. 그는 현재 50종류, 3,000편의 영화를 가지고 있는 영화수집, 비디오 광으로 좋은 프로를 보면 반드시 사내방송을 통해 시청토록 한다.

*3* 그는 미국유학 중 차를 여섯 번 바꾸었고, 웬만한 정비사 뺨칠 정도로 차에 밝다. 이때의 경험과 관심은 승용차사업 참여의 계기가 된 듯하고. 웬만한 가전제품은 분해 조립 후, 부품의 용량, 종류를 설명할 수 있다.

*4* 그는 LA, 도쿄회의에서 '해외출장 중에는 꼭 외제를 구입, 국산과 비교평가해보라. 사장이 제품을 모르면 누가 아느냐'고 질책했다.

*5* 그는 자동차사고 후유증 치료를 위해 승마를 시작해, 승마장을 만들고 승마 단을 조직한 승마 계의 저명인사다. 서울아시안게임 때 금메달을 딴 '고구려'는 이 회장의 애마. 여러 개의 금메달을 딴 삼성생명에 레슬링 팀을 만든 계기는 고교시절 역도산에게 감명 받고 레슬링을 한 덕분.

*6* 그는 일단 한번 회의에 들어가면 '초인적'인 힘을 발휘한다. 해외회의 평균시간은 8시간. LA회의는 8시간 25분.

*7* 그는 '일본의 역사를 알기 위해 45분짜리 비디오테이프 45권을 수십 번 보았고, 〈이것이 경쟁력이다(KBS)〉도 그가 먼저 보고 사내방송국을 통해 전 계열사에 방송하게 했고, 〈초관리경영〉도 직접 녹화했다.

*8* 그는 서울에서 LA까지 출장 갈 때 12시간동안 중앙일보를 '중'자에서 끝 페이지 광고까지 한 글자도 안 빼놓고 읽는다. 더러 24시간 안자며 구상할 때도 있지만 장기 해외회의에서 48시간 꼬박 안 자기도 했다.

*9* 그는 인터뷰에서 '친구가 거의 없다. 성격도 그렇고 화제도 잘 맞지 않는다. 사회에 나와서 그럴 시간도 없었다. 유치원 때부터 혼자였다.'고 대답했다. 공개석상에 나서지 않는 것은 이런 성격 탓.

*10* 그는 일단 시작하면 끝을 보는 성격이기 때문에 하나를 알아도 깊이 자세히 안다. 1992년 말 한 인터뷰에서 '개를 좋아한다고 들었는데 진짜 진돗개와 가짜 진돗개는 어떻게 구분하는가?'의 답. "암놈이 20~25kg, 수놈은 25~30kg, 키는 40~45cm, 양쪽 귀는 서고, 꼬리는 말리고, 대개 이런 것에서 60~70% 결정된다. 나는 80~90%를 가려낼 수 있다."

*11* 그는 인프라를 얘기할 때 항만, 공항 외에 도로율을 얘기한다. "도쿄 28%, 뉴욕 40%, LA 45%, 워싱턴DC 42%, 서울 16%다. 5~6년 전에는 1조원도 안들이고 1%늘릴 수 있었으나 시간을 놓쳤다. 기회손실이다. 1천만 명이 사는 도시의 도로율은 25%는 유지해야 한다."

# 015 '이건희 신드롬'은
# '위로부터의 송두리째 개혁'이다

"단지 내 주변의 종업원부터 시작해서 내 고향 내 나라가 좋아지는데 어떤 역할을 해 나름대로의 보람을 찾자고 나선 것이다. 5년간 사력을 다하고 성공하지 못하면 … 일단 회장 자리는 떠날 것이다."

조기 출퇴근제, 지역 전문가 제도, 사업구조 고도화 전략 등 이건희 회장의 잇따른 개혁조치들은 우선 삼성그룹을 송두리째 뒤흔들었다.

뿐만 아니라 국내 최대그룹의 총수로서 재계를 대표하는 이회장의 변신은 재계 전체에도 큰 영향을 미쳤다. 과거와 다른 행보로 관심을 끌면서 '정치적 제스처'로 치부되던 이건희 회장의 바쁜 움직임이 이제는 '예사로운 일이 아니다'라는 인식을 확실히 심으면서 재계에 새바람을 일으켰다. 재계는 이를 '이건희 신드롬' 'KH 현상'이라고 부를 정도로 이 회장이 추진 중인 일련의 조치들을 '긍정적 개혁'이라 보았다. 이 회장의 그것은 위로부터의 개혁이다.

그러나 위에만 머무는 게 아니라, 위의 변화를 아래까지 연결시키는 '송두리째 개혁'이다. 개혁의 최종목표는 '세계초일류기업', 시기는 21세기를 7년 앞둔 2000년이다.

'KH 스타일'은 기존의 관행과 타성을 부정한다. 삼성 인들은 이를 '생존을 위한 혁명'으로 표현했다. 사장, 임직원들은 사무실을 지키는 사람이 아니라 현장을 뛰는 사람들이다.

# 016 그룹경영은 재산이 아니라 명예가 목표다

"내 재산을 늘리기 위해서 이렇게 밤잠 안자고 떠드는 것은 절대 아니다. 내 재산 10배 더 늘어나야 나에게는 아무 뜻이 없다. 내 개인의 양심을 지키고 책임을 다하는 것이며 단지 명성만 남는 것이다. 여러분이 잘 되게, 회사 잘 되게, 나라 잘 되게, 여러분들 자손 잘 되라고 하는 일이다. 외국에 있는 사람의 자손에게 학비 대주고 영어교육 체계적으로 시키라며 자식교육까지 신경 쓰고 있다. 세간에 문제가 되었던 회사와 비교해보면 삼성그룹 내에서 전문경영인이 된 것을 긍지로 알아야한다. 나는 내 청춘과 재산과 생명과 명성을 걸고서 여러분들 보고 마음대로 해보라고 하는데 그 반도 못 따라오고 있다. 전자는 20년 전부터 해온 이야기를 안 듣고 있다. 그동안 수백 번 속아온 것이다. 정말 이런 종류의 회의는 오늘로 마지막이다."

위는 1993년 2월 LA 전자관련 사장단회의의 내용으로 그룹경영에 대한 그의 의지가 잘 드러나 있다.

그룹경영에 대한 이 회장의 의지는 재산이 아니라 '명예'다. 그는 "내가 갖고 있는 재산의 '이자의 이자의 이자'로도 몇 대는 살 수 있다." "회사의 결손이 생기면 내 사재를 털어서라도 메우겠다. … 질의 경영을 달성하겠다." "질을 위해서는 … 무조건 공장을 세워라. … 이게 왜 안 되느냐? 손해 봐도 좋다.… 손해 보는 것은 내 사재까지 넣겠다."는 등 재산에 대해 큰 욕심이 없는 것 같은 태도를 취하고 있다.

# 017 선견은 공부하고 깨달은 결과다

"삼성전자가 언제쯤 이익 1조원을 낼까요?"

"10년 뒤쯤이면 나지 않겠습니까?"

"나는 2~3년 내에 1조원을 낼 거라고 생각합니다."

1989년 이 회장은 사장단 10명, 비서실 팀장 10명과 점심식사를 하면서 당시 소병해 비서실장에게 이렇게 물었다. 동석자들은 이 회장의 황당한 질문에 약간씩 긴장했다.

1983년 반도체 메모리 사업을 시작한 삼성은 1986년 누적적자가 1,300억 원에까지 달했기 때문에 1987년쯤에는 망한다는 얘기까지 나돌 정도의 상황이었던지라 소 실장은 10년 뒤쯤이라 대답했다. 사실 10년이란 말은 이익 1조원은 생각지도 못할 황당한 수치라는 표현을 에둘러 한 것이나 다름없었다. 소 실장의 대답을 들은 이 회장이 갑자기 정색을 하며 "나는 2~3년 내에 이익 1조원을 낼 거라고 생각합니다."라고 말했다.

그런데 삼성전자는 실제로 3년 후인 1992년 2조원의 경상이익을 냈다.

이 회장의 이 같은 선견지명은 동양방송 이사시절부터 일본 전자업체 기술자들을 보고 배우며 끊임없이 공부하고 깨달은 결과였다.

이 회장은 와세다 대학에서 경제학을 전공했지만 '와세다 대학 상학부 전자공학과 출신'으로 불릴 만큼 전자제품, 전자기술에 전문가적인 식견을 갖고 있다. 이 회장은 많은 것을 알고 깨달아야 회사의 비전을 설정하고 앞을 내다보는 통찰력을 가질 수 있다고 판단한 것 같다.

# 018 최고 책임자는
# 문제점을 찾는 사람이 아니다

"나는 좋은 소리 들으면서 하고 싶은 일이 많은 사람이다. 삼성그룹 회장자리가 물론 큰 자리이고 중요한 자리이나 내 성격 내 스타일에는 반도 안차는 자리이다. 그러나 15만 삼성 인들에게 평생직장과 세계초일류기업, 일류 군에 들어가겠다는 약속과 책임감과 명성 때문에 하루 4시간밖에 잠 안 자면서 일하고 있다."

이 회장은 어떤 조직이든 최고 책임자가 문제점을 지적해야 개선이 되는 것은 불구조직이지 정상적인 조직이 아니란다. 특히 기업에 있어서 회장은 문제점을 찾고 개선하는 사람이 아니라 직원들의 복지, 사회에 기여하는 길, 그룹 PR하는 일을 하는 비싼 사람이라고 말한다.

다음은 도쿄회의에서 회장으로서의 자신의 입장을 얘기한 내용이다.

"… 나 자신의 좀 문제점이… 자기 자랑하는 사람과 엄살 부리고 과장하고 변명하는 성격을 제일 싫어하는 타입… 부회장이라는 자체가 표 안나는 자리이고, 항상 떠들어봤자 귀 안 기울이는 자리지만, 그래도 회장이 되고나서 이야기할 때면 아쉬움 때문에 소리가 높아졌다. 이 세상 풍토가 6개월, 1년 앞을 내다보고 떠들면 바보취급을 받는다. … 왜 이렇게 위험한 짓을 해야 하나. 왜 이렇게 모험을 해야 되나. 왜 회장이 사장들하고 평소에 반 농담이라도 하고, 유쾌하게 이야기하면서 의견교환하면 서로 기분이 좋을 텐데, 이렇게 고함을 지르고, 극단의 말을 써야 하고, 극의 표현을 해야 꼭 따라오고 움직이려하나. … 그러지 말아…."

# 019 아는 것은 행동으로 옮겨야한다

"도미는 어디서 나는 것이 좋습니까?"

"남해 산이 최고입니다. 플랑크톤이 많고 수압과 기온이 적당하며 청정 지역이기 때문입니다."

"몇 킬로그램짜리가 가장 맛있습니까?"

"1.5~2킬로그램입니다."

"수율은 얼마입니까?"

"30~35% 수준입니다."

"열량은 얼마입니까?"

"……."

배동만 제일기획 사장이 호텔신라에 재직하던 1990년대 초 이 회장은 배 사장과 '도미'를 놓고 이렇게 즉석토론을 벌였다. 이처럼 이 회장은 경영자가 지녀할 지식도 아주 깊은 수준을 요구한다는 것을 위의 사례를 통해서 잘 알 수 있다. 이 회장이 먼저 "도미는 어디서 나는 것이 좋으냐?"고 물었고, 거듭되는 질문에 결국 배사장의 말문이 막혔다.

이 회장은 좋은 서비스는 고객의 건강상태까지 고려해 서비스해줘야 한다며 배 사장에게 구체적인 수치까지 자세하게 알려주었다고 한다.

이 회장은 '아는 것만으로는 부족하다. 끊임없이 혁신하고 행동으로 옮겨야한다.'는 지론을 갖고 있다. 이 회장이 요구하는 CEO의 덕목은 결국 '전천후 인간이 되라'는 것이다.

# 020 이건희 개혁용어들

"가운데 컴퓨터가 있고 각자의 단말기에 퍼스컴이 있다. 나를 슈퍼컴퓨터로 생각해라. …. 시스템만 나하고 같이 해라. 그리고 나하고 같은 단어를 써라. 나하고 시스템을 같이 하고 같은 코드번호를 쓰란 말이다. CAD(컴퓨터에 의한 디자인)하는 방법도 같이 해라. CAD는 되는데 CAM(컴퓨터에 의한 생산)이 안 되고 CIM(컴퓨터에 의한 통합생산체제)이 안 될 수 있다. CIM까지 되는 사람이 앞을 내다볼 수 있다."

한 조직의 용어를 통일하는 것은 그 조직이 추구하는 방향이나 가치관을 언어를 통해 전달하기 때문에 그 구성원들의 사고와 행동을 하나로 만드는 데 매우 중요한 역할을 한다. 그러기에 이 회장은 자신과 같은 단어를 쓰고 시스템을 같이 하고 같은 코드번호를 쓰라고 역설했다.

이 회장은 자신의 경영개혁 의지를 전파시키는 데 혼신의 힘을 쏟았다. 48시간 꼬박 깨어있으면서 등줄기에 진땀이 나도록 250여 시간을 들여 한 해외회의 강연을 계속 듣다보면 되풀이 되는 단어가 많다. 품질, 국제화, 이기주의 타파, 복합화 등으로 여기저기 겹치기도 하지만 특별히 더 강조하는 말이 있다.

대표적인 단어들로는 오그라질, 뒷다리, 망조, 암, 위기, 골프(론), 명동(론), 인프라, 프로, 물리적, 류, 공격형 관리, 구매의 예술화, 협력업체, 기록문화, 기업경영과 전략경영, 기회선점, 초일류기업, 종합예술가, 삼성헌법, 삼위일체론, 양적사고, 여성인력, 입체적사고 등이 있다.

# 021 '행동화'가 주 포인트다

"여러분은 머리로 알기는 하는데 실천과 행동이 없다. 오늘 회의는 '어떻게 하면 행동화하느냐'가 주 포인트다. 앞으로 2,3년, 길어야 4,5년, 나는 이 시기를 일류가 되는 마지막 기회로 생각하고 배수의 진을 쳤다."

1993년 3월 4일 일본 도쿄에서 '경쟁력강화사장단회의'가 개최되었다. 46명의 계열사사장단을 불러 인텔리전트 빌딩으로 유명한 도쿄도 청사와 도쿄 역, 세계 전자시장의 메카로 불리는 아키하바라 등 일본의 경쟁력을 상징하는 현장을 함께 둘러본 후 그룹의 경쟁력강화를 위한 사장단회의를 열었다. 우리나라 기업사상 최초로 열린 해외사장단회의에서 이 회장은 12시간 마라톤회의를 주재하면서 이렇게 강조했다.

"일본이 경제대국으로 성공한 비결은 기업과 국민과 정부가 맡은 바 역할을 제대로 수행함으로써 총체적 에너지가 결집됐기 때문이다. 기업은 항상 위기의식으로 무장해야 한다."

다음은 이 날 임직원 5천명에 대한 의식조사 얘기를 들었다는 이 회장의 말에 비서실이 답변한 내용 중 일부이다.

"'임직원의 의식 및 행동변화가 어떻게 되는가?'라는 방향에 대해서는 '삼성그룹이라는 자만심과 권위주의적인 자세를 버려야 하며, 개방화, 지구화에 걸맞은 삼성인의 가치관 재정립이 필요하다.' '임직원과 간부들의 철저한 상황인식 및 희생정신이 요구되며, 시간경영시대에 무사안일에 젖은 보신주의 경영자는 과감히 도태되어야 한다.'고 얘기했습니다."

## 022 세계에서 일류가 아니라는 서늘한 인식을 하라

"80년대까지의 고도성장은 몇 가지 변수가 서로 결합돼 가능했다. 지리적으로 경제대국인 일본이 바로 옆에 있고 상당수 국민이 일본어를 알고 있다는 점, 자금과 기술이 일본을 중심으로 흘러들어왔다는 점, 조상들이 대부분 논 팔고 소 팔아서라도 자식교육에는 열성이었다는 점 등인데 이중에서 우리 것은 교육 하나뿐이다. 기업가들이 내가 잘나서 고도성장이 가능했다고 생각하면 큰 오산이다. 우리의 진짜 실력, 임직원 개개인의 진짜 실력을 몰랐다. 국내 제일이라는 사실에 자만하고 있었다."

"우리 경제가 외적으로 고도성장한 것은 사실이지만 우리 기업인들이 내가 잘나서 가능했다고 생각한다면 큰 오산이다. 외국자본, 외국기술, 외국기계 없이 우리가 무엇을 할 수 있었겠는가?"

"해외로 한 걸음만 나서면 우리의 경쟁상대는 일본이다. 삼성전자는 일본의 마쓰시타, 도시바, 히타치 등과 경쟁을 해야지, 국내업체와의 경쟁에 만족한다면 영원히 세계적인 기업이 될 수 없다."

이건희 회장은 삼성이 국내에선 일류일지 모르지만 세계에서 일류는 아니라고 단호히 말하며 서늘한 현실을 인식하란다.

숙명의 라이벌인 금성사와 치열한 경쟁을 벌여온 삼성전자가 대대적인 내수시장 공략계획을 마련해 보고하자, 이 회장은 위와 같이 질책하였다. 이 회장은 삼성을 포함한 우리 기업들의 성장이 자력에 의한 것이 아니었다는 사실을 냉철히 직시하고 큰 문제로 인식한다.

47

# 023 기업은 항상
# 위기의식으로 무장해야한다

"···골프채 드라이버 하나 값이 159~200달러이다. ··· 컬러TV보다 비싸다. 꽤 좋은 드라이버는 500달러 이상이다. ··· 27인치 컬러TV가 400달러 내외이다. ···어찌 'SAMSUNG'이란 이름을 쓸 수 있는가. ···왜 삼성이란 이름을 쓰느냐. 삼성의 명예를 훼손하는··· 상품 중에는 플라스틱 뚜껑이나 소품이 깨져있거나 떨어져나간 것들도 있다. 작동이 제대로 안되는 것도 있다. 이는 주주, 종업원, 국민, 나라를 기만하는 행위다."

이 회장은 1993년 2월 18일 미국 LA 센추리프라자호텔에서 사장단회의를 열고 21일부터 4일간 '전자부문 수출상품 현지비교평가회'를 주재하였다. 이 회의에서 삼성전자 제품의 경쟁력 약화에 대해 변명을 늘어놓은 H이사를 회의장에서 퇴장시키는 등 이 회장은 8시간 25분 동안 쉬지 않고 질책을 쏟아 부어 시종 팽팽한 긴장으로 채웠다.

세계 주요제품 78개 모델과 삼성제품과의 비교평가를 통해 삼성제품의 경쟁력을 확인하는 자리에서 "현지에서 우리 상품의 위치를 파악, 위기감과 현장감을 느끼는 일이야말로 발상의 대전환을 위한 충격요법"이라며 해외현지회의를 하는 의미와 삼성제품의 실상과 현주소를 지적했다.

3월 2일부터 4일까지 그룹의 경쟁력 강화를 위한 사장단회의를 열고, 주재하면서 "일본이 경제대국으로 성공한 비결은 기업과 국민과 정부가 맡은 바 역할을 제대로 수행함으로써 총체적 에너지가 결집됐기 때문"이라고 지적하고 "기업은 항상 위기의식으로 무장해야 한다."고 강조했다.

# 024 내가 제일이라고 생각할 때가
# 위기다

"내가 제일이라고 생각할 때가 위기다. 왜냐하면 제일이라고 생각하면 자만심이 생기기 쉽고 나태해져 퇴보하기 때문이다. 우리 위치가 어디에 와 있는지 우리가 남보다 얼마나 뒤쳐져있는지를 인식하지 못할 때가 바로 삼성의 위기다."

이건희 회장은 이렇게 규정짓고 기회가 있을 때마다 선진기술의 습득과 첨단경영의 필요성을 강조해왔다.

21세기를 불과 7년 남겨놓은 시점에서 이 회장으로 하여금 '생존을 위한 총체적 개혁'이라는 대장정의 깃발을 들게 한 것은 기존의 관행과 타성에서 탈피하지 못하면 결코 살아남을 수 없다는 위기의식이었다.

이와 같은 이 회장의 위기의식은 '마누라와 자식을 빼놓고 몽땅 바꿔보자'는 '슬로건'으로 표출되면서 그 심각성을 피부에 닿도록 해주었다.

"5년간 사력을 다하고 성공하지 못하면 후선으로 물러서든가, 아예 은퇴하든가, 자선사업 등 다른 일을 하든가 일단 회장 자리는 떠날 것이다. 바로 이것이 1세대와 다른 2세대의 시각이다."

"우리 경제는 선진국의 보호 장벽과 개방요구, 기술이전 기피 경향과 가격경쟁력을 내세운 개도국의 맹추격, 그리고 사회간접자본 미비 등으로 인해 3류 국으로 전락할지도 모르는 심각한 위기상황에 있다. 또 30년 전에 있었던 전 세계의 5백대 기업이 거의 사라진 것을 보면 또 한 번 위기의식을 절실히 느끼게도 된다."

## 025 문제는 진짜 우리 실력을
## 모르고 있다는 사실이다

"지난 6개월을 개인적인 입장에서 되돌아보면 6년은 지난 듯하다. 문제의 출발은 우리 자신의 진짜 실력을 우리가 모르고 있었다는 사실이다. 가전제품을 중심으로 회의를 진행하면서 나와 회사의 중역들이 서로 따로따로 생각하고 있음을 확인하고 문제의 심각성을 깨달았다. 크게는 기업과 정부가 각각 따로따로 겉돌아 나라경제 자체가 커다란 위기를 맞고 있음을 느꼈다. 그래서 선진국의 요소가 무엇인지 파고들기 시작했고 기업 차원에서 '양 경영'이 아닌 '질 경영'으로 나가야 한다는 결론을 내렸다."

이 회장은 LA를 시작으로 동경, 프랑크푸르트 등 잇단 해외회의를 통해 삼성의 현 위치와 나아갈 방향을 모색했다. 이런 가운데 취임 후 줄기차게 강조해온 질 위주 경영이 정착되기는커녕 양만을 생각한 제품생산으로 삼성제품이 선진제품과는 비교도 될 수 없게 전락했으며 나아가 국가의 경쟁력을 얼마나 떨어뜨렸는지 현장에서 몸소 체험했다.

일류가 아니면 대열에서 영원히 낙오되어버리는 무한경쟁의 시대에서 생존의 기로에 서있는 삼성의 현 위치를 적나라하게 확인했던 것이다. 이것이 바로 이 회장이 느낀 '삼성의 위기'였다.

"우리가 만든 물건이 미국에서 먼지 뒤집어쓰고 있고, 3년 전에, 5년 전에 만든 것이 저 한 쪽 구석에 있더라. 와서 봐라 하고 불러 모은 게 'LA회의'다."

# 026 현지에서
# 위기감과 현장감을 느껴라

"삼성 임직원들이 자신의 진짜 실력을 모르고 있다. LA시장에서 3년씩, 5년씩 먼지를 뒤집어쓴 채 구석에 처박혀 천덕꾸러기 신세가 되어 있고, 일본의 아키하바라 시장에서 삼성제품이 우수한 외국상품을 팔기 위한 비교수단으로 취급되어도 국내 최고라는 칭송에 도취되어 자만과 안일에 빠져있다."

삼성전자에 대한 이건희 회장의 관심은 다른 계열사들이 질시할 정도로 대단하다. 그는 삼성그룹의 효자이자 간판기업인 삼성전자를 2000년까지 일본의 NEC, 히타치, 마쓰시타 등과 함께 세계 5대 전자 기업으로 성장시키겠다는 계획을 90년대 초에 세워둔 바 있다. 삼성전자는 가전, 정보통신, 컴퓨터, 반도체 등 4개 분야로 구성되어있는데, 이 중 가전은 시장개방으로 위기에 놓여있는 실정이다. 반도체의 경우 64메가D램 개발부문에서 1위, 세계 D램 시장에서 도시바에 이어 2위를 달리고 있지만, 거대한 투자규모를 요하는 반도체사업에서 도시바, 후지쓰, 히타치 등 일본업체들과의 경쟁이 결코 쉽지 않은 실정이다. 이 회장이 강조하는 위기의식은 바로 이런 데서 연유한다.

이 회장은 LA회의 소집 이유를 이렇게 설명했다.

"세계최대시장인 미국에서의 성패는 우리경제의 생존과 직결되는 만큼 위기감과 현장감을 느낄 필요가 있었고, 발상의 대전환을 위한 충격요법이었다."

# 027 역사적 소명의식을 가져라

"새 시대를 맞아 우리 경제의 재도약을 위해 기업인으로서의 역사적 소명의식을 갖고 꺼져가는 경쟁력의 불씨를 다시 한 번 지피는 새로운 경영자로 새 출발하자."

일류가 아니면 대열에서 영원히 낙오되는 무한경쟁시대에서 삼성의 현 위치를 임직원들의 눈으로 직접 확인해보라는 것이 LA회의의 목적이었다. VTR의 경우 일본회사들보다 더 많은 부품을 사용해서 만들고, 가격은 훨씬 낮은데다 "다른 제품을 팔기 위해, 이렇게 싼 제품도 있다는 것을 보여주기 위해 삼성제품을 진열해놓았다."고 이 회장은 현장에서 침통한 목소리로 설명했다.

체감하지 못하는 상태에서 장기간 제시되는 표어는 상투적 구호로 전락하게 마련이듯 절박한 현실을 죽어버린 표어로 접하게 된다면, 위기의식도 마찬가지로 더 큰 본질적 위기를 초래하게 될 것이다.

이런 측면에서 이 회장의 해외현장회의는 위기의식을 일깨우는 적절하고 효과적인 의사전달 방식으로 평가되었다.

평소 세계시장에 내놓아도 경쟁이 될 만하다고 생각했던 제품들조차 한쪽 구석에 처박혀있는 '현장을 확인'하고 충격을 받은 참석자들이 도쿄회의를 통해 '이대로는 안 된다'는 절체절명의 위기의식과 '살아남기 위해 마지막 배수진을 치는' 생존혁명이 급속히 번져갔다.

이건희 회장은 이에 만족하지 않고 여기에 역사적 소명의식을 덧붙였다.

# 028 분위기를 깰 방도를 모색한 것이 LA와 도쿄현지회의다

"경제 전쟁이 격화되고 있는 오늘날, 기업이 살아남기 위해서는 무엇보다 '가장 싸게, 가장 좋게, 가장 빨리' 상품을 만들어야내야 한다. … 우리시장이 완전 개방될 경우, 지금의 우리 수준으로는 경쟁에서 이길 길이 없다. 그런데 삼성의 경우, '양(量)의 경영', 장치 산업적 사고방식에 젖어서 '2류 집단화'하고 있었다. 회사 내에 개인주의, 집단 이기주의가 만연해 남의 뒷다리나 잡고 또 사내에 도덕적, 인간적 관계는 결여된 채, 자만과 안일에 빠져있었죠. 저도 … 이 같은 삼성의 분위기를 깰 방도를 모색하고 있었는데, … 일본인 고문의 보고서를 직접 받아보고는 참을 수가 없었다. 그 고문은 회사가 좋은 기술건의를 해도 계속 침묵하고 있다는 것이었다. 지금이 어느 때냐? 비싼 돈을 주고서라도 선진기술을 도입, 자체 개선을 해도 모자랄 때인데 좋은 기술을 배척했다니… 고문은 몇 차례나 건의를 했다는데 …, 조직이 뭔가 잘못돼 있었던 것이다."

위는 이건희 회장의 '삼성개혁' 결단이 이루어지기까지의 과정을 이야기한 모 일간지와의 인터뷰기사 내용이다.

다음은 이 회장 스스로가 LA와 도쿄에서의 '해외사장단 현지회의'의 성격과 의의를 정리한 것이다.

"이 두 곳의 회의를 거치면서 내 '진짜 문을 닫는 한이 있더라도 이대로는 안 되겠다'는 각오를 다졌다. 이 회의를 통해 '우리 자신의 진짜 실력을 우리가 모르고 있다'는 사실을 직접 확인할 수 있었다."

# 029 불량은 암이다

"질의 중요성을 1976년부터, 회장 되고나서도, LA에 가서 VTR 다 뜯으면서 강조했다. 그래도 안 되어서 전자제품 임직원, 관련 회사 다 불러서 질을 높이라고 했다. 그것이 불안해서 동경에서 또, 확인해보라고 또 했다. 그런데 5년 전에 봤던 그 상태에서 나아진 것이 하나도 없다."

"특히 VTR은 소중히 아끼는 테이프를 넣었는데 VTR이 테이프를 갉아먹으면 울화통 터진다. 재미있는 영화 보는데 TV퓨즈가 똑 떨어져나가면 그 회사 욕한다. 안 잊어버린다. 그 회사 제품에 대해 불평하는 사람 100명 중에 50%는 그 회사 제품 절대 안 산다. 안사는 게 중요한 게 아니라 그 50명이 자꾸 떠들고 다닌다. 이것이 암이다."

이 회장은 취임 후 5년 이상 '불량은 안 된다.'고 외쳤다. 머릿속에 있는 양(量)위주의 사고를 모두 없애고 질을 중시하라고 주문해왔다. 그러나 여전히 양에 대한 집착에서 벗어나지 못했다. '세계가 전부 질로 가는데 국내 제일이라는 삼성이 아직도 양으로 실적을 채우려하는' 사실에 대해 이 회장은 '평생 처음으로 이렇게 화를 내고 있다.' '초조감으로 등줄기에 식은땀이 흐른다.'는 등의 격렬한 표현까지 쓰며 성화다.

선진국은 다품종 소량생산, 다양화와 고급화로 가는데 우리만 양에 매달려있다. 일본상품에서 보듯 상급시장에서 팔리는 고품질의 상품이 아니면 경쟁력을 갖기 힘든 것이 오늘날의 세계적 추세다. 이 회장은 이러한 세계적인 대전환을 바라보며 낙오될 삼성의 심각성에 주목했다.

# 030 이건희 스타일의 핵심은
# 위기의식이다

"이 국가적으로도, 기업으로도 어려운 시기에 정말 배수진을 치고 막차를 타고 가는 상황이지만, 그나마 … 공감대를 형성했다. 이를 어떻게 끈질기게 가져가면서 밑의 직·반장을 포함한 현장의 남녀직원에까지 이 정신을 스며들게 하는가에 우리가 죽느냐 사느냐의 운명이 달려있다."

이 회장은 "이제는 좀 더 잘하자는 게 아니다. 기업이 죽느냐, 사느냐의 갈림길에 서 있다." "삼성전자는 이미 1986년에 망한 회사", "나는 배수진을 쳤다"는 비장한 말을 쏟아내며 위기를 강조했다. 이 회장의 위기의식은 2000년까지 남은 7년 동안 '죽기 살기로' 뛰어야만 생존할 수 있다는 것이다. 위기돌파의 핵심은 "라인스톱 제", "1년간 회사 문을 닫더라도 품질을 높이고 불량률을 개선하라"는 '질의 경영'으로 집약된다.

"LA회의를 열게 된 … 공감대를 가지고 … LA에서 전자 실물을 가지고 예를 든 것이다. … 전부 지적해주니 이제 좀 알아듣는 것 같다. 그렇지만 다른 회사 모두 똑같다. 전자가 뒤진 것보다 더 뒤졌거나 조금 뒤졌거나 하는 차이지, 소위 세계일류 군에 들어가려면 한참 멀었다는 것이다. 위기이다. 위기의식을 가져야한다. 이대로 가면 안 된다고 했을 때부터라도 움직였으면 훨씬 여유를 가지고 할 수 있었는데, 이제 7년밖에 안 남았다. 이 시간 내에 완전히 배수의 진을 치고 한다는 것이 40조가 넘는 이 큰 덩치를 가지고는 좀 위험수위다."

프랑크푸르트회의로 절정에 이른 KH 스타일의 핵심은 위기의식이다.

# 031 해외회의개최는 이유가 있다

"LA회의는 현 위치를 바로 알자는 것이었다. 과거 10년간 삼성은 너무 놀았다. 방향도 엉망이었다. 바로 가자. 힘을 합치자. 우리의 위치를 알자. 실력에 비해 너무 억울한 것 아니냐고 마련된 게 LA회의였다."

"세계 속의 한국, 그 속에 삼성이 있다. 국제 법, 국제화의 상식을 알아야한다. 한국기업, 개인이 잘 되는 방안이 뭐냐? 한국의 헌법, 상법, 국민성을 다시 분석, 앞으로 삼성이 잘 되는 방안이 뭐냐를 논의한 게 동경회의다."

"LA, 동경에서 개최한 사적인 그룹회의 내용이 지상에 보도되면서 많이 변했다고 여러 곳에서 들었다. 당연히 잘 되어가는 줄 알았다. 그 전제 아래 프랑크푸르트회의를 했다. 여기서 국제화, 복합화를 강조했다. 나, 가족, 국민, 자손도 잘 되어보자는 게 프랑크푸르트회의였다."

1993년 5월 〈국가경쟁력강화를 위한 대기업과 중소기업의 역할〉 〈삼성의 제2창업과 한국기업〉 〈과학한국의 오늘과 내일〉을 주제로 강연을 하면서 이 회장은 변신의 의지를 확고히 했다. 그런 변화는 1993년 2월 LA회의를 기점으로 7월말까지 계속된 해외임직원회의에서 절정을 이루었다. 해외회의에서 이 회장은 1,800여 명의 그룹 임직원을 해외현지에서 만나 그의 경영관을 전달했다. 그의 해외특강시간은 250시간에 달한다.

위는 1987년 회장취임 이래 가장 크고 극적인 변화를 볼 수 있는 주요 해외회의 내용과 이 회장이 스스로 밝힌 해외회의개최 이유다.

# 032 위기의식을 갖고
# 21세기에 대비하라

"40~50대 경영자들은 시대의식과 함께 우리 위치에 대한 위기의식을 가져야한다. 지금의 40대 중반부터 50대 중반은 역사적으로 희생의 시대였으나 국민을 대표, 자진해서 희생을 각오해야 하며 그 대가나 결과가 나오는 고생이어서 희망이 있는 고생이다. 국가와 국민을 위해서 다시 한 번 우리 모두 고생을 할 때다. 200여 년 전 건설된 워싱턴DC의 도로율이 40%이다. 우리도 이처럼 장기적인 계획을 갖고 일을 추진해야 하나 그렇지 못한 경우가 많은 것은 우리 조상, 선배, 우리 일부의 책임이다. 우리가 2~3년 내에 21세기를 대비한 준비를 모두 끝내지 않으면 후발 개도국에 추월당해 저개발국으로 떨어진다. 기회상실을 할 경우 그 피해는 적자와 흑자의 격차보다도 몇 십 배 더 크다. 우리나라가 과거 기회를 상실해서 입은 피해는 몇 천배에 달한다. 이 어려운 때에 잘못하면 중남미나 필리핀처럼 된다는 위기의식을 가져야한다."

삼성그룹은 1993년 1월 11일부터 6일간 그룹 계열사를 4개 부문으로 나누어 계열별 사장단회의를 잇달아 개최했다. 이건희 회장이 주관한 이 회의에서 공통으로 지적한 것은 '21세기에 대비해야 한다.'는 것이었다.

"신년사에서 제창한 '첨단경영'이란 한마디로 21세기를 대비하는 경영을 말한다. 21세기에 들어서면 어떤 경영패턴이 중요할 것인가를 미리 예측해서 대비하는 것으로 이때쯤이면 소프트(soft)가 정말로 중요하다."

"21세기를 대비하기 위해서는 무엇보다도 과감한 투자가 요구된다."

# 033 경쟁력 약화가 아주 심각하다

"우리 제품의 경쟁력이 약화되어 심각하게 문제가 되고 있다. 정신 약간 차린다고 회복될 정도가 아니다. 80년대의 회복될 때와는 아주 다르다. 경제회복에 대한 기대와 낙관이 너무 지나치다. 이번에 회복 안 되면 … 아주 심각하다. 구체적으로 … 말하기 어렵지만, 기업가적 육감으로 볼 때 아주 심각하다. 우리 자체의 경쟁력도 … 생각보다 훨씬 더 심각하다. 미국을 포함한 해외경제 마찰을 개선한다고 세계경제가 회복될 거라고 기대해서는 안 된다. … 시장을 개방하고, … 생산성을 개선하고, 한두 가지 외교정책으로 이 난국을 타개하기가 힘들 것 같다."

이 회장의 위기론은 1993년 2월 LA에서 열린 전자관련 계열사사장단 회의에서 우리 상품의 경쟁력 실태에 대한 지적에서 잘 나타난다.

"옛날에는 기술이나 경제장벽이 … 쉬웠고, 행정부와 전 국민이 위기의식과 헝그리 정신을 가지고 … 요즘은 … 모두 잘 되겠지, … 옛날같이 되겠지 하는 안이한 생각을 … 1달러짜리 와이셔츠를 수출해도 히트했고, 한국이 빛이 나고 눈에 띄었다. '1달러짜리 와이셔츠가 언제라도 된다.'라고 생각하는 것이 한국이다. 무역장벽도, 마찰도 없었고, 미국에 싼것을 공급, … 도와주는 것이 되었다. … 자랑거리였다. 요즘은 …, 수출을 많이 하면 국제질서를 문란 시키는 반미단체 같은 인상을 준다. 잘못 밀고 나가면 그런 업종가지고 턱도 없고, 모든 제품이 복합화, 시스템화, 차별화 되지 않으면 팔기도 어렵지만 팔수도 없다."

# 034 막연한 제일주의는 착각입니다

"삼성이 세계적인 초일류기업이 되기 위해서는 삼성인 모두가 우선 진정한 의미의 위기의식을 가져야한다. 위기의식은 보는 각도에 따라 여러 가지 해석이 있을 수 있다. 가장 높은 차원의 위기의식은 1등이 돼 있을 때 2등으로 떨어지지 않으려는 위기의식이다. 5~6등으로 내려가서 도산하지 않을까 부도나지 않을까 걱정하는 것은 공포의식이지 위기의식이 아니다. 우리에게 요구되는 것은 먼저 각자가 세계 1류 기업이 되고 그런 뒤에 2류 기업으로 안 떨어지기 위한 의식이다. 위기의식을 왜 가져야하나? 국내외적으로 볼 때 정치 외교 첨단기술 등 모든 분야가 급변하고 있기 때문이다. … 진정한 의미의 위기의식을 갖기 위해 우리는 삼성의 위치를 바로 알아야한다. 기업으로서의 위치, 각 업종으로서의 현 위치를 바르게 알려면 삼성의 과거 역사도 분석해야하며, 현재를 알아야 미래를 대비할 수 있다. 여기서 걱정되는 것은 삼성이 그동안 국내에서는 손대는 사업마다 망해본 적이 없고 전부 1등을 해왔기 때문에 막연한 제일주의에 젖어있다는 사실이다. 그러나 그것은 착각이다. 깊이 분석해보면 어떤 제품이든 어떤 업종이든 선진기업에 훨씬 뒤떨어져있다. 이처럼 세계수준으로 보면 중하위권인데 '내가 제일'이라는 생각으로 자만심을 갖고 있다는 것이 우리의 당면문제이다."

이 회장이 1988년 3월 31일 전략경영세미나에서 한 특강 중 위기론의 실체를 엿볼 수 있는 내용이다.

# 035 정신 안 차리면 영원히 탈락한다

"60~70년대에는 섬유산업이 주종이었는데 그 당시엔 모든 것이 상대적으로 기술도 쉬웠고, 무역장벽이 전혀 없는 상태였으며 노임도 싸서 이득을 얻었다. 우리는 60년대에 경제기초를 닦았고, 70~80년대에 경제의 틀이 잡혔다. 70~80년대 중반까지는 모든 것이 쉬워서 단순 조립사업으로 수출도 하고 먹고 살았다. 이리하여 후진국에서 개발도상국으로 오기 쉬웠고, 성공한 대표가 한국이었다. … 국가(국내) 생산성을 높이는 일이 국가, 국민, 재계 다 합쳐도 될둥말둥하며 어려워졌는데도 아주 우습게보고 있다. 조금만 정신 차리면 된다고 생각하고 착각하고 있다. 이런 정도로는 안 된다. 이것이 지금 새 정권이 부닥친 문제이다. 우리나라 전체가 이 시점에서 정신 안 차리면 필리핀, 인도네시아처럼 3류 국으로 떨어진다. 난 이것이 눈에 보인다. 앞으로 1류에서 탈락하면 영원한 탈락이다." "과거 50년의 변화보다 향후 10년 안에 있을 변화의 양과 질이 훨씬 더 많고 클 것이다. 이같이 급변하는 상황에 발맞추어 기업조직, 연구소, 생산방식, 사고의 틀 등 모든 것을 바꾸어 나가지 않으면 살아남기 어려운 세상이 다가오고 있기 때문이다. 더욱이 삼성을 포함한 한국의 기업들을 둘러싸고 있는 환경은 전 세계에서 시장개방을 요구하고 있고, 중국 등 후발개도국이 추격해오고 있으며, 이밖에 노사문제, 여소야대의 정치상황, 학생 권과 신세대의 출현 등 과거보다 훨씬 복잡하고 어려워지는 상황이다." 이 회장의 계속되는 위기론이다.

# 036 2등은 매일 바쁘다

"이번에 LA에서 온 '전자'의 사장, 임원들은 미국의 전자제품 매장을 직접 둘러보고 그들이 우리 제품을 진열해놓은 꼴을 보고 우리 상품이 얼마나 천덕꾸러기가 되어있는지 또 한쪽 구석에서 얼마나 많은 먼지가 쌓여 있는지 똑똑히 보고 왔을 것이다. 품질에 대한 값, 노력에 대한 값으로 보아 과연 적정한 것인지 일본제품과 비교는 해보았는가? 옛날에는 통했으나 앞으로는 안 된다. 2등은 현상유지밖에 안되고 못 큰다. 2~3등은 매일 바쁘다. 매양 그 모양, 그 꼴이다. 1등 하면, 선점하면 하나도 바쁠 것이 없다. 바쁜 것도 대소 완급을 모르고 바쁘다. 과거에는 1등부터 5등까지 다 존재할 수 있었고 2등은 2등대로 3등은 3등의 몫이 있었는데 이제는 1군에 못 들어가면 모든 것이 0(제로)이 되는 시대이다. 그 대신 잘하면 한없이 잘되고 신바람 나는 시대에 우리가 있는 것이다. 내가 말 안 해도 사장이 가보았어야 되고, 회장보다 더 잘 알아야 되는데, 미국의 구조, 일본의 아키하바라를 회장이 더 잘 알고 있지 않은가! 이번 회의를 계기로 미국에서 우리 제품과 일본 경쟁제품을 직접 자기가 사보라고 한 것이다. 임원들이 자기가 만들고 있는 것과 같은 부류의 제품을 직접 한 대씩 사본 느낌은 어떠한가. 귀국길에 일본에 들러서 같은 식으로 한 대씩 사가지고 가라. 또 서울 가서는 우리 제품과 LG, 대우 제품도 직접 사서 비교하고 고심하고 대책 세워라."

이 회장은 위기, 위기, 위기이니 경쟁력 있는 비상대책을 세우란다.

# 037 0.1점이라도 남이 잘하면
## 진 것이다

"우리는 지는 것, 못난 것을 모른다. 조금이라도 졌으면 완전히 진 것이다. 올림픽에서 0.1점에 순위가 결정되고 금메달과 연금이 결정된다. 경쟁이 뭐냐? 옛날엔 0.5점차가 분명히 진거라면 요즘은 0.1점이라도 진 것은 진 것이다. 0.1점이라도 연금, 메달, 영광은 영원히 남는다. 나는 0.1점 차로 10등을 해도 좋다고 생각한다. 10점 차로 2등을 해봐야 아무 소용없다. 1군에 들어가 있어야한다. 0.1점이라도 남이 잘하면 내가 진 것이다. 상대방을 찬양하고 인정하고 승복하고 그리고 또 이기려고 노력해야 되는 것이다. 국내 체전에서의 금메달과 올림픽에서의 금메달은 큰 차이가 난다. 전국체전에서 1등 했다고 나한테 자랑하지 마라. 그런 것 들으면 화가 난다. 국내회사한테 이긴 것은 이긴 것도 아니다. 1980년대는 국내에서 챔피언이면 챔피언이다. 지금은 세계에서 챔피언이라야 챔피언이다. 이렇게 많이 세계수준에 뒤떨어진 것은 과거 10년간 놀았다는 증거다."

　앞에서도 여러 번 나왔지만 이 회장 개혁정책의 골자는 잇따른 해외회의에 많이 들어있다. 032항부터는 이 회장이 LA회의에서 우리상품의 경쟁력에 대한 실태를 지적한 내용들로 '위기의식을 갖고 21세기에 대비하라', '경쟁력 약화가 아주 심각하다', '막연한 제일주의는 착각이다', '2등은 매일 바쁘다', '정신 안 차리면 영원히 탈락한다.', '0.1점이라도 남이 잘하면 진 것이다' 등 정신 차리라는 표현들이 정신을 번쩍 들게 한다.

# 038 현 위치를 모르는 것이 위기다

"우리나라에서 낫다는 삼성을 보자. 상품 수는 수천 가지, 계열사는 30여 개다. 이 중 국제경쟁력이 있다고 할 수 있는 제품은 반도체, 그것도 메모리 하나다. 나머지는 1.5~2.5류다. 우리나라는 개방이 필연적이다. 수출 못하면 살 수 없는 나라다. 개방의 대응책은 완전히 닫거나 아니면 여는 길밖에 없다. 그 시기는 금세기 말이 될 것이다. 그런데 여기에 문어발이니 삼성이니 현대니, 대기업이 무슨 의미가 있는가. 마쓰시타, 소니, GE, GM이 오는데 경제력 집중, 상호보완(상호지급보증의 규제), 전문경영인이 뭐냐? 제일 싸고 좋은 제품을 빨리 만드는 기업을 빨리 만들어야 산다. 삼성에서 빨리 만드는 제품은 메모리가 유일하다. 삼성생명은 외국 것 막아놓고, 2류 행정, 3류 정치에서 1위다. 부·과장의 정신이 썩어 있다. 삼성생명 사장은 모르고 있다. 이것이 위기다. 나는 알고 있다. 나의 심각한 얘기를 요즘 사내 TV로 방영하는데 이사 이상 800명 중 4분의 1이 심각성을 이해하지 못한다. 10%나 될까? 부장 급은 90%가 내 얘기를 안 듣는다. 삼성생명, 비서실 차이 없다. 회장에 대한 맹목적 충성심에 다소 차이가 있을까?"

삼성은 전자부분을 중심으로 국내기업 중 세계적으로 가장 널리 알려져 있다. 그러나 이 회장의 생각은 다르다. 그가 보는 삼성에는 내세울 만한 1류가 없다. 이것은 그의 위기론에서 핵심을 이룬다.

위는 오사카에서 임직원들을 질타한 말을 통해 들어본 위기론이다.

# 039 본질을 통찰하고 문제의 근원을 해결하는 것이 중요하다

"삼성을 위해선 미안한 얘기지만 이번 사건은 어쩌면 잘 터진 사건이다. 모두가 파악력 부족이다. 위기의식이 없으니까 상황인식이 안 된다. 15만 명의 종업원이 있으면 언제 어떤 사고가 생길지 모른다. 사건 자체도 문제가 되지만 사건의 본질이 무엇인지를 통찰하여 문제의 근원을 해결하는 것이 더 중요하다."

1993년 7월 29일 후쿠오카 뉴 오타니 호텔에서 삼성 계열사 사장과 임원들이 참석한 가운데 16번째 해외회의가 열리고 있었다. 이 자리에서 이 회장은 삼성전자 직원의 금성사 창원공장 침입사건과 관련해서 "도덕적 불감증의 전형적인 예"라고 호되게 질책하며 "경영에는 인간성과 도덕성이 특별히 가미돼야한다."고 강조했다.

"돈 주고 외국의 선진기술을 사오라고 해도 사오지 않고 일본인 기술고문을 데려다놓고 기술을 배우라고 해도 배우지 않고, 왜 이처럼 엉터리 짓을 하느냐? 지금이 어느 때냐? 질적으로 바뀌는 올바른 길로 가자고 회장이 직접 나서서 24시간을 뛰는데 이럴 수가 있느냐? … 가전담당 부사장부터 당사자까지 책임자들을 모두 징계하겠다."

이 날 침통한 표정으로 회의장에 들어선 이 회장은 질의응답 식으로 회의를 주재하면서 이 문제에 대해 세 차례나 언급했다고 한다.

위는 3시간 이상 계속된 새벽 대책회의를 통해 이 회장이 내린 결론이다.

# 040 뒷다리 잡는 사람 솎아내기는
# 생존을 위해서는 필수다

"지금은 죽느냐 사느냐 할 때이다. 단지 더 잘해 보자고 할 때가 아니다. 합리적으로 일사불란하게 나가도 될까 말까한 시기이다. 이런 위기 상황에서 겨우 공감대를 갖고 움직이려고 할 때 자기의 위치를 모르고 뒷다리 잡는 사람이 있다면 내가 비록 삼성 임직원 15만 명 앞에서, 모든 국민 앞에서 평생직장을 공약하였더라도 과감하게 솎아내야 한다. 이것은 단순히 '대(大)를 위한 소(小)의 희생'이라는 관념이 아니고 패망하지 않고 생존하기 위해서 해야 할 일이다."

위는 1993년 3월 도쿄회의에서 이 회장이 40여 명의 삼성그룹 계열사 사장단에게 한 말이다. '뒷다리'는 이건희의 개혁론에서 자주 등장하는 말로, 그를 이해하는 데 그만큼 중요한 개념이고, '이건희 개혁론'의 핵심이기도 하다. '뒷다리 잡지마라'는 이 회장의 질책은 앞으로 움직이는 사람을 방해하지 말라는 뜻으로, '살아남기 위해서는 꼭 해야 할 일'이라며 이런 사람은 '솎아내겠다'고 특히 강조한다.

"아까 의식조사 했다는 대리급 이상은 쉽게 갈 수 있으나, 훨씬 더 많은 사원 급이 있기 때문에 어떻게 하면 그와 같이 더 많고 어려운 층을 이해시키면서 일사불란하게 전 그룹이 한 방향으로 가느냐에 달려있다는 것이다. 그러나 100명에 1~2명은 꼭 뒷다리 잡는 사람이 나오게 되어 있다. 그 사람이 꼭 중역이라는 것은 아니다. 이 1~2%정도의 사람들을 어떻게 솎아내는가 하는 데도 달려있다."

# 041 필요한 것은
# 이해와 위기의 공유의식이다

"한 사람으로, 혼자의 힘으로 이 위기를 극복할 수 없다. 오늘 참석한 사람, 그 밑에 차석, 맨 아래 직·반장들까지 위기의식의 공감대가 형성되어도 될까 말까한 것이다. 따라서 오늘 느낀 감을 어떻게 지속적으로 갖고 가느냐와 자기 밑에 차석, 다음 차석, 저 밑 직·반장까지 전파시키느냐가 중요한 것이다." "과거 습성대로 상의하달이 되면 아랫사람은 윗사람을 알 필요가 없다. 과거식으로 윗사람을 안다는 것은 어떡하면 윗사람의 질책을 면하느냐, 안 찍히느냐를 안다는 것이다. 진정한 의미에서 윗사람을 안다는 것은 윗사람의 경영철학이 어떤 것인가, 어디로 가고 있는 사람인가, 무엇을 원하는 사람인가를 아는 것이다. 지금은 '같이 가는 시대'이다. 한 사람이 8백 명을 안다는 것은 8백 명의 인생을 알아야 하므로 불가능한 것이다. 내가 8백 가지로 얘기할 순 없는 것 아닌가? 8백 명의 임원이 회장 한 사람을 이해하고, 뜻을 알고, 무엇을 향해가고, 무엇을 원하며, 누구를 위해서 원하며, 고생을 하고, 일을 하면 그 결과가 어디로 가느냐를 분명히 알면 고생도 고생이 아닐 것이다. 8백 명 한 사람 한 사람이 회장을 알고, 회장의 이야기를 분석하고 전달하는 비서실의 뜻을 이해하면 훨씬 일하기도 쉽고 효율도 좋을 것이다."

이 회장은 개인 간, 사업부간, 계열사 간 이기주의에서 벗어나 마음과 업무의 두터운 담을 허무는 데는 서로에 대한 이해와 위기의 공유의식과 윗사람과 회장에 대한 임원들의 적극적인 호응이 필요하다고 강조한다.

# 042 삼성이 앓고 있는 병은 '암'이다

"전자는 암 2기다. 중공업은 영양실조다. 자금과 기술자를 투입시키고 노력하면 회생할 수 있다. 건설은 영양실조에 당뇨병이다. 더 열심히 뛰고 사람 투입하고 중간관리자 넣고. 사장이 힘들 것이다. 종합화학은 선천성 불구 형 기아다. 태어날 때부터 잘못 태어났다. 그러나 수술 잘 하고 영양공급 잘하면 불구는 면할 가능성이 있다. 연구개발 열심히 하고 자금 집어넣고. 우리나라의 유화산업에는 경영자가 없다. 키워야한다. 4개 사가 어떻게 움직이느냐에 따라 나머지는 따라온다. 삼성업의 특성상 상품, 서비스에 어떻게 두뇌를 써서 복합 다양화하느냐에 따라 결정된다. 삼성물산은 삼성종합화학과 삼성전자를 합쳐서 나눈 정도의 병이다. 삼성생명은 경영 잘해왔는데 더 열심히 모집하고 합리적으로 하라. 이제는 가입자에게 환원해줄 의무가 있다. 가입자에게 어떻게 보상하느냐가 삼성생명에 있어서 경영의 질이다. 제일 급하게 손 써야 하는 곳이 전자다. 전 임직원이 VCR테이프를 완전히 듣고 보고 정말 바꿔어야한다고 결심한 사람들과 구체적인 문제를 직접 얘기해보고 싶다. 20~30명이든 괜찮다. 전자가 이 기회를 놓치면 암 3기에 들어가 누구도 못 고친다."

이 회장은 프랑크푸르트회의에서 그룹 내 주요 계열사의 병을 위와 같이 암에 비유해 설명했다. 그는 삼성이 앓고 있는 병은 '암'인데, 초기에 수술하면 생존율이 100%이지만, 임파선이나 혈관에 전이된 2기면 생존율은 50%로 반감되고, 그 이상이면 생명을 포기해야한단다.

# 043 경영자가 암 치료의 책임자다

"삼성 병 내가 고치겠다. 위기의식을 가져라. 5년간 지켜보겠다."

"지금까지는 누구 책임도 아니다. 그러나 이제부터는 경영자가 암 치료의 책임자다."

일본인 고문 후쿠다는 "삼성은 소비적이고, 비계획적이며, 마이크로와 미크로를 구분하지 못하고 있다. 삼성 병을 고치지 못하면 삼성은 망한다."고 지적했다.

충격에 가까운 일본 고문의 삼성 병 지적은 이 회장에게 스스로의 의지를 재확인하게 했다. 그리고 '이제는 암을 고쳐야한다. 그 책임자는 경영자'라며 '위기의식을 가져라. 지켜보겠다.'고 위와 같이 다그치게 했다.

이 회장은 '삼성은 스스로를 둘러싼 대내외 위기를 알지 못한다.'고 질책하며 문화적 고질병 또한 계열사별 병 못지않게 치료가 시급하단다.

"위기이다. 위기의식을 가져야한다. 이대로 가면 안 된다고 했을 때부터라도 움직였으면 훨씬 여유를 가지고 할 수 있었는데, 이제는 7년밖에 안 남았다. 이 시간 내에 완전히 배수의 진을 치고 한다는 것이 40조가 넘는 이 큰 덩치를 가지고는 좀 위험수위다. … 그리고 5년 전에도 물론 쇼크요법을 했다면 좀 나아졌을지 모르지만 … 제발 일과성이 아닌, 이제는 한 번에 끝나지 말고, 용두사미하지 말고, 끊임없이 또한 끈질겨야 한다. 이것을 시작으로 각사는 세계에서 제일 앞서가는 동종업체의 지표를 가지고 매년, 매달, 매일 점검을 해야 한다."

# 044 이기주의는 남을 해치지도, 도와주지도 못 한다

"이기주의라는 것이 남을 해치고 자기를 잘 되게 하는 그런 이기주의가 아니다. 남을 해치는 것도 아니고 자기를 위하는 것도 아니면서, 남을 해치지도 못하고, 남을 도와주지도 못하고, 자기에게 도움도 안 되고, 자기한테 덕도 안 되면서 서로 결과적으로 다 손해 보는 짓을 얼마나 많이 하고 있는가 하는 것이 오늘날 삼성의 현실이다."

이 회장은 "시장을 막아놓은 상태에서 삼성생명이 2류 행정과 3류 정치 속에서도 국내 1위를 했다. … 개방 시 과연 계속 수위를 지킬 수 있는가" 되묻고, "부·과장의 정신이 썩어있다."며 문화적 고질병을 맹공격한다. 바로 이것이 위기라는 인식은 위의 인용문에 잘 나타나있다.

"열심히 듣고 심각하다고, 이래서는 안 되겠다는 사람은 전체의 5%도 안 된다. 나머지는 '떠드는구나. 예전에 안하던 짓 하는구나' 하고 생각한다. … 부·과장급이 실무적으로 안 움직인다는 게 내 생각이다."

이는 삼성의 문화적 수준이 그만큼 피폐해졌다는 말로, 이 회장은 이 위기를 극복할 방법 또한 여러 군데서 제시했다.

"위기는 벌써 와있다. 앞으로 3~5년의 중요성은 과거 50~100년과 마찬가지이다. … 자본주의 무한경쟁시대에 시장점유율의 의미를 되새기자. 1%의 점유율을 뺏기가 얼마나 어려운데, … 경쟁력 확보를 위한 전사적, 각자의 대응책을 주도면밀하게 짜고 반드시 실천해야 한다. 내가 취임 후 5년간을 그룹 임직원 재충전에 소모한 것 같다."

## 045 비교전시로
## 자사제품의 현주소를 파악하라

"삼성이 생산하는 VTR의 부품이 도시바보다 30%나 많으면서 가격은 오히려 30%가 싼데 어떻게 경쟁이 되겠습니까? TV의 가로 세로가 4대 3이나 16대 9가 아닌 독창적인 와이드 제품을 만들어야합니다. TV 브라운관이 볼록한데 평면으로 만드는 길을 찾아봅시다. 리모컨이 너무 복잡해요. 리모컨이 복잡한 것은 기술진이 사용자들의 편의를 생각하지 않았기 때문입니다. 손에 잡기 쉽고 간단히 온·오프 기능만 할 수 있는 리모컨을 만드는 방안을 연구해봅시다."

이 회장의 '비교전시 경영'은 1968년 삼성에 발을 들여놓을 때부터 시작되었다. 이 회장이 1993년 신 경영을 추진하면서 사장단에 '쇼크'를 가했던 방법도 '비교전시'였다. 그는 1993년 3월 5일간의 일정으로 진행된 LA회의에서 사장단이 보는 가운데 삼성제품과 경쟁사제품을 분해해보이면서 '비교전시'의 중요성을 강조했다. 이 자리에서 이 회장은 제품 하나하나를 거론하며 세부적인 내용까지 지시했다.

이 회장이 제시했던 아이디어들은 3~4년 뒤 상품화되었는데, 당시에는 그의 지시를 제대로 파악하는 사람이 거의 없었다.

2002년 4월 19일 이 회장이 '창조관'으로 전자사장단을 불러 임시전시회를 열었다. 4개 부문의 삼성제품과 소니, GE 등 선진회사제품 20여 개 품목이 비교전시 되었던 이 전시회의 가장 큰 특징은 선진제품뿐 아니라 하이얼 같은 중국제품도 전시했다는 점이었다.

# 046 자기부터 변하라

"자기부터 변하지 않으면 안 된다. 막상 변하려고 하면 어려울 것이다. 그러나 어렵지만 변하지 않는 것보다는 훨씬 낫다."

"우선 나부터, 핵심부터 움직이기 시작해서 주위의 노른자위, 흰자위들이 다 따라오게 하려면 정신이 없어야 된다. 나는 행동을 항상 적게 하고 내 주위에 사람을 많이 모은다. 이것부터 내가 가르쳐주고 있는 것 아닌가. 내 자신부터 바뀌어서 내가 직접 녹음까지 한다."

"인공위성은 발사된 후 5분, 10분 안에 대기권 밖에 있지 않으면 지상에서 폭발하든가, 공중 폭발을 한다. 보잉 747은 250km의 속도가 나야 뜬다. 또 한 번 뜨기 시작하면 3만 피트까지 계속 떠야 되지 중간에 '나는 안 된다'하고 내려올 수가 없다."

1993년 5월 12일 회장취임 후 처음으로 외부특강을 했다. 〈국가 경쟁력 강화를 위한 대기업과 중소기업의 역할〉이라는 제목으로 1시간40분간 한 강의는 유려하지는 못했다. 그러나 이 회장은 떠날 때 참석자 모두의 기립박수를 받았다. 5월 15일 〈삼성의 제2창업과 국가경쟁력 제고〉라는 주제로 한국경영학회 경영자대상 수상기념 연설을, 26일에는 〈과학한국의 오늘과 내일〉이라는 주제로 초중고 과학교사를 대상으로 연설했다.

그는 언론의 각종 인터뷰에 적극 응해 직접 많은 말을 남기고 그 말들을 행동으로 옮기는 중이다. 솔선수범의 의지로 변화의 주도자가 되고 있는 것이다. 그리고 '다 같이 세계일류를 향해 가자'고 강조한다.

# 047 경영이란
## 절대로 살아남아야 하는 것

"경영이란 '이겨야 하는 것'이 아니라 '절대로 살아남아야 하는' 것이며, 살아남기 위해서는 반드시 일류가 되어야한다."

이건희 회장은 어차피 싸울 상대가 세계일류기업이라면 "우수한 평균인 백 명보다 독특한 창조인 1명이 더 필요하다."고 주장한다. 그리고 자신도 그러한 사람 중의 하나가 되려고 노력한다는 인상을 주었다.

"나는 원래 여러 분야에 관심이 많지만 세계일류라고 하면 특히 관심이 많다. 기술 분야뿐 아니라 예컨대 사기전과 20범이라든지, 절도전과 20범이라든지, …또 어떤 사람이 대한민국 1등이라면 왠지 그 사람을 만나고 싶고 얘기하고 싶고 그렇다. 일본에서도 유명한 야쿠자들과 어울려 암흑가에서 한 1년 놀아본 경험도 있다. … 그렇게 여러 계통의 일류들을 만나보면서 그들이 톱의 위치에 오르기 위해서 어떤 노력들을 하는지 연구했다. … 한때 그런 사람들을 본받으려고 노력한 일도 있었다."

그의 일류 지향적 성격은 무서운 집념에 의해서 뒷받침된다. 하루 4~5시간만 자고 나머지 시간은 공부한다고 말한다. 그는 '비디오 광'일 뿐만 아니라 '개 박사', '골프박사' 등 학위 없는 박사 증 몇 개를 가지고 있다. 탁구, 승마, 레슬링, 자동차, 농사기술, 전자제품 등에 대해서도 상당한 일가견이 있다고. 86년 아시안게임 때 우리나라에 금, 은메달을 안겨준 말이 '고구려'인데, 주인이 바로 이 회장이었다. 특히 진돗개를 세계견종협회에 1979년 등록시킨 장본인이기도 하다.

# 048 사업구조를 고도화하라

"나는 삼성이 21세기에도 초일류기업으로 전진을 계속할 수 있도록 사업구조를 다시 구축하는 데 올해 경영의 초점을 맞추고자 합니다. 이를 위해 지난해 이룩된 각종 대형 신규 사업을 조기 정상화하고 미래의 성장사업의 발굴을 통하여 사업구조를 고도화할 것입니다. 각 사는 자발적인 경영혁신 운동을 지속하여 견실경영의 기초를 구축하는 한편 성장 잠재력이 있고 국익에 부합하는 부분을 제외한 만성적 적자사업은 과감히 정리해야겠습니다. 그룹 적으로 회사 간에 중복되거나 상호 경쟁적인 사업은 적절히 조정해 나갈 것입니다."

1992년 신년사의 일부다.

1993년 6월 9일 삼성그룹은 14개 회사를 매각 합병하는 그룹 구조조정 방안을 확정 발표했다. 정리대상에는 제일제당과 제일모직 등이 포함되었으며, 1991년의 1차 정리로 55개에서 48개로 줄어든 후 다시 34개로 줄었다.

삼성은 이를 사업구조 고도화의 실천으로 설명하며, 그룹이 주력해야 할 21세기 형 사업의 조건으로 ◇하이테크, 고부가가치형 사업 ◇국제화, 글로벌화가 가능한 사업 ◇정보, 소프트웨어기술 비중이 높은 사업 ◇국가기간산업, 인류에 기여할 수 있는 사업 등을 꼽고 있다고 밝혔다.

물론 이는 정부의 국제경쟁력 강화를 위한 업종전문화 정책에 선도적으로 호응한 것이기도 하다.

# 049 양은 무시하고
## 완벽한 상품을 만들어라

"종전까지는 밤을 새며 한 개라도 더 만드는 게 중요했습니다. 이제는 하나를 덜 만들더라도 불량이 없는 물건, 현재의 기술수준에서나마 완벽한 상품을 만들어야합니다. 질을 무시하고 상품을 만들다간 높은 불량률 때문에 회사를 꾸려나갈 수가 없습니다."

1993년 6월 삼성은 프랑크푸르트회의를 통해 제품의 질을 최우선 과제로 하는 '질 위주의 경영'과 '도덕 경영' 방침을 확인하고, "삼성제품의 질은 삼성의 얼굴이다."라는 '프랑크푸르트선언'을 채택했다.

'질 위주의 경영'이란 '21세기 초일류기업이 되기 위해 내부적으로는 기본과 품질을 최우선으로 하여 시너지효과를 극대화시키고, 외부적으로는 고객만족을 위한 끊임없는 자기혁신을 통해 새로운 가치를 창출하는 경영'이라고 정의했다. 즉 질 위주 경영의 요체는 품질, 고객만족, 기본이며, 이 요체 간의 시너지효과의 극대화가 초일류기업으로 진입하는 관건이다.

프랑크푸르트회의에서 이 회장은 질을 강조하면서 이렇게 말했다.

"질과 양에 획일적일 필요는 없다. 질의 경영이란 2류가 1류 되자는 것이다. 서로 절대적 개념은 아니다. 경영합리화다. 질의 제고는 불량을 없애는 것이다. 설계, 기획, 디자인, 생산, 판매 분야가 자주 모여서 합리적인 방안을 찾아라. 모여서 결정을 내리면 제발 설계변경 하지 마라. 회의실이 왜 있는가. 너무 회의 같은 회의를 안 한다. 담배 피우고 하품이나 한다. 회의 같은 회의 하면 불량이 없어지고 질문 반이 해결된다."

# 050 양과 질의 비중은
# 1:99도 용납할 수 없다

"나는 오늘 아침까지도 전 그룹이 질로 가고 있는 줄 알았다. 그런데 아직도 매상주의를 지향하고 있다니! 지금 때가 어느 때인가? 세상이 전부 질로 가는데 우리는 어째서 양으로 채우려 하는가?"

이건희 회장은 삼성그룹의 총수자리에 앉을 때부터 삼성 인들을 향해 '질로 간다.'고 선언했다. 이 회장은 자신의 이 '질 선언'이 크게 실효를 못 거둬서인지 회의 도중, 이 문제를 놓고 이렇게 크게 호통 쳤다.

회장취임 직후 자신이 지시했던 내용이 5년 몇 개월이 지난 시점까지 전혀 개선이 안 되고 있자, 크나 큰 충격에 결국 '이제는 내가 직접 나서야겠다.'는 위기의식과 오기가 발동한 게 아니었을까싶다.

"전 종업원들이 '불량은 적이다. 불량은 악의 근원이다. 불량 세 번 내면 퇴직이다.' 이렇게 모두 가야한다. 정말 한번 같이 해보자. 양과 질의 비중이 1:99도 안 된다, 0:100이다. 10:900이나 1:99로 생각한다면 이것이 언젠가는 다시 5:5로 간다. 한쪽을 0으로 만들지 않는 한 절대로 못 간다. 이렇게 안 가게 되면 내가 여기 있을 필요가 없다. 내가 없어도 얼마든지 회사는 돌아간다. 이걸 나밖에 바꿀 사람이 없고 내가 바꾼다고 하더라도 여러분의 협조 없이는 절대로 안 된다."

동기야 어찌됐든 다시 시작된 이 회장의 '질 중시' 행군은, '질 위주의 경영'을 강조하면서 '양과 질의 비중은 1:99도 용납할 수 없다'며 질의 중요성을 극단적으로 강조해 직원들을 당혹스럽게 만들었다.

75

# 051 모든 것을 걸고 품질을 혁신하라

'질 위주경영'으로의 전환과 관련한 이 회장의 발언에서 나타나는 기업의 불량에 대한 이해를 살펴보면 크게 세 가지로 나누어진다.

첫째가 제품의 불량이다. '3만 명이 만드는 가전제품을 6천명이 하루에 2만 건씩 수리하는 것'이나, '선진수준의 6배에 달하는 삼성 TV의 불량률'은 삼성그룹의 신용과 이미지에 결정적인 타격을 준다. 따라서 불량품을 만드는 것은 '회사를 좀먹는 암적인 존재요, 경영의 범죄행위'다.

둘째, 양 위주의 경영체질, 즉 경영의 불량이다. 양 중심의 사고, 양 위주의 경영체질은 '목표 달성을 위한 무리한 생산 → 불량과다 → 악성재고 → 무리한 판매 → 고객 불만·부실채권 → 매출·이익감소'의 악순환을 초래한다. 따라서 양 중심의 사고에서 질 중심의 사고로 전환해야 하고, 이를 위해서라면 '공장가동을 중단해도 좋다'는 게 이 회장의 방침이다.

셋째, 삼성인의 도덕과 의식의 불량. 이것이야말로 가장 심각하고, 근원적인 불량이라고 이 회장은 규정한다. 왜냐하면 불량의 60~70%는 실력과 기술이 부족해서가 아니라, 도덕과 의식이 불량해서 발생한다고 보기 때문이다. 무책임, 무관심, 무참여의 3무($無$)가 바로 그것이다.

이건희 회장은 오늘날은 신용과 이미지를 파는 글로벌시대임을 강조하면서 경쟁력의 가늠자인 '품질'의 혁신에 모든 것을 걸어야한다고 말했다. 삼성이 처한 위기의 본질은 '양에 대한 집착'이었으며, 위기를 타개하기 위한 선결조건은 '질로의 전환'이라는 것이다.

# 052 스케일을 키워라

"질로 철저히 가면 그 다음은 무엇인가? 그 다음은 양이 아니다. 스케일이다. 지금 스케일 개념이 없으니 모두들 불안해한다. 질로 가면 전부 줄어들 것 같아 겁이 난다고 한다. 그러나 질의 노하우만 있으면 스케일은 국제적으로, 동남아로, 북미로, 남미로 얼마든지 키울 수 있다. 스케일을 키워라."

삼성은 제품, 경영, 삼성인의 도덕과 의식의 3대 불량의 제거, 질 경영으로의 전환을 당면한 최우선 과제로 삼았다. 여기서 질 경영이란 제품의 질, 경영과 업무의 질, 개개인의 인간적인 질을 포함한 포괄적인 질의 향상을 의미한다.

이 회장의 위와 같은 스케일에 대한 발언은 질과 양을 선택적인 것으로 이해하는 데 대한 명확한 비판이자 대안의 제시다. 질로 세계를 정복하자는 것이다. 21세기 초일류기업이 삼성의 목표다.

"질이 뭐냐, 양이 뭐냐를 깊이 분석해보면 결국 일류가 되자는 얘기… 어느 수준의 경제단위까지 가기 위한 양의 전제 하에 기능부터 … 제대로 된 제품을 만들자는 것이다. … 질이 잘 되었을 때 절로 이익이 나게 마련이다. … 그렇게 해서 세계 1위권으로 진입했을 때에는 10년, 20년 후의 제품을 만들기 위해 기술개발에 박차를 가하게 되고 자연 이익이 많이 나니까 연구개발에 투자하는 것이다. … 앞으로는 해외시장 점유율이 몇 %인가를 생각해야한다. 그것이 바로 질이고 스케일이다."

# 053 불량의 사전예측과
# 창조의 선점이 경쟁력이다

"앞으로 일류기업과 이류기업, 특류(特類)기업과 일류기업의 차이는 뭐냐? 이류 두뇌가 다섯 명에서 열 명이 집단화함으로 해서 모든 낭비, 즉 불량의 사전예측과 창조의 선점 등 모든 상황의 알파(α)의 2승, 3승, 4승하는 발상이 나오는 게 중요하다. 이것이 앞으로의 경쟁력이다."

삼성이 프랑크푸르트회의를 통한 '질 위주 경영' 선언의 의의에 대해 크게 네 가지로 정리한 것 중 하나로, 소극적 질부터 퇴치하고 '기본'을 중시함으로써 적극적 질로 가자는 선언이라고 설명한다.

여기서 불량이나 결함을 사전에 예측하고 퇴치하는 것이 소극적 의미의 질 경영이다. 거기에 기능과 고부가가치를 창조하는 것, '알파에 2승, 3승, 4승하는 것'이 적극적 의미의 질이다.

모토롤라, 제록스, IBM 등이 자랑하는 완벽한 품질수준, 즉 ppm수준의 불량률 관리와 3M, 소니, 듀폰, NEC 등의 앞선 제품개발력이 필요하다는 얘기다.

그리고 기본을 충실히 한다는 것은 '현재의 기술수준에서나마 완벽한 제품을 만들자'는 것이다. 완벽한 품질수준 즉 '제로'에 가까운 불량률 관리와 앞선 제품개발력의 결합이 필요하다는 얘기다.

그러나 이와 같은 품질 최우선 경영이 쉽지는 않다. 따라서 삼성은 현재의 상황에 대해 과거의 연장선상이 아닌 한계를 돌파하는 혁신이라고 그 의미를 부여하고 있다.

# 054 뛰든, 걷든, 놀든,
# 한 방향으로 가라

"뛸 사람은 뛰어라. 빨리 걸을 사람은 빨리 걸어라. 걷기도 싫은 사람은 앉아서 놀아라. 강요 안 한다. 그러나 방향은 같이 가자. 한 방향으로 가자. 그것이 질이다."

이 회장은 지금까지 일관되게 질 위주로의 전환을 강조해왔다. 그러나 그가 보기에 삼성의 내부조직과 개인은 '질'이라는 하나의 방향으로 통일되어 있지 않았다. 이 회장이 "달을 가리키면 달을 봐야지 손가락만 쳐다보고 있으니 이런 혼란이 생기는 것이다."라고 지적할 정도로 질 위주의 경영에 대한 이해조차 제대로 하지 못했다.

이 무렵 삼성의 경영진은 여전히 도덕적 인간적 관계마저 결여된 채 가격경쟁력에 기댄 고도성장기의 단기실적만능주의, 양적성장전략의 관성에 젖어있었다. 국내 제일에 안주하려는 '제일주의'만 고집했고, 질적 변화보다 양적 실현을 위한 단기경영에 만족했기 때문에 이류 브랜드로 전락해버린 현 상황에 대한 냉혹한 인식이 결핍되어있었다.

그런 의미에서 프랑크푸르트회의의 '질 위주 경영 선언'은 통일적으로 움직일 수 있는 하나의 방향을 제시했다며 삼성은 의의를 네 가지로 정리했다. ①초일류기업으로 가기 위한 방향논의에 종지부를 찍은 것, ②인식의 대전환을 이룰 수 있게 된 것, ③소극적 질부터 퇴치하고 '기본'을 충실히 함으로써 적극적 질로 가자는 것, ④기본 중의 기본이 도덕과 인간성 회복이라는 점을 새삼 확인하게 된 선언이었다는 것이 그것이다.

# 055 전 사원이 품질관리에
# 종합적인 개선노력을 하라

"종전까지는 밤을 새며 한 개라도 더 만드는 게 중요했다. 이제는 하나를 덜 만들더라도 불량이 없는 물건, 현재의 기술수준에서나마 완벽한 상품을 만들어야 한다. 질을 무시하고 상품을 만들다간 높은 불량률 때문에 회사를 꾸려나갈 수가 없다."

품질관리를 제대로 하기 위해서는 한두 부서가 전담하는 생산과정의 한 단계로 안이하게 생각할 것이 아니라 개발, 설계, 구매, 생산, 판매 등 전 부문이 참여하는 전 회사 차원의 종합적인 노력이 필요하다.

삼성은 관리자의 현장감각과 품질관리를 위해 임원은 일주일에 최소 4일을 현장에서 근무토록 하였다. 이 회장이 자랑하던 비서실 전 직원도 담당계열사의 현장근무 경험을 거치도록 하였다. 다음은 전 사원이 품질관리에 매달려야한다는 교훈을 남긴 사례다.

일본 NEC의 구마모토반도체공장은 불량률이 매우 높았다고 한다. 통상적인 품질관리 활동으로는 원인규명을 할 수가 없었다. 어느 날 생산직 여사원이 회사 앞을 지나는 철로 길목에 서 있다가 기차가 지날 때 발에 느껴지는 진동에 착안하여, 이 진동이 제품에 나쁜 영향을 주는 게 아닐까 생각하고, 곧 이 생각을 반장에게 얘기했고, 반장은 공장장에게 보고했다. 공장장은 무릎을 쳤다. '바로 이거였다!' 회사는 철로와 공장 사이에 깊은 골을 파고 물을 채워 진동을 차단시켰고, 이후 불량률은 급격히 감소하였다.

# 056 고객중심의 사고로 전환해서 '팔리는 것'을 만들어라

"또 이 상품의 소위 적소가 어딘가, 어디를 할 것인가 이걸 해서 여기에 맞는 색깔과 디자인 등의 방향을 정해야하는 것이다. … 조립 양산품의 업의 개념을 몰라도 너무 모른다. 수주산업이나 양산조립이나 디자인과 설계가 얼마나 중요한가. 시장을 위한, 고객을 위한, 생산시설에 맞는, 협력업체에 맞는 이런 설계가 안 되고 윗사람이 하는 대로 소니가 팔리니, 마쓰시타가 팔리니 하며 적당히 해버린다. 우리 협력업체 실정에 맞는지, 우리 설계능력에 맞는지, 생산능력에 맞는지 따져보지도 않고 이 모양의 기획을 하니 호적도 출처도 없는 괴상한 제품이 나온다. 여기서부터 문제가 생긴다."

양을 추구하면 질은 저하되지만 질을 추구하면 양은 자연히 따라온다. '양질의 제품→소비자의 만족→시장의 선호→매출, M/S 증대→이익증대'의 양 순환이 이루어지기 때문이다. 이것이 '질 위주 경영의 본질'이다.

도요타 자동차가 실시했던 '고객 만족도와 제품 재 구입율의 관계'라는 조사결과와 미 타프사의 연구결과를 보면 제품의 질과 그에 따른 고객의 만족도는 기업의 성패와 사활의 관건이 되고 있다. 따라서 과거와 같은 '만들어 팔기만 하면 된다.'는 생산자 중심의 사고는 더 이상 유효하지 않을 뿐 아니라 대단히 위험하다. 이제는 '팔리는 것을 만든다.'는 고객 중심으로의 사고전환이란 측면에서 볼 때 생산자 중심에서 소비자 중심으로의 사고전환과 상통하는 인식의 대전환을 이룰 수 있게 되었다.

# 057 질(質)을 평(評)할 수 있는 능력을 함양하라

"또 '21세기형 경영자 상'을 강조했는데 이제는 경영자도 사고방식을 바꿔야 합니다. 과거에는 적당히 야합하며 경영을 해왔고 일반적으로 도장이나 찍고 정부 관료를 만나고, 주말에 골프나 치면 70~80% 경영이 커버돼왔던 게 사실입니다. 그러나 이제는 전 세계를 상대로 해야 하는 시점입니다. 미래에 살아남기 위해서는 경영자들이 모든 분야에 대해 스스로 알아야【지(知)】합니다. 알되 바로 알아야합니다. 또한 경영자는 할 줄 알고【행(行)】 솔선수범해야합니다. 남을 시키고 쓸 줄 알아야【용(用)】하며, 또한 아래의 사원에게 가르칠 줄 알아야【훈(訓)】합니다. 마지막으로 더 중요한 것은 평가할 줄 알아야【평(評)】합니다."

삼성이 프랑크푸르트회의를 통한 '질 경영 선언'의 의의 중 네 번째로 지적한 것이 그 기본 중의 기본이 되는 도덕과 인간성회복이라는 점을 새삼 확인한 것이라 했다. 이는 앞에서 이미 언급한 바 있으니 여기서는 '질 경영의 리더십'에 대해 알아보자.

이건희 회장은 1993년 5월 한국경영자대상수상기념 강연에서 '21세기형 경영자상'에 대해 위와 같이 설명했다.

삼성에서 사용하는 '질 경영의 리더십'이라는 용어는 바로 여기에서 나온 개념으로 '질(質)은 지(知), 행(行), 용(用), 훈(訓), 평(評)할 수 있는 능력'을 의미하며, 이러한 리더십의 함양이 삼성개혁의 추진력이라 정의한다.

# 058 자동화, 선진화, 품질관리에 대한 인식전환이 시급하다

"품질 생산성 수준의 선진화를 조속히 달성해야 합니다. … 개발도상국의 상품이 아닌 선진국의 상품으로서 세계시장에서 초일류기업들과 경쟁해야만 합니다. 최고의 품질, 최고의 생산성, 최고의 서비스로 돌파해야 할 명제이며 그 요체는 바로 기술과 전 공정에 참여하는 모든 임직원들의 정성입니다. … 기술 중시는 기술을 전공한 기술자만의 고유용어가 아닙니다. 다양한 경영정보를 분석하고 이를 공유하여 응용과 재조합을 통해 제품의 개발, 설계, 생산, 판매 등 경영의 모든 분야에서 결합된 작품이 나올 때 그것이 기술이요, 여기에 최고의 가치를 부여할 때 비로소 기술 중시가 되는 것임을 잊지 말아야 되겠습니다."

질 중시의 경영과 관련해 자동화, CAD(컴퓨터에 의한 디자인)/CAM(컴퓨터에 의한 생산)수준의 선진화와 품질관리에 대한 인식전환이 시급한 것으로 지적되고 있다.

지금은 기술전쟁의 시대이다. 그리고 이러한 기술전쟁은 21세기에는 어떻게 전개될지 모른다. 어쨌든 21세기에는 지금까지와는 전혀 다른 신기술, 신제품이 다양한 형태로 등장하리라는 것은 분명하다.

이에 따라 선진국에서는 과학기술을 국가안보 차원에서 다루고 있다. 과학기술이 부족하면 경제예속, 심각한 국가안보 위협 등이 초래될 수 있다. 이제 우리나라도 과학기술에 대한 새로운 인식과 접근이 필요하며, 이를 국가안보 차원에서 다루어 나갈 필요가 있을 것이다.

# 059 위에서부터 마누라 자식 빼고
## 다 바꿔라

"지금도 불량제품이 쏟아져 나오고 있고 3만 명이 만드는 제품을 6천명이 수리하러 쫓아다니는 낭비가 빚어지고 있다. 그 낭비를 없앨 수 있다. 1천 명만이 다니게 할 수 있고 또 해야 한다. 쓸데없이 자원을 낭비하고, 페인트로 세상 공기 나쁘게 하고, 나쁜 물건 만들어 나쁜 이미지를 갖게 해서 전혀 이로울 게 없다. 이 모두가 삼성의 이미지를 떨어뜨리고 삼성의 기초와 기둥을 깎아먹는 짓 아니냐?"

이렇게 기업을 좀먹는 암인 불량품 발생이 계속되고 관리가 크게 개선되지 못하고 있는 이유를 이 회장은 '사람의 의식이 바뀌지 않아서'라고 잘라 말한다. '이것을 고치지 못한다면 나라는 물론 구멍가게도 안 된다'는 데도 바뀌지 않으니, 도덕과 인간성의 회복, 그리고 이를 위한 의식의 개혁이 필요하다고 이 회장은 힘주어 말한다. 나아가 '나로부터의 변화' 즉, 솔선수범하는 자세가 필요하다고 강조한다.

"직·반장급 직원을 아무리 야단치고 벌주고 내쫓아 봐야 안 고쳐진다. 3만 명 삼성전자 직원이 '나부터 하겠다.'는 마음으로 바뀌려면 누구부터 시작해야 되는가? 회장이 제일 먼저 하고 두 번째는 사장이고 다음에는 부사장이고. 위에서부터 바뀌어야 끝에 있는 사람들이 바뀐다. 사장은 안 바뀌는데 어떻게 직·반장이 바뀌겠는가?"

회장인 자신부터 바뀔 테니 '모두들 마누라와 자식만 빼놓고 다 바꿔보자'는 극단적인 발언이 여기서 나왔다.

# 060 품질관리가 가장 확실한 전략이다

"삼성은 좋은 제품 싸게 만들어 사회에 공급하고, 건실한 경영을 통해 국가경제 발전에 기여함은 물론 지금 사회가 우리에게 기대하고 있는 이상으로 봉사와 헌신을 적극 전개할 것입니다."

"삼성은 국제화 시대의 급속한 변화에 대응하여 국민기업으로서 사회적 책임을 다하고 21세기에 살아남기 위한 생존전략으로 '품질 최우선 경영'을 선언합니다."

이 선언에 대한 광고 헤드라인은 '삼성은 세계1급 품질에 생존을 걸었습니다.'이다.

품질관리(QC: Quality Control)는 검사과정에서 검사설비와 인원을 사용하여 불량품을 가려내거나 불량률을 낮추는 업무이다. 그러나 생산과정의 한 단계라는 소극적 의미로 품질관리가 인식되어온 결과 3만 명이 만든 제품을 6천 명이 고치러 다니는 결과를 초래했다.

이것이 바로 이건희 회장이 질 위주 경영의 경제성과 논리적 합리성을 주창하는 근거다. 그는 이러한 현상 자체보다 임원들조차 문제의식을 갖고 개선하고자 노력하기는커녕 고정관념을 갖고 쉽게 지나쳐버리는 사실을 더 심각한 문제로 이해한다. 그래서 제품평가요소를 사전에 조사하고 품질요건을 표준화하고 이를 제품개발 시 적극 반영시켜 품질경쟁력을 최우선으로 삼는 적극적인 개념으로 바뀌어야한다는 것이다. 이런 품질관리는 시장에서 제품의 경쟁력을 높일 수 있는 가장 확실한 전략이다.

# 061 '질' 위주의 전략경영을 해야 산다

"우리는 과거 질보다는 양에 치중하는 경영을 해, 규모에 비해 기업체 질이나 내실이 다져지지 않았다. 전자산업의 경우, 고급기술의 개발과 축적이 사업의 핵심인데도 외형위주의 양적성장에 치중함으로써 칼라 TV의 월 생산량이 35만대(1988년 당시)에 이르고 있으나 월 10만대 수준의 일본 업체보다도 이익을 적게 내고 있다. 앞으로 경영 전부문의 '질적 수준'이 향상되지 않고는 치열한 경쟁에서 살아남을 수 없다. 확대위주의 '양적성장'보다는 이기기 위한 '질적 성장'에 치중해야 한다."

이 회장은 장기간의 해외출장에서 돌아오자마자 그룹 비서실 전 임직원을 불러모아놓고 '불량품은 암이다.'라고 품질최우선경영원칙을 다시 한 번 확인시켜주며 '질 경영론'을 재삼 강조했다. 그만큼 그는 '질 위주 경영'에 대한 집착이 강하다.

이 회장이 '질'을 외친 것은 어제 오늘의 일이 아니지만, 이 회장의 '신경영'하면 곧 '질 경영'이라고 생각될 만큼 '질'에 대한 관심이 높다.

다음은 1988년 7월 23일, 전경련 주관 '최고경영자 세미나'에서 〈2천 년대 한국경영의 좌표〉라는 주제로 특강을 하면서 강조한 내용이다.

"기업이… 영속해 나가기 위해서는 …, 달성해야 할 목표를 분명히 정하고 경영자원을 집중 투입하는 전략경영을 실천해야한다. 전략경영의 방향도 소비자욕구의 다양화, 국제경영의 첨예화, 소프트화에 대응하여, 종전의 '양' 위주에서 '질' 위주의 경영전략으로 전환해야한다."

# 062 '질' 위주 경영은 장기적인 '생존전략'이다

"회사 조직도, 한 사람 한 사람의 기능도, 삼성 조직 전체도 질로 가야 되고, 여러분 개개인의 인생도 질을 추구해야 하고, 여러분 자녀들의 교육도 질로 가야 이 나라가 질적인 일류가 되며 질적인 삶의 개념을 확보할 수 있게 된다."

이건희 회장이 수차례의 해외현지회의를 통해 질 위주 경영을 선언한 것은 '애질심' 때문만이 아니다. 사실 삼성그룹의 위기는 '양에 대한 집착'이 강했기 때문이다. 삼성은 불량을 제품, 경영(업무), 사람(의식)의 불량으로 나누는데, 이 회장이 가장 문제 삼는 것은 '삼성인의 불량'이다.

'버젓이 불량품을 내놓고도 미안한 감이 없는 양심불량', '삼성 이름이 들어간 불량품을 보고도 외면하고 분한 마음도 들지 않는 도덕적 불감증', '뒷다리 잡는 풍토와 개인, 집단 이기주의' 등 정신문화의 불량을 이 회장은 가장 중요하고 심각한 문제라고 단정 짓는다.

"그 동안 제품의 질적인 측면은 전혀 고려하지 않고 양적인 목표만을 위해 생산해왔으나, 앞으로 선진기업으로의 진입과 국가적인 자존심을 위해서는 다른 모든 것을 포기하고서라도 질만을 향해 매진해야한다."

이 회장의 '질 위주 경영'은 분명히 장기적인 안목에서 심각하게 결정한 '생존전략'이다. 이 회장이 주창하는 '질 경영'은 제품의 질, 경영과 업무의 질, 개개인의 인간적인 질들의 향상을 통해 자체경쟁력을 키워나가자는 '21세기 삼성의 생존전략'인 동시에 '인간성 회복운동'이기도 하다.

# 063 질을 위해서는
# 무조건 라인스톱 제를 실시하라

"방향은 하나고, 목표는 질이다. 목표, 기준, 평가 모든 것이 질이다. 삼성의 모든 조직, 모든 조립제품, 시스템과 라인의 모든 지표와 평가는 질이다. 질을 위해서는 한 달이고 일주일이고 무조건 공장을 세워야(멈춰야)한다. 많이 생산하고 불량품 많이 나면 아무소용 없다. 생산량 90%도 좋고, 80%도 좋고, 20%까지 낮춰도 좋다. 하루, 이틀, 일주일 늦게 나오더라도 좋다. 바로 이런 것이 질이다. 이것을 먼저 해놓고, 나오는대로 팔아라. 전 생산라인에 라인스톱 제를 도입해라!"

라인스톱 제란 생산 공장에서 불량이 발견되면 모든 라인가동을 중지하고 원인을 규명하고 해결한 후에 다시 생산시스템을 돌리는 제도이다.

세계적인 자동차회사인 일본의 토요타자동차에서 시작되었다고 하여 도요타생산방식이라고도 불리는 이 제도를 시행하려면 무엇보다도 부품의 불량이 적어야하고 품질개선에 대한 종업원의 인식이 확고해야한다. 실제로 라인스톱 제를 실시하려면 불량률이 라인스톱이 되지 않을 정도로 극소수여야 한다는 전제가 있어야 한다.

그러나 이건희 회장의 라인스톱 지시는 이러한 전제가 충족되지 않은 상태에서 내려진 것이라는 점에서 좀 더 혁신적이라는 의의를 갖는다. 오히려 라인스톱 제의 일반적인 전제인 불량률극소화를 위해 이 제도의 실시를 강력히 지시하고 있다는 점이 과감하면서도 흥미롭다.

# 064 양과 질과 스케일은
# 유기적인 연결체다

"업종과 제품의 종류에 따라서 양이냐 질이냐가 결정된다. 그리고 양이나 질과 관계없는 스케일이라는 개념이 있다. 전 세계 수요의 10%를 잡자, 50%를 확보하자는 개념이 바로 '스케일'이다. 이 스케일의 뜻과 개념은 양이나 질과 다른 규모다. 이 자체는 커져야 소위 시장도 만들 수 있고, 제품도 만들 수 있어서 제품의 인프라를 추구할 수 있다. 양과 질과 스케일, 이것은 이질적인 것도 아니고 서로 반대 개념도 아니다. 이것은 서로 연결돼있는 유기적인 것이어서 한두 마디로는 설명하기 어려운 문제다. 양과 질은 소위 군사문화에서 얘기하는 '흑과 백'이 아니다. 군사문화 중 가장 나쁜 것이 흑백논리에 의해서 명확히 구분해버리는 일이다."

프랑크푸르트에서 '양과 질의 비중은 0:100'이라고 잘라 말한 것에 대해 직원들이 혼동하는 듯하자, 이 회장은 결코 '양과 질은 반대 개념이 아니다'라며 그 개념을 혼동하는 원인을 "양을 위해서 질을 희생해도 좋다고 생각하는 데서부터 문제가 생겼다."고 집어냈다.

이 회장은 자기 얘기를 '양은 다 버리고 질로만 가라'고 받아들이는 것은 오해라며, 양과 질의 차이는 기업본질의 차이이며 상품의 본질과 개념의 차이라고 강조한 후, '스케일'의 개념에 대해 부연설명하면서, 군사문화 중 가장 나쁜 것이 바로 '흑백논리에 의한 명확한 구분'임을 부각시키며 그 폐해를 지적했다. 결국 이 회장의 주장은 어느 정도의 절대적인 양이 있어야 질이 유지되는 것이라는 얘기다.

## 065 고객 중심의 사고로
## 가치관 자체를 바꿔라

"질 위주의 경영을 위해서는 과거 회사 중심의 사고로 제품을 개발하고 생산, 판매, 서비스하던 것을 고객중심의 사고로 가치관 자체가 바뀌어져야 한다. 눈앞의 이윤보다는 고객 만족, 고객을 위한 가치창조를 먼저 생각할 수 있는 경영이 되어야하며 그렇게 하는 것이 경쟁력이 높아져 장기적으로는 이익도 더 낼 수 있게 되고, 이러한 가치관이 정립될 때 저절로 국민으로부터 사랑받는 기업이 된다. 우수한 경영자들에게서 공통적으로 발견할 수 있는 리더십의 특징은 '행동지향성'이다. 예를 들어 기술이 없는데 몇 년을 그냥 보내고 있는 것보다는 적극적으로 기술을 도입하든지 도입이 어려우면 다른 방법을 통해 목적을 이루는 행동력에 가치를 두는 풍토가 조성되어야만 조직에 활력이 생기고 발전이 있다."

"'생산, 유통, 소매' 중 '소매'가 또 중요하다. 중간제품이든 부품이든 어떤 물건을 만들어도 제품이 마지막에 가서는 소비자한테 가게 된다. 소비자는 옛날이나 지금이나 자기가 눈으로 보고 물건을 사는 것은 똑같지만 … 바뀌듯이, 갈수록 판매형태도 복합화, 집중화, 국제화되어간다."

과거와 같은 '만들어 팔기만 하면 된다.'는 생산자 중심의 사고는 더 이상 유효하지 않다. 이제는 '팔리는 것을 만든다.'는 고객중심의 사고로 전환할 필요가 있다. 그런 의미에서 생산자 중심에서 소비자 중심으로의 사고전환은 양 중심에서 질 중심으로의 사고전환과 상통한다.

# 066 놀든 일하든 철저히 하라

"모든 것이 양에서 질로 가고 있다. 경영이 그렇다. 장래에 대한 물리적 정신적 보장, 가족과 자식의 장래 보장, 삶의 질을 올리기 위해서는 바꿔야한다. 단순히 먹고 살기위한 변화는 어렵다. 안 바꾸어도 살 수는 있기 때문이다. 삼성의 질만이 아니고 여러분 개개인, 내 자신, 인격, 상식, 자식의 질도 생각하자. 생활의 질, 자식교육의 질도 생각하자. 바꾸자. 앞으로는 자율, 유연한 사고를 가진 사람이 출세할 것이다. 그렇지만 질서 도덕을 지켜라. 선배를 섬기고 후배를 키워라. 남자다운 남자가 되자. 놀아도, 일을 해도 제대로 철저히 하자."

위는 바꾸어야 하는 또 다른 이유는 양에서 질로 변화되는 시대를 맞아 '삶의 질'을 높이자는 것이라며 이 회장이 오사카회의에서 한 말이다.

"1류 기업은 노동을 착취하지 않는다. 노동자와 간부는 다만 직위가 다를 뿐이다. 밥 달리 먹는 공장이나 회사 잘되는 것 못 봤다. 5급 사원이나 회장이나 인권과 생존권은 모두 같다. 조직상 질서가 있을 뿐이다. …상식을 알아야 한다. 가능한 한 그 나라의 모든 것을 알아야한다. 일본인들이 세계 최장수를 기록하고 있다. 왜냐. 우선 생선만 먹는다. 차 문화다. 야채를 먹고, 된장을 통해 부족한 단백질을 보충한다. 차 문화는 예의범절을 가르친다. 기초적인 정신교육이다. 또 농사다. 효율과 땅의 연구가 필수다. 이게 국력이다. 셋째는 종자 연구다. 이것이 오늘날 유전공학의 모태가 됐다. 마지막으로는 도자기문화의 발전을 가져왔다."

# 067 질의 경영을 위해서
## 사재라도 털겠다

"TV의 경우에도 재미있는 영화를 보다가 퓨즈라도 똑 떨어져 나가도 그 회사 욕을 한다. 절대 안 잊어버린다. 그 회사제품에 대해 불평하는 사람 1백 명 중에 50%는 그 회사제품은 절대 안 산다. 안 사는 게 중요한 게 아니라 그 50명이 자꾸 떠들고 다닌다. 이것이 바로 암이다."

이렇게 '불량은 암'이라고 부르짖는 이 회장의 질 경영론은 '품질을 높이기 위해서는 라인 가동을 중단해도 좋다.', '일시적으로 시장점유율이 떨어져도 좋다.', '적자가 나도 괜찮다.'에서 '사재를 털어서라도 질의 경영을 실현시키겠다.'는 실천의지로 이어지면서 단순한 '의지'가 아니라 '실천'의 형태를 띠면서 구체화되어갔다.

"회사의 결손이 생기면 내 사재를 털어서라도 메우겠다. … '질'이라는 것, 1976년부터 지금까지 얘기하는 것이고 회장되고 나서 더 강조했다." "질을 위해서는 일주일이고 한 달이고 무조건 공장을 세워라. 110% 생산은 제발 하지마라. 90%도 좋고 80%도 좋고 20%까지 낮추라. 이게 왜 안 되느냐? 손해 봐도 좋다. 결과적으로 1년 2년 후에는 더 이익이다. 손해 보는 것은 내 사재까지 넣겠다." "불량을 보고 그냥 불량이라고 소리만 지르는 사람이 무슨 경영자인가. 모두 마찬가지다. 밑에 있는 사람에게 소리만 지른다. 차분히 직원들을 달래주고 용기를 북돋아주고 원인을 캐서 해결해주어야 한다. 원가를 알아보고 앞으로는 회사에서 이렇게 해주겠다는 약속을 하고 그러기 위해서는 라인을 일주일 세워라."

# 068 양을 지향하면 암을 번지게 한다

"오늘 아침 삼성전자의 불량을 담은 테이프를 보았다. 테이프 내용 자체가 대단한 것은 아니다. 고발, 위기의식을 가지라는 뜻에서 홍보팀을 시켜 구석구석 잘못을 찾아내라고 했다. … 그 정신이 대단하다. 썩었다. 완전히 썩었다. … 후계자가 된 게 1970년대 말이다. 그때부터 '모든 제품의 불량은 암이다. 암적 존재다.'라고 말했다. 암은 진화한다. 초기에 자르지 않으면 3~5년 내에 재발, 사람을 죽게 만든다. 삼성전자는 자칫 암의 만성 기에 돌입할 우려가 있다. 과거 삼성의 업(業)인 설탕, 모직의 불량은 포장이 찢어지고 먼지가 나는 정도였다. 한일합섬이든 삼양사든 큰 차이가 나지 않았다. 그러나 VTR의 불량은 아끼는 테이프를 갉아먹는다. 울화통 터진다. …. TV는 재미있는 영화를 보는 데 퓨즈가 나간다. 당연히 회사 욕한다. 불량이 나오면 100명 중 50명은 그 회사 제품 다시 안 산다. 안사는 것만 아니라 떠들고 다닌다. 이게 암이다. 지난 1979년부터 불량은 안 된다고 소리소리 질렀으나 … 내 말이 강하지 않았다. 회장에 취임한지 5년이 지나서도 '불량 안 된다. 양이 아니라 질로 향해 가라.'고 했는데 아직도 양을 외치고 있다. 비서실장, 삼성전자 사장, 비서실 전자팀장, 삼성전자 본부장이 양을 지향한다. 어처구니없는 발상, 썩어빠진 정신이다. 이게 암을 번지게 하는 것이다."

1993년 6월 15일 독일 프랑크푸르트회의 특강 중 질의 경영에 대한 이 회장의 발언 내용이다.

# 069 질 없는 양은 빈껍데기일 뿐이다

- 이회장이 지향하는 경영혁신의 출발점은 무엇입니까?

"모든 변화는 개인부터 시작…. 개인이 바뀌어야 삼성이 변하고 삼성그룹이 바뀌어야 다른 그룹도 따라오고 그때부터 정부도 바뀔 수 있다고 생각한다. 삼성이 바뀌려면 … 양 위주에서 질 위주로 경영방식도 전환해야한다. … 국제화하고 복합화해서 한 군데 모아 경쟁력을 극대화…."

- '품질위주'는 경영의 기본입니다. 유독 현시점에서 강조하신 이유는?

"국내에서 상대적으로 나은 곳이 삼성이다. 그러나 삼성은 분명히 2류다. 삼성전자는 3만 명이 만든 물건을 6천 명이 하루에 2만 번씩 고치고 다닌다. 이런 비효율 낭비적 집단은 지구상에 없다. 이것을 못 고친다면 구멍가게도 안돼요. 그래서 그룹의 모든 목표와 평가를 질로 바꾸라고 한 것이다. 질을 위해서는 한 달이고 두 달이고 공장을 무조건 세우게 할 거다. 질로 철저히 가면 양을 넘어 스케일이 나온다."

- 질 위주 경영이란 구체적으로 무엇을 어떻게 하자는 것입니까?

"…모든 회사의 일을 질 중시로 전환하는 것이다. 질 중시라는 것은 형식보다는 본질과 원리, 원칙을 중요시하는 것…. 질을 높이면 … 스케일이 나온다. … 삼성인 모두의 삶의 질을 높일 것… 나 자신이 먼저 바뀌지 않으면 안 된다. 개인이 변해야 … 정부도 변한다. … 인간성, 도덕성을 되찾아야 하며, 국제화, 복합화로 경쟁력을 극대화해야 한다."

'양을 무시하고 질을 추구하라'는 이 회장의 경영의지가 담긴 인터뷰다.

# 070 한번 포기하면 회복불가능이다

"감정의 표현에는 여러 가지가 있다. … 개인사회에서 가장 무서운 감정은 포기다. 나는 평생 두 번의 포기를 했다. 오늘 아침 … 한 번 더 하려했다. …. 삼성전자에 문제가 발생했다. … 아직 양으로 채워가고 있다. 완전 포기상태다. …. 이렇게 내 말을 못 알아듣는 직장이냐? … 내 자신이 개인의 부귀영화를 하자는 것 아니다. …. 명예 때문이다. 성취감이다. 성취감은 여러분, 삼성그룹, 우리나라가 잘 되게 하는 것이다. 질을 키우면 양이 커진다. 질이 커지고 탄탄해지면 우리와 후손들이 잘 되는 것이다. …. 포기하기는 싫다. 한번 포기하면 회복불가능이다."

1993년 6월 중순 프랑크푸르트에서 삼성전자의 불량을 담은 사내방송 비디오를 시청한 뒤 이 회장과 이수빈 수행비서실장과 대화한 내용이다.

- 내가 기업경영의 중점을 품질에 두도록 지시했는데 왜 이 모양이냐?

"…양을 무시할 수 없습니다. … 질과 양의 비중을 50:50으로 맞췄습니다. 내년에는 질의 비중을 60%로 끌어올릴 생각입니다."

이 회장은 국내에 있던 이학수 비서실 차장에게 국제전화를 걸었다.

- 왜 그동안 내가 지시한 사항(질 경영)이 제대로 전달되지 않았는가?

"양도 무시할 수 없습니다."

이 회장은 '왜'를 10번 가량 외치면서 무려 1시간20분 동안 통화를 했다고 한다. 위는 이때 이 회장의 심경이 얼마나 참담했는지 잘 나타나있는 프랑크푸르트회의록의 일부다.

# 071 양:질=0:100으로 바꿀 사람은 나뿐이다

"모든 종업원들이 '불량은 적이다. 불량은 악의 근원이다. 불량 세 번 내면 퇴직이다.' 이렇게 모두 가야한다. 정말 같이 한번 해보자. 양과 질의 비중이 1%:99%도 안 된다. 0:100이다. 10:900이나 1:99로 생각한다면 이것이 언젠가는 5:5로 간다. 한쪽을 0으로 만들지 않는 한 절대로 못 간다. 이렇게 안 가게 되면 내가 여기 있을 필요가 없다. 내가 없어도 얼마든지 회사는 돌아간다. 이걸 나밖에 바꿀 사람이 없고, 내가 바꾼다고 하더라도 여러분의 협조 없이는 절대로 안 된다. 전자라인에 있는 모든 사업부장급 이상, 아무리 내려가도 상무 이상까지 이것을 참고 견딜 결심을 하지 않고는 이것을 탈피할 수 없다."

이 회장의 프랑크푸르트 특강은 품질위주, 품질제일에 대한 그의 의지가 잘 드러나 있다. 위와 아래는 관련내용이다.

"건설적으로, 합리적으로, 유쾌하게 일하기 위해서는 쓸 데는 써라. 물론 어디에 써야하는지 판단하는 게 쉽지는 않을 것이다. 생전 그런 일을 안 해봤으니까. 그러니 자꾸 내가 솔선수범하고 있지 않은가. 하는 방법을 배우면 될 텐데 아무도 배우려고 하지를 않는다. '저 사람은 회장이니까 하는 것이고 우리야 듣고 하라는 대로 하면 된다.'고 생각하면 잘못된 것이다. 여기 있는 모두가 다 '나도 회장이 돼서 한번 아랫사람을 다스려봐야 되겠다. 그렇게 하려면 내가 무엇을 알아야 하는가? 내 발상이 어떻게 바뀌어야 되는가?'하고 자꾸 생각해보아야 한다."

# 072 질 경영은 양의 포기가 아니다

"그 동안 제품의 질적인 측면은 전혀 고려하지 않고 양적인 목표만을 위해 생산해 왔으나, 앞으로 선진기업으로의 진입과 국가적이나 자존심을 위해서는 다른 모든 것을 포기하고서라도 질만을 향해 매진해야 한다."

질적 경영과 양적 경영의 차이점은 무엇인가.

양의 경영은 고도성장기 많이 만들어 많이 파는 것이 최고라는 생산자 중심의 사고방식으로 양 중시 인식에서 목표달성을 위한 무리한 생산—불량과다—악성 재고—무리한 판매—고객 불만과 부실 채권—매출과 이익감소의 악순환이 깨닫지도 못할 정도로 체질화 되어 있는 것이다.

질의 경영은 양질의 제품—소비자의 만족—시장의 선호—매출과 시장점유율 증대—이익증대의 양 순환이 경영의 본질이라는 것으로, 질을 추구하면 양은 자연히 따라오지만 양을 추구하면 겉돌게 될 수밖에 없다는 인식이다.

다음은 이에 대한 삼성그룹 비서실의 설명이다.

'회장은 시장점유율과 이익을 포기하고라도 질로 간다며 그 믿음을 강하게 표현했다. 이는 양의 포기 선언이 아니다. 양과 질은 궁극적으로 선택의 문제도 아니고 비교대상도 아니다. 이는 인식의 전환을 완전히 체질화하기까지 물리적으로라도 질만을 추구하자는 것이다. … 그러나 그 의미는 양의 포기가 아니고 2~3년 참고 지내다보면 양 순환의 원리에 의해 궁극적으로 기업의 규모도 커진다는 뜻이다.'

# 073 라인스톱 제는 자신감이다

"라인스톱이란 말이 나오는데, 우리 그룹의 현실에서 이를 실시한다면 공장이 하나도 제대로 못 돌아갈 것이다. 하루 종일 서있어야 한다. 여기 사장들이 써놓은 보고서를 여러 번 보았는데 사장들이 착각하고 있다. 라인스톱이 있다는 자체에 놀라워하고 있다. 라인스톱이 안되기 때문에 라인스톱을 쓰는 것이지 라인스톱이 무엇을 할 수 있는 것은 아니다. 전 종업원이 라인스톱을 잡아당기면 삼성공장은 모두 서버릴 것이다. 그만큼 평소에 품질에 자신이 있고, 어느 정도 종업원의 수준이 되어 있으며, 협력업체의 불량이 10만에 하나, 1만에 하나 정도의 불량도 안 나오기 때문에 라인스톱이 가능하다는 것이다. 자동차, 전자, 중공업, 조선 공장에 라인스톱을 설치하는 것은 우리 수준에서 불가능하다. 관점이 다르다. 불량을 나오지 않게 하기 위하여 라인스톱을 쓰는 것이 아니라 불량이 안 나오기 때문에 라인스톱을 걸어놓았다는 것이다. 불량률을 적게 할 수 있다는 결과로서 표시로서 라인스톱을 달아놓은 것이다."

이 회장은 "질을 위해서는 한 달이고 일주일이고 무조건 공장을 세워라. 110% 생산은 더 이상 하지마라. 90%도 좋고 80%, 20%도 괜찮다."며 '라인스톱 제'를 강조하고 나섰다.

이 회장은 전 계열사 사장들이 참석한 도쿄회의에서 KBS의 【이것이 경쟁력이다】라는 프로그램을 비디오로 시청한 뒤 "품질을 위해서라면 라인을 세우라."며 도요타의 라인스톱제와 삼성의 현실을 위와 같이 밝혔다.

# 074 장인의 예술화가
# 사업부장이 할 일이다

"경영자는 TV화면에 나오는 뒷면을 알아야한다. 화면을 4~5번 보면서 뒷면을 보지 않으면 경영자가 아니다. 5가지 why가 무엇인가? 이는 내가 말해온 사물의 근원을 찾아내는 것이다. 왜 불량이 나는가? 불량의 종류가 무엇인가? 조립이나 부품의 불량 또는 납땜질 불량인가? 두세 번 분석하면 근원을 알 수 있다. 결국 조립업체 사람들이 불량품을 만들지 않도록 평소 상품지식을 가지고 협력업체를 교육시키고 자금과 기술력을 제공하여 완제품이든 부품이든 관련되는 수십 개 협력회사를 높은 차원에까지 끌어올려야한다는 것이 대기업 조립업체의 개념이다. 이것을 모르고 있다. 부품 분석만 잘 하면 … 제일 중요한 부품을 만드는 수십 수백 개의 협력업체를 잘 키우면 된다. 이것이 장인의 예술화다. 협력업체를 등쳐서 싸게 사는 것이 아니다. 잔재주를 부리는 것, 우리만 덕 보자는 것은 예술이 아니다. 그룹 각 사도 이익이 가도록 하고, 협력업체도 살아갈 수 있도록 기술도 키워주고, 자금도 도와준다. 이것은 사업부장이 해야 할 일이다. 이를 지원하기 위하여 전무, 부사장, 사장 등이 있다. 회장과 앞뒤가 바꿔져있다. 이것이 포인트다."

이 회장은 협력업체를 잘 키우는 것이 장인의 예술화이며 그것이 사업부장이 할 일이란다. 그룹 전체 원가의 50~60%이상을 협력업체에 의존하고 있기 때문에 원가절감의 핵심인 구매를 효율화하고 예술의 차원까지 끌어올려야한다며 '구매의 예술화'와 '용역의 예술화'도 적극 주장한다.

# 075 불량은 악순환의 근본이다

"불량품, 절대로 안 된다. 불량을 냄으로써 그 자체 손해는 말할 것도 없고, 2년 3년 4년 고쳐줘야 하기 때문이다. 고쳐주는 것은 말할 것도 없고 그 제품을 고칠 때마다 주인은 '삼성, 삼성, 삼성' 하고 욕을 한다. 지금은 삼성제품이고 답답하니까 삼성서비스를 부르지만 '이 다음에 살 때는 다른 회사 제품을 사겠다.'고 하는 이런 생리를 내 자신이 너무 잘 알고 있다. 그래서 5년 전 회장이 되고 나서 앞으로는 '질로 간다.'고 선언을 했다."

이 회장의 경험에서 나온 불량에 대한 지적이다. 질 경영을 위해서 불량을 근절해야 한다고 몇 년째 설득하고 있다. 특히 삼성전자를 빗대어 '3만 명이 만들고 6천 명이 수리를 하러 다닌다.'며 이 회장은 '세상에 이 같은 비효율, 낭비적인 집단은 없다'고 질타했다.

"현재도 불량품이 무수히 쏟아져 나오고 있다. 청계천 고가도로 밑에 엄청난 양의 불량품이 나오고 있다. 이것이 바로 우리의 현실이다. 3만 명이 만드는데 6천 명이 수리를 하러 다니고 있다. 이러한 비효율, 낭비적인 집단은 이 세상에 없다. 3만 명이 만들고 1천 명만 뛸 수 있지 않느냐는 얘기다. 쓸데없이 자원만 낭비하고 페인트로 인해 세상 공기 나쁘게 하고, 나쁜 물건 만들어 나쁜 이미지 갖게 해서 전혀 이로울 게 없다는 얘기다. 모두 삼성 이미지만 깎아먹고 삼성의 기초를 깎아먹고 기둥 깎아먹는 나쁜 일이다."

# 076 협력업체에 선금주고
# 불량개선 대책을 만들어라

"일본 물건 나오는 것을 보고 전자 문 닫아야하는 것 아니냐, 어떻게 명예롭게 축소하면서 문을 닫느냐는 정도까지 생각했다. 이곳에 오기 전의 정신 상태로 앞으로 4~5년 후를 생각해 보아라. 이제는 과거 일부 기업인 같이 편법으로 돈 버는 것은 안 통하는 시대다. 전원이 단결해서 제품과 경영의 질을 높여야한다."

"삼성전자는 1986년에 망한 회사이다. 나는 15년 전부터 위기의식을 느껴왔고, 최근 4~5년간에는 등허리에 진땀이 흘렀다."

이 회장이 LA회의에서 한 이 고백은 높은 불량률과 함께 일본에 크게 뒤지는 품질 때문에 '삼성=기술'이라는 등식이 붕괴되고 있음을 역설한다.

"TV의 불량률은 언제까지 갈 것이냐. VCR에 비해 TV는 상대적으로 못하고 있는 것이다. 고질병인 것이다. 우리 힘으로 불량을 개선하지 못하면 일본 기술자를 데려와서 하라고 수없이 얘기했었다."

이 회장은 '컬러TV의 불량률이 1%일 때 연간 손실이 얼마냐?'고 반문하는데, 1970년대 말 흑백TV의 불량률 1%가 연간 100만 달러의 손실을 보았다. 그렇다면 현재 삼성이 처한 높은 불량률이 초래할 손실 정도는 어렵지 않게 짐작할 수 있다. 그래서 불량에 대한 이 회장의 대책은 적극적일 수밖에 없다. 이 회장은 LA회의에서 이렇게 지시했다.

"일본 수준의 불량률로 낮추기 위해서는 적자가 나도 좋고 협력업체에 10~20억 원씩 선금을 주어서라도 개선대책을 만들라."

# 077 고장은 고장이 아니라 사고다

"불량은 기업의 생산 활동에서 암이다. 암에 걸리면 … 사망하듯이 불량을 안 줄이면 기업은 도산하게 된다. VCR과 TV의 불량률이 1993년 수준(3~6%)이라면 … 망조다. …. 냄새나는 것을 뚜껑만 덮으려고 생각하는데 그 발상을 없애지 않으면 살아남을 수가 없다. 기본적으로 다 드러내놓고 시스템적으로 다 같이 잘 하지 않으면, 요새 기업, 특히 조립업체에서는 안 된다. …. 6%씩 불량 나면서도 작년에 250억 이익이 났다면 불량률을 2%로 내리면 얼마의 이익이 나는지 생각해보아라. 이것이 선점(先占)의 개념…. 전자레인지는 … 불량률이 … '0'으로 가야하는 단순산업이다. … 부품은 … 혼다, 도요타는 1만5천 개, 2만 개로 단위가 다르다. 2만 개 부품에 불량은 거의 '0'이다. 고장은 사고지 고장이 아니다. 자동차같이 움직이고, 충격 받고, 비바람 맞고, 아침과 저녁 온도차 심한 환경에서도 저렇게 '0'에 가까운데 왜 전자제품은 집안에서 에어컨, 히터 켜고 사람 온도와 같이 있는데 불량률은 3%, 5%, 6%인가? 이것은 생존권 문제다. 경영을 잘 해라, 이익을 더 내라는 차원의 문제가 아니다. 조금 아까는 잘 해라, …, 질책도 하였지만 이제는 절대적이다. …. 전자레인지가 6%, 5%로 3백만 대면 적자…다. 지금 … 패션화를 … 얘기해야 하는데 불량 이야기를 하고 있다. 이익이 안 나도 좋으니 전 종업원, 직·반장, 협력업체까지 다 모아서 개선할 방법을 빨리 찾아야한다."

LA회의에서 생존권과 직결되니 불량률을 낮추라고 얘기한 내용이다.

# 078 가격을 깎는 것은
# 자기 목 조르는 행동이다

"삼성제품이 미국에서 싸구려로 소비자에게 이미지가 박혀있다. 구석에 처박혀서 2~3년간 먼지를 자욱하게 뒤집어쓸 정도로 삼성이란 이름은 싸구려가 아니다. 천대를 받고 있는 제품에 삼성이름을 붙이려면 삼성이름 반납해라. … 모든 삼성 제품의 가격은 1급으로 올리도록 하라. 그 대신 선진제품과 현재 우리 제품과의 가격 차이는 소비자에게 할인해주거나 회사에서 받아올 것이 아니라 그것을 대리점이 갖도록 해라. 500달러에 팔리는 것을 600달러로 하고 그 차이를 딜러나 세일즈맨에게 주라는 것이다. 샤프나 산요보다 마진을 더 많이 주라는 것이다. 처음부터 왜 가격을 깎아서 자살행위를 하느냐. 자기 목 조르는 행동을 하고 있는 것이다. 그렇게 해서 시장에서 샤프 제품과 같은 값을 받을 수 있다면 조용하게 샤프가 타도되는 것인데, 쓸데없이 '샤프 타도다.'하고 떠들어서 샤프가 우리한테 부품도 안 팔려고 하고 있다. 왜 그냥 지나가는 사람보고 '너 타도한다.'고 해서 경계하고 담 쌓도록 만드는가? 미련한 짓을 하고 있는 것이다."

삼성은 국내기업 가운데 가장 많은 기술투자를 하고, 세계적 기술수준에 가장 근접했다는 평가를 받고 있음에도 내부 실정은 그렇지 않다는 판단에 따라, 이 회장이 품질개선과 관련해 발언한 내용이다. 품질개선은 '저가 이미지' 탈피로 이어질 수 있고, 질의 제고, 고부가가치화를 낳을 수 있기 때문에 반드시 필요하다는 주장이다.

# 079 시장점유율 하락은 작전상 후퇴다

"나는 쇼크를 싫어한다. 혁명이나 쿠데타가 성공한 예는 없다. 모든 것은 자율적이어야 한다. 회장취임 이래 10~15% 시장점유율이 줄어들어도 좋다고 말해왔다. 적자는 다른 계열사가 메우면 된다. 그래도 적자가 나면 내 사재라도 털겠다. 삼성이 금성, 현대 등과 맞설 때 5~10%의 시장점유율 하락은 길어야 3년이다. 점유율 하락이 가슴 아프다면 내가 더 아프다. 그것을 올리기 위한, 승리하기 위한 작전상 후퇴 아닌가? 이것도 못하면 아무것도 못한다. 점유율은 별 문제가 없다. 적자도 몇 달이다. 질로 가면 이익은 자연히 올라간다. 최악의 경우 내려가면 내 재산 내놓겠다. 내 재산 털어서 안 되는 업은 해서는 안 된다."

위는 질의 경영을 위해서라면 개인재산을 털겠다는 비장한 각오를 내보인 이 회장의 '충격적인 발언'이다. 또 일시적인 시장점유율 하락은 작전상 후퇴일 뿐 문제가 아니라는 것이다.

"회사의 결손이 생기면 내 사재를 털어서라도 메우겠다. …. '질'이라는 것, 1976년부터 … 회장이 되고나서도 더 강조했다. … LA에 가서 VTR 다 뜯어내면서 질을 생각해서 만들라고 강조했었다. 그런데 또 안 돼. 전자 임직원 전부, 관련 있는 회사 다 불러서 질을 높이라고 얘기했다. … 동경에서 또 했다. 확인해보려고 또 했고 …. 그런데 5년 전에 봤던 그 상태, 그 내용에서 변한 게 없었다. 지금 불량은 왜 이렇게 됐는가? 이 불량을 고치지 못한다면 나라도 안 되고 구멍가게도 안 된다."

# 080 오로지 한 방향으로 가자

"단순한 감정이 아니다. 노력 하라도 아니고 더 많이 하라도 아니고, 더 잘 하라도 아니다. 한 방향이라는 것이다. 이게 되어야 한다. 한 방향으로 가는 게 우리 민족에게 안 되고 있고, 우리 삼성에게 안 되고 있고, 전자도 안 되고 있는 것이다. 이렇게 간단한 것이 안 되는 민족이다. 훨씬 어렵고 더 험난하고 복잡한 일을 해내는 사람들이 이 간단한 방향 하나가 정해지지 않는가? 이게 참 안타깝다. 정말 안타깝다."

이 회장은 '손해 봐도 좋다. 그러나 질을 추구하는 한 방향으로 가면 1~2년 뒤에는 더 이익이 난다.'며 '사재까지 털겠다.'는 각오를 밝혔다.

이 회장은 철저히 질을 추구하면 그 다음은 '스케일'이라고 말한다.

"질을 중심으로 작은 단위를 만들어서 이것을 블록같이 붙이기만 하면 된다. 스케일 개념이 없으니 전부 불안한 것이다. 질이 되면 스케일은 얼마든지 키울 수 있다. 그런데 질로 가면 전부 줄어들 것만 같아 겁이 난다고 한다. 여러분은 아직도 스케일 개념을 생각도 안 하고 있다. 스케일 개념은 양하고 좀 다르다. 스케일을 키워라. 질을 철저히 하면, 스케일은 질의 노하우만 있으면 국제적으로, 동남아로, 북미로, 남미로 얼마든지 키울 수 있다."

이 회장은 컬러TV, VCR, 냉장고, 전자레인지, 세탁기 등의 높은 불량률을 지적하고, 사재까지 털겠다는 각오로 질을 위해 한 방향으로 가자고 외쳤다. 그러면 그 다음엔 블록 쌓기와 같은 스케일이 나온다.

# 081 기술의 국산화가 국제경쟁력이다

"유압기 정도의 소극적인 국산화로는 안 된다. 각종 수입부품을 세밀히 분석해서 적극적으로 국산화해야 된다. 지게차의 국산화율(현재 70%)을 95%정도로 대담하게 올려라.

이런 노력이 없으면 영원히 국제경쟁력을 갖출 수 없고 언제 문 닫느냐 하는 것만 남게 된다. 공해문제로 전기 동력의 중요성이 커지고 있으니 전기부분의 국산화도 시도하고, 이것저것 자꾸 저지르고 키워야한다."

"국산화하는 과정에서 적자가 났다는 것에 대해서는 신경 쓸 일이 아니다. 경영을 잘못했다고 생각하지 말고 사기 죽을 필요 없다. 어떤 면에서는 용기 있고 잘한 것이다.

향후 몇 년간 그런 적자를 감수하더라도 기술이 축적, 발전되고 더 이상 일본에 의지 안할 정도가 될 수 있도록 국산화에 더욱 박차를 가해라."

위는 이 회장이 기술에 대해 얼마만큼 신경을 쓰는지 잘 드러난 대표적인 사례다. 이는 몇몇 사장단회의에서 분야별로 지시한 내용 중 중장비와 상용차에 관한 것이다.

한국 산업기술진흥회가 1992년 국내기술투자 상위 20개 업체를 조사한 바에 따르면 삼성전자가 4,128억 원으로 1위를 차지했는데, 2위 기아자동차 1,523억 원의 2배가 넘는 규모다. 3위 금성사 1493억, 4위 현대자동차 1264억, 5위 현대전자 695억 원으로 5위와는 단위 자체가 다르다.

# 082 회의 중 던진 '스푼 사건'

"내가 그렇게도 강조했던 질경영의 후속 조치들이 제대로 이뤄지지 않고 …. 어떻게 회장이 말해도 안 되는 겁니까? 어떻게 하면 … 질경영이 착근될 수 있습니까? 그룹 원로들인 여러분이 방안을 찾아보세요."

1993년 9월 초 삼성본관 회장실에 주요 계열사사장단 10여 명이 모였고, 평소 과묵하던 이 회장은 탁자까지 치면서 흥분된 어조로 말했다.

강진구 삼성전자회장은 이 회장의 강력한 질타를 받고 신 경영실천시스템정비와 이를 위한 대책회의를 수차례 열고, 고심 끝에 비서실장 교체를 핵심내용으로 하는 〈신 경영 추진을 위한 경영방침〉이라는 보고서를 내놓았다.

1993년 6월 10일 프랑크푸르트회의장에서 이수빈 비서실장은 "아직까지는 양을 포기할 수 없습니다. 질과 양은 동전의 앞뒤입니다."라는 '질량(質量)논쟁'의 전주가 될 발언을 했고, 이 회장은 손에 들고 있던 티스푼을 테이블 위에 던지고 문을 박차고 나가는, 이른바 '스푼 사건'이 발생했다.

이 회장은 이 날 켐핀스키호텔에서 경영특강을 마치고 자신의 강연에 대한 사장단의 의견을 듣기 위해서 10여 명을 자신의 방으로 불러들였다. 이 자리에서 이수빈 실장은 사장단 모두가 공감하고 있던 '양을 포기할 수 없다'는 내용의 발언을 간곡하게 이 회장에게 했고, 이로 인해 흥분한 이 회장은 질 중시 경영에 대한 확고한 신념을 재확인하게 했다.

# 083 고객이 두렵지도 않나

"아직도 전화기 품질이 그 모양인가? 고객이 두렵지도 않나? 돈 받고 불량품을 팔다니⋯⋯."

이 회장이 화가 잔뜩 난 목소리로 불편한 심기를 이렇게 드러낸 '휴대폰 사건'의 전말은 이랬다.

1995년 설을 맞아 휴대폰 2천여 대 가량을 임직원들에게 설 선물로 돌렸다. 휴대폰을 사용해본 일부 임직원들의 입에서 '통화가 제대로 이뤄지지 않는다.' '속았다'는 얘기가 흘러나왔고, 이 회장은 시중에 불량 휴대폰이 유통되고 있다는 보고를 받았다. 휴대폰 사건이 터진 것이다.

이 회장은 1990년대 초 삼성 최초의 아날로그휴대폰개발을 앞두고 "이제는 통신세상이다"라고 할 만큼 휴대폰에 큰 기대를 걸었고, 개발자들을 불러 세세하게 지적하는 등 남다른 애정과 신뢰를 가지고 있었다.

그런데 반도체에 이어 삼성의 미래를 책임질 수종 사업으로 여겼던 휴대폰에 이런 사건이 터지니 이 회장은 강력하게 대처할 필요가 있었다. 이 회장은 결국 '전부 태워 없애시오.'라며 불량제품 화형식을 지시했다.

이 회장의 지시에 따라 서비스센터를 통해 이미 판매된 제품의 회수에 들어가고, 개발중지에 따라 생산라인 가동도 중단했다. 수거된 제품들은 운동장에 쌓였고 해머 질로 화형식은 시작되었다. 불량을 제물로 삼은 하나의 제의(祭儀)였던 화형식의 불길은 과거와의 단절을 상징하며 타올랐다. 이 제의는 휴대폰 업그레이드를 위한 새로운 시작이 되었다.

# 084 '불량제품 화형식'

"시중에 나간 제품을 모조리 회수해 공장 사람들이 전부 보는 앞에서 태워 없애라고 하시오."

위와 같은 이 회장의 지시에 따라 불량제품 화형식을 치르기 위해, 1995년 3월 9일 오전 10시경 삼성전자 구미공장 운동장에 2천여 명의 직원들이 사업부별로 줄지어 섰다. 꾸물꾸물한 날씨 속에 '품질확보'라고 쓴 머리띠를 두른 비장한 모습의 직원들 앞쪽에는 '품질은 나의 인격이요, 자존심!'이라는 현수막이 걸려있고, 굳은 표정의 임원들이 그 아래에 앉아있다. 긴장한 표정의 현장근로자 10여 명은 해머를 들고 있다.

운동장 한복판에는 무선전화기, 키폰, 팩시밀리, 휴대폰 등 15만 대의 제품들이 산더미처럼 쌓여있다. 무려 500억 원어치에 달하는 제품들은 진행자의 눈빛 신호로 시작된 해머 질에 산산이 부서져갔다. 그들은 흔적도 남기지 않으려는 듯 조각난 제품들을 다시 시뻘건 불구덩이 속으로 던졌다. '불량제품 화형식'이라는 제의에 따라 수십 번의 공정을 거치며 땀과 정성이 깃든 제품들이 순식간에 잿더미로 변했다.

이 제의는 질 경영에 대한 이 회장의 강력한 의지를 상징하며, 그룹 전 임직원들에게 긴장감을 불어넣기 위한 극단의 조치였다.

이 회장의 질 경영 선언 이후 삼성은 비서실 직할 소비자문화원을 설립하고, 사장단평가 자료로 품질지수를 도입하는 등 품질개선을 위한 강력한 조치들을 내놓으며 개혁으로 몰아갔다.

# 085 집은 사람을 담는 그릇이다

"아니, 그 땅이 어떤 땅인데, 이렇게 넓은 건축부지는 서울에서는 다시 나오기 어렵습니다. 그냥 팔아서 몇 백억 남기면 뭐합니까? 중요한 땅이니만큼 서울 시민들이 자랑할 만한 주택단지로 만들어 새로운 주거생활의 패턴을 보여줘야 합니다. 삼성중공업과 삼성생명 부지를 묶어 전체 부지를 복합화 하는 마스터플랜을 짜세요. 분양 안 되면 내가 사재를 털어서라도 모두 사들입니다."

이 회장은 1999년 3월 13일 삼성물산 건설부문임원들이 고층 주상복합아파트 건설계획서를 들고 찾아와 보고하던 김현출 사장의 말을 갑자기 끊더니 물었다.

"삼성전자 부지에 용적률을 조금 낮춰 고층 주상복합아파트를 건립하겠습니다. 일단 한 동은 61층 아파트로, …." "삼성중공업과 삼성물산부지는 어떻게 하려느냐?" "각 계열사에서 알아서 아파트를 짓는 …."

대답이 채 끝나기도 전에 이 회장은 위와 같은 질타를 쏟아냈다.

이 회장은 1996년 5월쯤 최훈 삼성물산 대표를 불러, 호되게 나무랐다.

"집은 사람을 담는 그릇인데 삼성에서 짓는 아파트가 안 좋으면 그룹이미지가 망가지는 것은 당연하다. 하나를 짓더라도 제대로 지어야한다. 그 좋은 계열사 놔두고 뭐 하느냐?"

이 회장의 지적은 전자기술을 이용한 사이버아파트, 보안기능을 강조한 시큐리티시스템아파트 개념을 업계 최초로 삼성이 도입하게 했다.

# 086 청국장 냄새가 나는지요?

"회장님, 청국장 냄새가 나는지요?"

"청국장? 청국장을 끓이는가?"

이 회장의 '질 경영'은 반도체, 휴대폰, 모니터 같은 월드베스트제품뿐 아니라 건축에도 영향을 미치며 신 경영의 핵심이 되었다. 후발업체로 아파트건립에 뛰어든 삼성이 국내정상에 오르기 위해서는 수많은 노력을 기울여야했는데, 그 예가 도곡동 타워팰리스와 도화동 삼성아파트다.

이 회장은 1999년 7월 6일 타워팰리스 모델하우스를 방문했다. 주방에 서는 독특한 냄새를 풍기는 청국장을 끓이고 있었다. 하필 이 회장이 오는 날 청국장을 끓인 이유는, 그가 부엌냄새를 없애는 데 특별히 관심을 두고 있었기 때문이다. 이 회장을 태운 차량이 오후 3시 쯤 현장에 도착하자, 타워팰리스 프로젝트 책임자인 유광석 상무는 견본주택으로 이 회장을 안내했다. 이 회장이 안방, 다용도실, 서재 등을 구석구석 꼼꼼히 살피기 시작한지 1시간 정도 지났을 때, 옆에서 보좌하던 유상무가 "회장님, 청국장 냄새가 나는지요?"라고 조심스레 물었다. 청국장 냄새를 전혀 맡지 못한 이 회장이 뜬금없다는 표정으로 "청국장? 청국장을 끓이는가?"라고 되묻자, 현장은 순식간에 안도하는 분위기로 변했다.

이 회장이 부엌냄새를 없애는 데 특별한 관심을 갖고 있다는 것을 알고 있었기 때문에 T프로젝트 팀은 모델하우스 부엌에 가스레인지 후드와 기압차를 이용한 환기구와 에어커튼 등 3중 냄새방지장치를 했다.

# 087 건설업은 새로운 주거,
# 건축문화를 창출하는 것이다

"건설업은 환경을 훼손하기 쉽고 공해를 유발하기 십상이니 건설과정에서 심각하게 고민하세요."

1995년 도화동 삼성아파트 건설 당시 삼성물산은 아파트의 품격을 높이는 데 주력했다. 40여억 원의 손해를 보면서까지 지하주차장에 자동환기시스템을 설치하고, 조경을 차별화하고, 도로경계석을 콘크리트 대신 화강석으로 하는 등 제 방면에 공을 들였다.

삼성물산 건설부문 송지헌 전무는 질 경영의 실천과정에서 탄생한 래미안 브랜드로 인지도를 얻은 삼성이 업계에서 두각을 나타내기 시작했다고 이렇게 말했다.

"회장은 건설업이 단지 건축물을 수주 시공하는 사업이 아니라 새로운 주거와 건축문화를 창출하는 것이라는 생각을 하셨던 것 같다. … 그 당시엔 평당 10만 원의 적자를 봤지만 이후 업계 중위권에 머물렀던 삼성 아파트가 1위로 도약하는 발판이 됐다."

삼성물산이 2003년 2월 업계 최초로 건강주택 팀을 신설한 것은, 이 회장이 2002년 11월 사장단회의에서 위와 같이 지시하면서 건강, 특히 생명을 아파트에 담을 것을 주문했기 때문이다. 조승창 건강주택팀장은 '아직 국내 법규가 없는 상태에서 실내마감재에서 나오는 포름알데히드, 휘발성 유기화합물 등 인체에 유해한 성분을 국제적 수준에 맞출 수 있도록 건축자재발굴과 개발에 힘을 쏟고 있다.'고 말했다.

# 088 입주 전에 입주자의
# 모든 요구를 수용해야한다

"신발을 많이 넣을 수 있도록 수납공간을 최대한 확보하라. 요즘은 옷 색깔에 따라 신발을 맞춰 신는 패션시대다. 마루와 부엌, 그리고 화장실의 문턱을 없애라. 노인들이 불편해한다. 왜 아파트 내부가 다 똑같은가? 아이 한둘 키우는 집과 2세대 이상이 같이 사는 집의 구조가 같을 수 없다. 입주 후에 새 집을 뜯어고치면 국가적인 자원낭비다. 들어오기 전에 입주자의 모든 요구를 수용해야한다."

이 회장은 각 세대 내부 깊숙이까지 파고들어 위와 같이 세세하게 지시할 정도로 타워팰리스에 대해 관심이 컸다.

이 회장의 지시가 반영된 타워팰리스의 3,070가구는 내부구조가 다 다르다. 이 회장의 스피드 경영도 공사과정에 그대로 적용되면서 일관된 경영철학으로 자리 잡았다. 건설요소 기술이 뛰어난 일본도 한 층 올라가는 데 17~18일이 걸리는데, 타워팰리스는 IT기술을 접목한 물류시스템 구축으로 마감을 포함해 11일밖에 걸리지 않아 세계에서 제일 빠르다.

이 회장이 세 번째로 모델하우스를 방문한 날은 타워팰리스 1차의 마감공사가 시작되던 때였다. 현장을 둘러본 이 회장은 지나가는 말처럼 '하와이는 공기가 참 좋습니다.'라고 한마디 했다.

타워 형 빌딩은 실내공기가 갇혀있다는 약점이 있었기 때문에 뜨끔했던 유광석 상무는 T프로젝트 관계자들을 하와이에 급파해, 2년여의 연구 끝에 하와이 공기를 재현할 수 있는 하와이공조시스템을 개발하게 했다.

# 089 After Service가 아니라 Before Service를 하라

"사고 난 뒤에 보상만 생각할 것이 아니라 사전에 교통사고를 줄이는 데 필요한 전문가를 양성하고 사고감소를 위해 연구·개발을 하면 되지 않느냐?"

기업은 고객에게 친절한 단순한 서비스에 그치지 않고 사회에 기여하는 측면까지 고려해야한다는 게 이 회장의 지론이다. 이 회장의 지론을 밑받침할 수 있는 것은 한마디로 '연구·개발(R&D)'이라고 할 수 있다. 실제로 삼성의 서비스 R&D는 삼성화재의 교통안전문화연구소, 호텔신라의 조리연구소 등으로 구체적인 형태를 띠며 사회에 기여했다.

2001년 6월 금융관계사사장단회의 때 이수창 삼성화재사장이 다음과 같은 걱정을 늘어놓자 이 회장은 위와 같이 제안했었다.

"한국이 OECD국가 중 1만 명당 교통사고 사망자 수 1위여서 손해율이 자꾸 올라가 걱정된다."

이 회장의 주문은 놀랍게도 After Service를 뛰어넘어 Before Service를 하라는 것이었다. 이에 따라 이 사장은 11명의 전문연구진을 확보해, 100억여 원을 들여 교통안전 전문연구기관인 삼성 교통안전문화연구소를 즉각 개설하고, 실험하고 연구 자료도 내면서 국민을 교육했다.

민간 기업이 연구소를 세우고 국민을 교육하는 것은 매우 이례적인 일로, 2000년 1만 명을 넘어섰던 교통사고 사망자 수가 2002년에 7천명으로 뚝 떨어진 데 일정 부분 기여했다는 평가를 받았다.

## 090 돈 남길 생각 말고 깨끗한 물로
## 양질의 서비스를 제공하라

"그간 자연농원(현 에버랜드)은 나무, 가축 등을 키웠기 때문에 덩치 큰 사람들 위주로 채용했을 것입니다. 서비스에는 그런 사람들이 적당하지 않습니다. 잘 생각해보세요."

이 회장의 고객우선 서비스경영방침은 1994년 허태학 대표이사 전무에게 이런 흥미로운 지시를 내리게 했다. 연간 20%이상의 국민이 찾는 놀이공원 에버랜드에서 그의 이런 경영방침은 더욱 두드러진다.

허 대표는 '공급자중심의 1차 산업 형 인재는 수요자위주의 3차 산업에 맞지 않는다.'는 지적임을 즉각 알아차리고, 이후 에버랜드를 급격히 변신시켰다.

우선 서비스의 질을 높이기 위해 서비스아카데미를 만들고, 1996년 1천 2백여 명의 전 직원을 일본 도쿄 디즈니랜드와 미국 올 랜도 디즈니랜드로 보내 선진서비스를 배우게 했다. 1993년 신 경영선언 당시엔 연간 4백만 명이던 방문객 수가 10년 후인 2003년 2배를 넘어섰다.

이런 상황이 되면 서비스의 질은 다시 떨어지게 마련인지라, 이 회장은 2001년 6월 에버랜드를 찾아가 인기 높은 물놀이 리조트 '캐리비안 베이'를 지목해 "돈 남길 생각 말고 깨끗한 물로 양질의 서비스를 제공하세요."라고 주문했다. 이는 여름 물장수가 할 말은 아니었지만, 에버랜드가 이윤만 추구하는 기업이 아니라, 친절, 질서 등을 터득할 수 있는 교육의 장이 돼야한다는 그의 생각을 드러낸 말이었음을 알 수 있다.

# 091 호텔은 '현관',
# '고감도서비스'를 추구하라

"삼성을 찾는 외국인의 입장에서 보면 호텔은 '현관'이다. 서비스가 예술적 차원으로 승화돼야 한다."

월드컵을 앞둔 2002년 4월 호텔신라가 월드컵 VIP전용호텔로 지정되자 이 회장은 걱정이 앞섰다. 평소 호텔신라가 성에 차지 않던 그는 투숙객의 한 사람으로 방을 잡았다. 호텔에 머무는 동안 사장과 전 임원을 불러 새벽 4시까지 많은 얘기를 나누는 자리에서 이 회장은 "서비스가 예술적 차원으로 승화돼야 한다."고 위와 같이 강조했다.

스위트룸을 옮겨 다니며 2주일 동안 머문 그는 월드컵을 치른 몇 달 뒤인 10월 호텔신라 경영진에게 호텔경영 전문서적을 비롯한 300여권의 책을 보냈다. 호텔신라 사장 및 임원, 팀장들은 매주 화요일 이 회장이 보내준 책으로 세미나형식의 윤독 회를 갖는다. '고감도서비스'를 추구하려는 이 회장의 욕심은 끝이 없어 보인다.

80년대 후반 이 회장이 '호텔업의 특성이 뭐냐?'고 현명관 호텔신라 전무에게 질문하자, '서비스업 아닙니까?'라고 대답했고, 이 회장은 '제대로 한번 보세요.'했다. 현 사장은 이 말을 듣고 일본출장을 다녀왔고 이 회장은 다시 물었다. '로케이션 업이자 장치산업의 성격이 강하다'고 현 사장이 대답하자, "호텔관리자는 인적 서비스업 수준의 정도로 호텔업을 파악하는 게 당연하지만 경영자는 호텔에 장치산업의 성격은 물론 부동산업의 성격까지 있다는 점을 알고 있어야한다."고 설명한 적이 있다.

# 092 작업환경이 좋아야
# 품질과 서비스가 좋아진다

"품질과 서비스는 인간존중에서 나오고 작업환경이 좋아야 직원들이 상쾌한 마음으로 일할 수 있다. 그래야 품질과 서비스가 좋아지지 않겠느냐."

이 회장이 화장실 같은 작업환경의 정리와 청결을 강조한 것은 신 경영 선언 당시만이 아니다.

이 회장이 부회장으로 근무하던 1980년 어느 날, 그는 아무에게도 알리지 않고 수원역에서 통근버스를 탔다. 직원들과 얘기하며 삼성전자 수원 사업장으로 출근해, 화장실, 식당 등을 돌아보면서 잘못된 작업환경을 하나하나 지적하고 개선을 지시했다. 그리고 위와 같이 말했다.

이 회장은 종업원을 먼저 만족시켜야 고객에게 최상의 품질과 서비스를 제공할 수 있다고 생각했던 것 같다. 외부 고객에게 최고의 품질과 서비스를 하기 위한 전제조건이 작업환경을 좋게 해 내부 고객인 직원들이 상쾌한 마음으로 일 할 수 있게 하는 것이라는 말이리라. 그래야 품질과 서비스가 따라서 좋아지리라는 이 회장의 철학은 1995년부터 구체화되었다. 삼성은 이 회장의 지시로 전 계열사 사업장의 화장실을 고급스럽게 단장하고 작업환경을 개선했다.

구조조정본부 방인배 상무는 화장실 고급화에 대해 이렇게 말했다.

"당시엔 어느 누구도 화장실에 관심을 두지 않았다. 화장실을 단순 용무 장소가 아니라 '생각하는 공간'으로 탈바꿈시키는 작업이었다."

# 093 우리 모두 프로근성으로 노력해야한다

"내가 여러분보다 물건을 많이 사보았기 때문에 더 많이 아는 것은 당연하다. 그런데 본업으로 하는 사업부장이나 사업본부장은 프로 경영자인데 나보다 더 알아야 한다. 나는 부품의 개념 알고 핵심부품까지만 알면 되지만, 그 옆에 부속품은 어찌되고, 경쟁사는 어떻고, 그 질과 코스트는 어떻게, 일본은 어떻게 움직이는지 … 사업부장들은 다 알아야한다. 판매하는 사람도 판매만 알면 안 된다. 기획 단계부터 알아야한다. 그래야 처음부터 간섭을 할 수 있다. 제품을 어떻게 바꿔달라고 요리조리 지적해야 하고, 색상이 어둡다든지, 재료를 어떤 것을 쓰라든지, 먼지 묻어도 표 안 나게 해달라는 등 요구할 수 있어야 하는 것이다."

이 회장은 업무의 질, 제품의 질, 서비스의 질을 완벽히 하여 내가 수행한 업무, 내가 만든 제품, 내가 제공한 서비스에 불만을 갖거나 실망하는 고객이 한 사람도 생기지 않도록 하겠다는 각오를 다져야한다고, 무엇하나를 알더라도 기초부터 시작해서 끝까지, 완벽하게 알아낼 때까지 물고 늘어지는 것이 진정한 프로 근성이라고 위와 같이 말했다.

여러분들은 자사 제품의 원리, 탄생의 배경, 원료자원의 세계적인 분포나 국제시장의 가격동향, 연관된 응용제품들의 현황과 시세, 고객들의 반응 등에 대해 쉬지 않고 3박4일쯤 설명할 만큼 전문지식을 갖고 있는가? 매사에 프로근성으로 무장하면, 업무에서는 물론, 인생의 문제나 취미생활에서도 훨씬 현명한 판단을 내릴 수 있다는 게 이 회장의 프로관이다.

# 094 고생하면 대가나 결과가 나온다

"21세기를 향하는 우리는 많은 고생을 해야 한다. 과거의 정치는 정치를 위한 정치였다. 과거의 고생은 보람이 없는 고생이었으나 이제는 고생하면 그 대가나 결과가 나오는 고생이다. 그룹과 국가, 국민을 위해 고생하자."

1993년 1월 11일부터 16일까지 이어진 사장단회의에서 이 회장은 "21세기에 대비하기 위한 준비가 2~3년 안에 이루어지지 않으면 세계 일류기업으로 도약할 수 있는 마지막 기회를 잃어버리게 된다."고 강조했다. 6시간에 이르는 회의 자체가 분위기를 긴장시켰으나 이 회장은 이 자리에서 대담한 발언을 시작했다.

"'나부터 변해야 한다.'는 원칙하에 … 동시에 바뀌어가야 한다. 각자가 최선을 다해야하며 … 양심과 도덕에 맞게 제대로 하고 있는지 관심을 가져라. … 모든 평가는 10년을 보고 해라. … 평가방법이 … 자기가 정해라. '…열심히 일했느냐, … 도덕을 지키고 성의껏 열심히, 남의 일, 나의 일 관계없이 …최선을 다했느냐' 하는 평가를 스스로 해라."

"우리 삼성이 인류를 위하여 도움 될 정도의 무슨 반도체나 IC 같은 것을 발명할 능력도 없다. 우리 삼성의 현재 수준이 그렇다. 그러나 앞으로는 그렇게 가자. 또 인류에 해로운 일만은 하지 말자. 국제사회에서 '저 회사는 좋은 회사다, 일류회사다'라고 인정받을 정도로 남에게 폐를 끼치지 말고 자기 일을 충실히 해야 한다."

# 095 나부터 변하는 게 가장 빠르다

"나부터 변해야한다는 원칙하에 사장부터 말단사원들까지 모두 동시에 바뀌어가야 한다. 각자가 최선을 다해야하며 일하는 방법을 구체적으로 생각하기에 앞서, 양심과 도덕에 맞게 제대로 하고 있는지 관심을 가져라." "제일 급하게 손을 써야 하는 곳이 전자다. 전 임직원이 VCR 테이프를 듣고 보고 정말 바뀌어야한다고 생각하는 사람들만 … 들으러 오라. …. 삼성전자가 이 기회 놓치면 암 3기에 들어가 누구도 못 고친다."

국제화와 복합화 위주로 진행되던 프랑크푸르트회의의 주제가 갑자기 '질의 경영'으로 바뀌었다. 그 배경은 SBC(삼성그룹 사내방송)가 제작한 품질관련 특별프로그램으로, 세탁기 라인의 제조공정에서 크기가 안 맞는 곳을 칼로 깎아 손질해서 억지로 짜 맞추는 장면이 포착되어, 30여 분간 대표적인 품질불량의 사례로 보도된 것이었다.

이 회장이 끊임없이 강조해온 품질향상이 공염불에 그친 채 여전히 높은 불량률 속에서 허덕이는 삼성전자의 모습이 적나라하게 드러나자, '아직도 그 모양이냐', '기본이 안 돼 있다'는 질책을 쏟아내며, '품질결함은 도덕성과 양심의 문제다' '불량은 암적 존재다'라는 질타로 이어갔다. 이 회의에서 이 회장은 '품질불량은 결국 국민의식의 문제'라고 진단하고 '의식개혁운동'을 처방으로 내놓았다. 그의 개혁의지는 '나부터 변하는 게 가장 빠르다'는 것이고, 사장과 임원은 잇따른 해외회의와 '강의'로, 하부의 변혁은 생활패턴을 바꾸는 출퇴근시간의 조정으로 추진되었다.

# 096 뒷다리 잡으면 솎아내라

"자신이 변하는 것은 분명히 어렵다. …. 변할 사람은 변하고 변하기 싫은 사람은 변하지 않아도 좋다. 그냥 가만히 앉아만 있으면 된다. 남의 뒷다리 잡지만 않으면 된다. 그리고 한 방향으로 가자. 이렇게 한 방향으로 가지 않음으로 인해서 누가 손해 봤는가? 삼성그룹 임직원 다 손해보고 대한민국 전체에 피해가 가고 결국 대한민국의 손해, 국민의 손해가 되고 누구한테 하나 이로울 게 없는데 왜 이것이 안 되는가?"

"우리 그룹을 보라. 똑 같다. 지금 현재 우리의 수준, 최소의 교육이 고졸이다. 고졸, 대졸 중에도 2등이라면 서러워할 사람 다 모여 있다. 그런데 각 개인의 과의, 부의, 업무부의, 사업본부의, 법인의 쓸데없는 이기주의와 뒷다리 잡기로 해서, 쓸데없는 권위와 아무것도 아닌 사생활을 움켜쥐고 앉아있음으로 해서 누가 손해 봤느냐? 우리 모두가 손해 봤다. 바로 우리가, 경영자가 다 망쳐놓았다. 이렇게 지혜가 많고 우수한 인재들을."

"지금은 생사의 기로에 있는 위기상황이다. 15만 전 종업원이 단결, 일사불란하게 움직여도 될까 말까한 시기다. 이런 위기상황에서 겨우 공감대를 갖고 움직이려할 때 자기의 위치를 모르고 뒷다리 잡는 사람이 있다면 솎아내야 한다."

이 회장은 "상무 이상은 그 스스로가 회사대표라는 의식을 가져야한다. 그럴 생각이 없다면 떠나라."고 외쳤다.

# 097 개혁대상은 의식이다

"파는 것은 전혀 다른 개념이다. 왕창 파느냐. 개인, IBM이냐. 부품, 마이크로냐, PCB판이냐. 서비스, 보험, 호텔은 원리는 같다. 업의 개념 제대로 분석하지 않는다. 제대로 하자. 하루 2~3시간 일한다. 나머지는 집에 누워있어도 좋다. 마누라, 자식 빼고 다 바꾸자. 내가 회장 자리에 앉아보자는 생각 가져라."

이 회장의 개혁론이 관심을 끄는 것은 위로부터의 개혁을 시작으로 전체의 변화를 시도한다는 모두의 개혁 즉 '송두리째'라는 데 있다. 그는 자신의 변화를 비서실, 계열사 사장과 임원, 그리고 부·과장, 생산현장의 직·반장까지에 이르는 모두의 개혁을 시도한다. 위는 프랑크푸르트회의에서 도덕 불감증 탈피, 질의 경영을 역설한 '이건희 개혁'의 구체적 행동지침이 잘 농축돼있는 말로, 개혁대상은 우선 의식, 즉 정신의 개조다.

"최소한 각 분야의 80%는 알아야한다. 출근부 찍지 마라. 없애라. 집이든 어디서든 생각만 있으면 된다. 구태여 회사에서만 할 필요 없다. 신입사원 교육 질서만 지키면 된다. 조직의 장은 위엄 갖추고 설계와 디자인은 각자 생각하라. 자율에 맡겨보자. 자율은 양극으로 갈 수 있다. 여기서 경쟁력이 생긴다. 철학과 방식도 생긴다. … 근원을 찾아라. 개인, 자식, 부부, 회사에서 근원 찾아라. 인간본성이다. 발상부터가 사람 사는 방법에 충실하면 같이 살더라도 삶의 질 좋아진다. 인간과 동물의 차이는 삶의 질 높이는 것이다. 이것이 나의 인생관, 철학, 스타일이다."

# 098 변화를 행동으로 실천하라

"나는 위기의식을 느낀다. 지금 상태라도 금세기는 문제없다. 그러나 21세기 초반까지 이런 상황으로는 못 간다. 전자, 건설, 중공업, 유화는 위험수위다. 이를 회복시켜 양 순환으로 가야한다. 4개 사가 흔들리면 그룹 전체가 흔들린다. 그룹이 흔들리면 이제는 누구도 못 도와준다. 새 정부에서는 더 그렇다. 우리 서로 도와 살리고 키워야한다. 이대로는 안 된다. 명심해라. 마음으로는 변해야한다고 생각하는 것 같은데 몸, 행동의 변화는 어렵다. 이제는 행동으로 실천해야한다. 과거 10년간 한 인생이 얼마나 구차, 치사하게 되어야 하는지 경험해보았다."

순수한 특강시간만 250시간에 달하는 해외회의의 배경과 관련해, 이 회장은 '위기'를 특별히 강조한다. 위기의 실체를 정확하게 인식하고 대책을 세움으로써 21세기 초일류기업이 되자는 것이다. 이 위기론이 해외회의의 주 배경이 되었던 만큼 어느 날 갑자기 나온 것은 아니다.

이 회장의 위기의식은 프랑크푸르트회의에서도 피력됐다.

다음은 이 회장이 사장단, 임원, 비서실 팀장 등 1백여 명을 대상으로 한 품질 관련 특강 내용이다.

"질과 양에 획일적일 필요는 없다. 질의 경영이란 2류가 1류 되자는 것이다. 서로 적대적 개념은 아니다. 경영합리화다. 질의 제고는 불량을 없애는 것이다. 설계, 기획, 디자인, 생산, 판매 분야가 자주 모여서 합리적인 방안을 찾아라. 모여서 결정을 내리면 제발 설계변경 하지마라."

# 099 개혁의 배경은
# 안도와주면 죽을 것 같아서다

"여러분이 불쌍해서다. 안도와주면 죽을 것 같아서다. 나 자신을 위한 게 아니다. 나는 내 재산의 '이자의 이자의 이자'만 갖고도 3~5대까지 먹고 살 수 있다. 나 하나 위해 이 야단이 아니다."

1993년 7월 17일 오사카에서 동남아주재원과 가진 간담회의 질의응답 시간에 한 주재원이 '회장님, 개혁의 배경은 무엇입니까?'라고 질문했고 이 회장은 위와 같이 답변했다.

이 회장이 '바뀌어야한다.'고 외치는 배경은 '삼성만 잘 먹고 잘 살자는 게 아니'란다. 이 회장은 "내가 눈 뜨고 삼성이 눈 떠야 업계 전체가 눈을 뜬다. 삼성이 바뀌면 다른 그룹도 놀라서 따라온다."고 외친다. 이 회장은 오사카회의에서 잘 살기 위해서는 변해야 한다는 것을 여러 가지 느낌과 사례를 들어가며 밝혔다.

"나는 과거 5년 전보다 많이 변했다. …. 특히 LA회의부터 급속도로 변한다고 말한다. 바다 건너로 와서 비싼 여비들이고 고급호텔에서 만나는 이유는 국가적으로나 삼성의 큰 위기 때문이다. 이대로 가면 모두 망한다. 변해야 한다. … 옳은 것, 그른 것, 좋고 나쁜 것을 사실대로 말해야 한다. 이것이 1류의 기초다. 우리는 옳고 그른 게 얽혀있다. 우리보다 국토, 인구에서 크게 못 미치는 대만과 싱가포르, 홍콩 등이 왜 잘 사는가. 사실을 사실대로 말할 수 있기 때문이다. 우리가 못사는 것은 개인과 집단 이기주의, 독재, 군사문화 때문이다."

# 100 결국 내가 변해야 산다

"결국 내가 변해야한다. 그래야 측근이 변하고, 계열사 사장, 전무가 변한다. 그 후 8백여 명의 임원이 바뀐다. 과장급 이상 3천 명이 바뀌어야 그룹이 바뀔 수 있다. 그 시기는 나도 모른다. 1주가 될지, 1년, 2년, 3년이 될지. … 나는 앞으로 5년간 이런 식으로 하겠다. 그래도 안 바뀌면 그만두겠다. 10년을 해도 안 된다면 영원히 안 되는 것이다. 나는 삼성에 빚이 없다. 도덕적으로 인간적으로 약점이 없다."

'이건희 개혁론'의 핵심 가운데 하나가 변화다. 변화 가운데서도 '어떻게 변하는가?'이다. 이에 대해 이 회장은 '나부터의 개혁'과 '위로부터의 개혁' 두 가지를 제시했다. 그리고 각종 회의에서 우선 실생활에서 할 수 있는 '개혁훈련' 몇 가지를 제시했다. 우선 '나부터의 개혁'과 관련하여, 이 회장은 회장 취임 이후 5년간의 경험을 통해 얻은 교훈을 위와 같이 강조하며, 이제 남은 것은 임직원 스스로의 노력이라고 역설했다.

'이건희 개혁'의 핵심은 "변해야 산다."는 것이다. 변해도 그냥 변하는 게 아니다. 여기에는 '나부터' '자율로' 바뀌어야 한다는 두 가지 전제가 있다. 첫째의 '나부터 바뀌어야 한다.'는 것에 대해서 이 회장은 '내가 안 바뀌고 어떻게 5급 사원, 사장이 바뀌느냐?'고 반문한다. 또 하나는 '바뀌되 자율로 바뀌어야한다.'는 것인데 '지금 스스로에게 만족하지 않는 사람은 한번 바꿔보자'며 타율적으로 바꾸라고 해서 바뀌는 게 아니라고 설득한다.

# 101 작은 것부터 변화시켜라

"내가 삼성의 3남으로 후계자가 되는 것은 몇 백만 내지 몇 천만 분의 1이다. 회사에서 8시간 일한다지만 실제는 2~3시간, 21~22시간은 개인고 민이다. 이해되는가? 완전히 듣고 생활하는 것은 행동, 실천하는 것과 전 혀 다른 차원이다. 나는 따스할 테니 너부터 추우라는 게 인간심리다. 내 말은 종교학이 아닌 실천학이다. 실천에 합리화, 조직화해 조금 달려 보자는 것이다. 어렵고 힘들다. 몇 명은 바꿀 수 있다. 그러나 과장급 이 상 1만 명은 힘들다. 더더구나 15만은 불가능하다. 내 힘 갖고 어렵다. 한 사람이 개조시킬 최대 인원은 18명이다. 그래서 소대가 18명이다. 내 가 18~20명씩 맡고, 부사장, 전무가 또 맡고."

1993년 6월 독일 프랑크푸르트에서 열린 회의 기록의 일부로 '작은 것 부터, 우선 나, 마누라, 자식을 부탁하든 협박하든 변화시켜야 한다. 나 자신 먼저 변하자. 실천하지 않는 발상은 필요 없다.'는 내용이다. '나부 터의 변화'는 '작은 것부터 바꾸자'는 주장과도 통하는 얘기로, 이 회장의 의지가 잘 담겨있다.

"나부터 변해야 한다는 원칙하에 사장부터 말단사원들까지 모두 동시에 바뀌어가야 한다. … 지금 스스로에게 만족하지 않는 사람은 한번 바꿔 보자. … 자신부터 바꿔라. 간단한 것부터 바꿔라. … 삼성이 바뀌어야 된다. 삼성은 법인체로 구성되어있다. 법인 각자가 바뀌어야한다. … 내 가 안 바뀌고 어떻게 사장이 바뀌고 5급사원이 바뀌는가?"

# 102 바뀌지 않는 이유는
# 모두가 속아왔기 때문이다

"동물은 본능이 있지만 우리는 인간이다. 인간보다 조금 나은 게 사람이며, 조직화된 사람이 바로 삼성 인이다. 왜 유태인, 아랍인만 못하냐? 못한 게 없다. 교육이나 도덕에서 속아왔기 때문이다. 큰 약속은 하지말자. 서로 속이니까. 가보자. 1~2년 후에 보자. 사회, 국내그룹에서 선언 못한다. 효율화, 국제화해서 일류로 가자. 삼성(S/S) 1만 명이 안하면 누가 하는가?"

'왜 바뀌지 않는가?'라는 질문에 대한 이 회장의 답은 간단하다. '모두가 속아왔기 때문'이라는 것이다. 나라, 정치, 개인적으로 많이 속아왔다고 이 회장은 위와 같이 질타하며 단언한다.

"멀리는 1970년대 말 부회장 시절부터 가까이는 1987년 말 회장취임 이후 계속 강조했지만 안 바뀌고 있다. 그 이유는 '도덕적 불감증' 때문이다."

"이렇게 화낸 것은 내 평생 처음이다. 다른 것 때문에 화나는 게 아니다. 월급쟁이 심리가 일을 거꾸로 한다는 것이다. 예를 들면 부품 하나 가져와도 주먹으로 거머쥐고 가져오고, 부품 하나 들고 나니는데도 전표가 대여섯 개씩 붙어 며칠 걸리고, 드라이버 1천 원짜리 하나 사는 데도 도장을 대여섯 개씩 찍고, 도장을 찍은 부장, 이사, 상무, 관리담당이 그것을 보고도 불합리하다고 생각하지도 않는다. 모두들 '도덕 불감증'에 걸려있는 상태다."

# 103 변화는 창조보다 2.5배 어렵다

"개혁 부진이 누구 책임이냐고 따질 시간이 없다. 현실을 직시하라. 미래가 급하다. 금세기라야 7~8년 남았다. 1983년이 엊그제 같은데, 향후 7~8년은 어느 때보다 급변한다. 특히 기존 틀 속에서의 변화는 창조보다 2.5배 어렵다. 다 바뀌어야한다."

이 회장은 힘주어 '변화'를 강조하면서 우리 사회, 국가적으로 개혁이 어려운 큰 이유를 자율성 부족과 불신(不信) 두 가지로 지적한다.

"우리는 당장 바꾸기가 어렵다. 이유는 99%가 명령을 기다리는 피동적 상황에 익숙해져 있기 때문이다."

"자율성이 없다는 것, 이것이 우리 기업들의 중앙집권적 체제의 폐해다. 지방분권적 구조를 가진 일본은 자율성을 핵심으로 하는 '사업부제'가 이루어질 수 있지만, 우리는 모든 게 중앙으로 쏠리는 폐해 때문에 자율성이 없다."

중앙집권의 폐해에 대해 이 회장은 비서실을 도마 위에 올렸다.

"비서실은 공항의 관제탑이다. 종로통의 교통신호본부다. 분석하고 방향 잡는 곳이지, 오라 가라 하는 곳이 아니다. 과거 비서실은 회장을 둘러친 담장이었다."

이 회장이 둘째 요인으로 지적하는 불신은 우리의 정치, 경제, 문화, 교육이 모두 제 길을 찾지 못함에 따라, '먼저 바뀌면 손해'라는 생각을 떨쳐버리지 못하고 있기 때문이란다.

# 104 두 끼 먹고, 6시간 자고, 신문 열심히 보라

"지금 스스로에게 만족하지 않는 사람은 한 번 바꿔보자. 바뀌는 것이 그렇게 어려운 게 아니다. 자기부터 바꿔라. 간단한 것부터 바꿔라. 자기 하고 약속해보라. 음식을 적게 먹어야겠다, 잠도 한 시간만 덜 자보겠다, 그리고 가족회의를 만들어보겠다, 아직 막내딸은 중학생이지만 그래도 그 애들 얘기를 들어보겠다. 이렇게 돼야 바뀌는 것이다."

이 회장은 '작은 것이라도 행동으로 옮기는 게 변화의 시작'이란다.

"개혁은 먼 데 있지 않다. 그러나 결코 쉬운 일은 아니다"라는 이 회장의 주장은 자신에 대한 성찰이 전제되어야 한다는 점에서 더욱 어려워 보인다. "자신이 약하다는 것을 알면 바뀔 수 있는 가능성이 있다. 제일 중요한 것은 내가 못났다는 것, 부족하다는 것을 아는 것이다. 자신이 잘났다며 자신하면 바뀔 생각을 못하고 영원히 그 모양이다."라며, 자신의 부족과 못났음을 스스로 인정할 때가 개혁의 첫걸음이라는 것이다.

한편 이 회장은 한 간담회에서 '개혁이 멀고 어렵게 느껴진다.'는 참석자들의 지적에 실행 가능한 구체적인 방법을 다음과 같이 제시했다.

첫째, 하루 식사를 두 끼로 줄여라. 둘째, 6시간 이상 자지 마라. 셋째, 신문 열심히 읽어보자.

이 회장은 살찔 필요가 없다. 정신운동도 되고. '지난 1년간 하루 한 끼만 먹고 있다.' '6시간 이상 잘 필요가 없다.' '특히 해외주재원들은 최소한 신문을 읽는 게 변화의 시작이다.'라며 실행을 역설했다.

# 105 변화를 위해
# 목숨과 재산을 걸고 약속했다

"5,000년 전에서 1980년까지보다 1980~1993년까지의 변화가 더 크다. 1993년까지의 변화보다 향후 10~20년의 변화가 더 클 것이다. 인간성, 도덕성 회복이란 인간이 바뀐다는 게 아니다. 경제제도, 시스템, 판단속도, 정보습득 방법의 변화를 알자는 것이다. 변화를 실감하지 못하고 있다. 등허리에 진땀 날 정도의 변화다."

이 회장은 '등허리에 진땀날 정도의 변화는 곧 위기'라며 변화의 속도를 알아야한다고 강조한다. 이런 변화는 이 회장이 잇단 해외회의를 결심하게 된 주요동기의 하나로 보다 적극적인 대책을 강구하게 한다.

"1992년 1월 심각성을 느껴서 중도부터 고민했고 말부터 하루 3~5시간 밖에 못 잤다. 1992년 10월 이후 매일 읽고, 조사시키고, 질문했다."는 이 회장의 변화에 대한 위기의식은 다음과 같은 그의 말에 잘 나타난다. "지난 1979년부터는 5년에 한번 변화했다. 1988년부터는 매년 변했고, 1993년 들어서는 매달, 요새는 매일, 그리고 1~2주 전부터는 매시간 변하고 있다. 최고책임자는 머리가 빠르고 몸은 게을러야 정상이다. 그러나 나는 지난 2월부터 머리, 몸이 팽팽 돈다. 금년 말까지 마지막으로 '진짜' 바꿔어보자. 과장급 이상 모두 만나겠다. 다 뒤집어보자. 나는 평생 약속을 한 게 5번이 안 된다. 대신 한번 한 약속은 죽어도 지킨다."

이 회장은 "목숨과 재산을 거는 게 쉬우냐. 나는 변화를 위해 이것을 걸었다."며 비장하게 약속했다.

# 106 남의 피 뽑으면 병 못 찾는다

"슈바이처 박사가 아프리카에 가서 흑인들 병 고쳐주려 했으나 그들은 거꾸로 창을 들고 덤볐다."

"건강진단을 하는데 자기의 피를 뽑아야 정확한 병을 파악하여 처방을 내릴 수 있다. 나는 이것을 하는 것이다. 그런데 자식의 피를 내놓고, 어떤 사람은 동네에서 가장 건강한 사람의 피를 내놓는 꼴이다."

이 회장은 과거청산에 대한 자신의 안타까운 마음을 왜 제대로 이해하지 못하느냐는 질책이 섞인 비유를 들어 설명하고 있다. 비서실을 들어 과거청산에 소극적이고, '체' 병에 걸렸다면서 "악성재고, 숨겨놓은 것, 장부상의 이익만 내는 껍데기는 모두 드러내라"고 호통 쳤다.

그리고 이 회장도 "과거가 잘못됐다고 이를 '싹쓸이' 하면 또 다른 문제가 생긴다."면서 누구의 잘못도 책임도 묻지 않겠다고 강조했다. 1993년 7월 13일 오사카에서 열린 동남아 주재원 간담회에서 이 회장은 권위주의에 젖은 채 과거의 잘못에 대해 무감각한 비서실을 질타하고 '새 출발'을 호소하면서 "올해(1993년) 말까지 전 그룹 차원에서 과거의 모든 잘못을 내놓아야 한다."는 시한부 조건을 내걸었다.

1993년 7월 7일 사장단은 7월 5일 내린 이 회장의 지시에 따라 "본부장 또는 전무급 이상이 부·과장을 모아 사내의 문제점을 먼지하나라도 도출, 48시간 이내에 해결하라"고 지시했다. 과거의 문제는 제도와 관행으로 구분, 최소조직단위 먼지하나까지 전사차원에서 조치하기로 했다.

# 107 개혁의 최대목표는
## 인식, 사고의 전환이다

"질 경영을 위해서는 일시적인 손실이나 시장점유율 감소를 감수하라."

'이건희 개혁'의 최대 목표는 인식과 사고의 전환이다.

"나는 과거 5년 전보다 많이 변했다. 지금도 변하고 있다. 주위에서는 내가 매우 변한다고 말한다. 특히 미국 LA회의부터 급속도로 변한다고 말한다. … 이대로 가면 모두 망한다. 변해야 한다." "변해야 한다. 옳은 것, 그른 것, 좋고 나쁜 것을 사실대로 말해야 한다. 이것이 1류의 기초다. 우리는 옳고 그른 게 얽혀있다." "무엇을 바랄 것인지는 걱정하지 마라. 바뀌는 개념, 방법, 순서를 스스로의 개성과 능력 내에서 결정하라. 나부터 근처부터 바꿔라. 앞사람 옆 사람 충고는 바로 듣고 실천하라."

이 회장은 인식과 발상의 전환을 특별히 강조하며, 이를 위해 지금까지 형성된 타성의 벽을 송두리째 허물어 전혀 새로운 차원의 사고를 형성하자고 위와 같이 말한다.

"위기는 벌써 와있다. 앞으로 3~5년의 중요성은 과거 50~100년과 마찬가지이다." "삼성이 미래 산업을 하기 위해서는 장시간의 기획, 준비와 막대한 자금, 다양한 기술과 노하우, 복잡한 생산, 유통, 판매개념이 필요하고 이것들이 전부 전문화되어야 한다."

또 이 회장은 단기이익에 얽매이는 하루살이 경영이 아니라 최소한 3년을 내다보는 장기적인 시각을 가져야한다고 인식하고, 이러한 그의 지론에 따라 위와 같은 지시를 내렸다. 아울러 입체적인 사고도 강조한다.

# 108 속도가 빨라지면
# 개념자체를 다 바꾸어라

"기업 환경의 급속한 변화는 우리에게 인식의 전환을 요구하고 있다. 산업을 보는 눈, 기업을 보는 눈, 변화를 보는 눈을 바르게 가져야한다. 과거 10년간에 매출 규모는 30배 늘었는데 우리의 사고방식이나 회사조직은 그대로이다. 속도가 갈수록 빨라지고 있는 것은 비행기와 자동차뿐만이 아니다. 기업경영에서도 속도가 강조되고 있다. 원자재가 들어와서 완제품이 나올 때까지를 어떻게 빨리 단축시키느냐 하는 것이 그동안 기업에서 통용됐던 속도의 개념이었다. 그러나 지금은 원자재에서 출발해가지고 최종 소비자에게 들어가 소비를 어떻게 빨리 하도록 해서 수금을 앞당기느냐로 자꾸 단축되고 있다. 이처럼 속도가 빨라지면 기업에서는 어떤 변화가 와야 될까? 설계에서 자동화, CAD/CAM, 시뮬레이션은 물론 소위 판매의 예술화를 포함한 관리의 효율화부터 판매, 기술전략에 이르기까지 모든 개념 자체가 다 바뀌어야한다. 예를 들어 자동차의 최고 속력이 현재 시속 150Km인데 시속 200~300Km인 차를 개발하려면 우선 타이어부터 시작해서 자동차 제조에 들어가는 소재(素材)를 모조리 바꿔야한다."

1988년 회장 취임직후 이 회장이 사내 특강에서 속도와 인식전환에 대해 강의한 내용 일부이다. 이전부터도 그는 기업환경의 급속한 변화에 따라 설계에서 자동화, CAD/CAM, 시뮬레이션은 물론 관리의 효율화, 판매, 기술전략에 이르기까지 모든 개념이 바뀌어야 한다고 강조해왔다.

# 109 일하기 싫으면 놀아라

"누차 얘기했지만 뛸 사람은 뛰어라. 바삐 걸을 사람은 빨리 걸어라. 아무도 안 말린다. 걷기 싫은 사람은 앉아서 놀아라. 그래도 의식주는 보장해주겠다. 삼성에서 내쫓지 않는다. 일 안한다고 못한다고 내쫓는 사람 없다. 인간은 '일하지 말고 놀아라.'해도 일하게 되어있다. 한 달도 못 논다. 그러면 뭐냐? 그러나 남의 뒷다리는 잡지 마라. 뛰는 사람, 걷는 사람, 앞으로 가는 사람 뒷다리만 잡지 말고 가만히 앉아있어라. 왜 앞으로 가려는 사람 옆으로 돌려놓는가?"

위는 프랑크푸르트로 가는 비행기에서 일본인 고문 후쿠다의 보고서에 1차 충격을 받고, 현지에 도착해서 삼성방송(SBC)의 '카메라 출동'에서 '삶는 세탁기'의 공정불량을 보고 2차 충격을 받은 이 회장이 현지회의에서 한 말이다. 말속에 이 회장의 격한 감정이 짙게 배어있다.

'뒷다리 잡는 사람'은 이 회장이 바른 길이라고 주장하며 가자는 방향에 어긋나는 사람과 다른 사람을 방해하는 사람을 뜻한다.

SBC는 이 회장의 제2창업 제2기의 경영이념인 '최고의 품질과 서비스의 창출'에 부응한다는 차원에서 일련의 품질관련 특집을 마련하여 방송하고 있었다. 프랑크푸르트회의 직전인 6월 첫째 주에 세탁기 라인의 제조공정에서 크기가 안 맞는 곳을 칼로 깎아 손질해서 '억지로' 짜 맞추는 장면을 포착, 30여 분간 대표적인 품질불량의 사례로 보도해 큰 파문을 일으켰다.

# 110 각도가 틀려지면 속도가 느려진다

"때가 어느 때인가? 세상이 모두 질로 가고 있다. 선진국은 다품종, 소량생산, 다양화, 고기능화 하고 있는데 우리는 지금 어째서 양으로 채우려 하고 있느냐? 아까운 인재 어디에 쓰는가? 제발 내 말 좀 들어라."

"15만 집단의 정신력, 애사심, 두뇌는 충분히 1류 가고도 남는다. 이중 10%가 남의 뒷다리 잡고 있다. 모두 앞으로 가려는데 15도 각도로 틀면 속도가 느려진다. 옆으로 가고 싶으면 그냥 있어라. 움직이지 마라. 그럼 앞으로 갈 수 있다."

"5년 전에 여러분 뭐라고 그랬느냐? '저 사람 이상주의자다. 실무를 모르니 저런 소리를 한다. 현실을 모르니 저런다. 부잣집에서 자랐으니 우리 월급쟁이 고충을 알겠느냐?' 그러면서 내 말을 밑으로 전달도 안 했다. 그럼 그렇게 말하는 자신은 현실을 알았는가? 더 몰랐다. 이런 것이 뒷다리 잡는 짓이다. 알면서 뒷다리 잡는 사람은 없다. 알고 잡는 사람은 머리 좋은 사람이다. 모두 자기가 뒷다리 잡고 있는지도 모르며 뒷다리 잡고 있다."

이 회장의 질책은 간절한 호소를 넘어 애원이다. 그는 계속해서 위와 같이 외치며 재차 강조한다.

이 회장 자신의 말대로 삼성 임직원들은 '저 사람 이상주의자다. 실무를 모르니 저런 소리를 한다.'는 태도를 보였음에도, 그는 끊임없이 지치지도 않고 뒷다리 잡지 말라고 호소한다.

# 111 앉아있는 사람은
# 뛰는 사람한테 박수쳐주라

"한국에서 살 때는 한국의 에티켓, 일본에서 살 때는 일본의 에티켓, 독일에서 살 때는 독일의 에티켓이 따로 있다. 그러나 도덕은 세계 어디를 가도 똑같다. 인간미도 똑같다. 이것은 헌법이다. 뛸 사람은 뛰고, 걸을 사람은 걷고, 앉아 있을 사람은 앉아 있어라. 그런데 길가에 드러눕거나 남 뛰고 걷는 데에 방해하는 사람은 뒷다리 잡는 사람이다. 그런데 삼성의 에티켓으로서 삼성의 예의범절로 뛰는 사람은 앉아있는 사람을 무시하지 말라. 격려를 해주어라. 오히려 너도 잘 뛰라고 격려하라. 또 앉아 있는 사람은 뛰는 사람한테 질투하지 말라. 잘 한다고 박수를 쳐주고 마음으로 축하를 해주어라. 나도 빨리 쉬고 몸, 체력을 회복해서 다시 뛰어야지 하고 생각하자. 이것이 삼성의 헌법, 형법, 예의범절이다."

'뒷다리'에 대한 이 회장의 지론 가운데 빼놓을 수 없는 게 '기본을 벗어나지 말라'는 것이다. 여기서 이 회장이 대단히 강조하는 국가의 헌법과 삼성의 예의범절이 나온다.

이 회장이 경영에서 강조하는 기술도 기본 즉 예의범절이 있은 다음이라는 이 회장의 다음과 같은 말에서, 그가 인간됨, 즉 헌법, 형법, 예의범절을 지키는 참인간이 경영의 기본임을 알 수 있게 한다.

"먼저 인간이 되지 않으면 안 된다. 그 다음에 기술이다. 그리고 그 다음이 경영자다. 그리고 나서 CAD, 소프트를 정리하면 된다. 인간부터 고쳐놓으면 그 다음에는 별로 할 것이 없다."

# 112 뒷다리 잡기가
# 이익감소의 주범이다

"삼성에서 절대 안 되는 것 세 가지가 있다. 부정(不正), 거짓말, 그리고 뒷다리 잡기다."

이 회장이 뒷다리에 얼마나 크게 신경을 쓰고 이의 불식에 힘쓰는지는 여러 군데서 나타나는데, 위는 그 중 한 대목이다.

이 회장은 "삼성이니까, 그리고 나니까 할 수 있다."고 강조하면서 위에 말한 세 가지 외에는 삼성이 싫어서 나가지 않는 한 쫓아내지 않는단다.

또 뒷다리 잡기와 개인, 집단, 이기주의가 이익을 감소시키는 주범임을 다음과 같이 특히 강조한다.

"뒷다리 안 잡고, 개인, 집단 이기주의를 버리면 그룹의 이익이 2~3배 늘고, 여기에 상식과 기초지식을 더하고 조금만 밀면 4~5배 늘리는 것도 가능하다." "일류들만 모아놓은 곳이 삼성이다. 이 집단이 이기주의 없애고 단합이 되고 힘을 합치면 어떠한 일이든 이 지구상에서는 일등 할 자신이 있다. 지금 이 시기, 세기말적 인류의 위기의식이 요동하는 이 시기에, EC가 통합되고 전 세계가 국제화로 가는 이 시기에 이제는 삼성이 변하지 않으면 영원히 국가적으로 2류, 기업으로는 2류 내지 2.5류, 잘 해봐야 1.5류를 벗어날 수 없다. 내 말에 '절대'라는 용어는 잘 안 쓰는데 1류는 절대로 안 된다. 그러나 변하는 데는 방법이나 속도는 개인차가 있다. 강압은 절대 아니다. 안 변해도 괜찮다. 그러나 변하는 사람의 뒷다리를 잡지는 말라."

# 113 방향만 같이하면
# 생산성이 20배 오른다

"내가 가는 방향으로 따라오란 말이다. 나는 제일 선두에서 150킬로미터로 뛰지만 30킬로미터, 50킬로미터, 10킬로미터, 100킬로미터라도 뛸수 있는 한 다 따라오라. 내가 제일 앞에서 바람을 막고 뛰겠다는데 뒷다리 당기지 마라. 내가 뛰는데 발길질해서 나를 넘어뜨리지 말란 말이다. 지금까지는 각자가 다 다른 방법의 시뮬레이션만 해왔지만 이제는 한 가지 방향으로 하자. 돈이 얼마가 들어도 같은 방향으로, 같은 시스템으로 하자. 방향을 같이 하기만 하면 된다. 각자 함으로써 얼마나 손해가 나는지는 경험하지 않았는가! 이것을 전부 시스템화해서 CAD부터 금형, 설계, 회로 전부 하게 되면 생산성이 10배 20배 올라가는 것이 눈에 보인다."

"처음부터 모두 한 쪽으로 뛰고, 이것을 시스템화하면 생산성이 10배, 20배 오르는 것이 눈에 보인다."

이 회장은 확신에 찬 목소리로 한 방향으로 움직이면 생산성이 10배, 20배 오른다고 외친다. 15만 명이 서로 다른 방향으로 나아간다면 삼성호라는 배는 제자리에 멈추거나 자칫하면 뒤로 가지만, '뒷다리'를 잡지 않고 한 방향으로 가기만 하면 앞으로 간다는 게 이 회장의 신념이다. 그래서 그는 2월 LA회의부터 7월 후쿠오카회의까지 계속 '한 방향으로 가자'고 부르짖었다. 옛 속담에 사공이 많으면 배가 산으로 간다고 했지만 이건희 선장이 가리키는 달을 따라가면 초일류기업에 이르지 않을까?

# 114 집단이기주의가
# 한 방향으로 갈 힘을 분산시킨다

"15만 명이 사방에서 당기면 어찌 되겠는가? 모두 한 방향이면 15만 명의 힘이 생긴다. 그런데 왜 안 되는가를 깊이 분석했다. 결론을 얻었다. 개인, 집단의 이기주의 때문이다. 개인 이기주의, 사업부간 이기주의……. 15만 명이 모두 고민하고, 고생할 것 다 하는 게 이기주의다."

이 회장은 한 해외회의에서 삼성이 복수 생산체제를 유지하면서 금성에서도 나오는 AV(오디오+비디오)제품이 못나오는 상황을 위와 같이 진단했다. 이 회장이 이 같은 진단을 내린 것은 '뼈저린' 경험에서 얻은 '결론' 때문이다. 유사, 중복 업무의 통폐합을 통해 생산과 판매를 효율화하라고 수없이 지시했지만, 어느 쪽도 손해 볼 수 없다며 서로 버티는 집단, 회사 이기주의 때문에 효과를 못 거두는 것을 똑똑히 목격한 것이다.

"왜 안 되느냐? 상호불신이다. 또 개인 이기주의, 집단 이기주의 때문이다. 그 이기주의라는 것이 일반적인 사전에 나오는 이기주의, 즉 남을 해치고 자기를 잘 되게 하는 그런 이기주의가 아니다. 남을 해치는 것도 자기를 위하는 것도 아니면서 남을 해치지도 도와주지도 못하고, 자기에게 도움은 안 되고 덕도 안 되면서 서로 결과적으로 다 손해 보는 짓을 얼마나 많이 하고 있는가? 인간이 지구를 정복하고 여러 동물을 지배하는 이유가 무엇인가. 각 부문에서 나오는 장단점을 조직화할 수 있고, 효율화할 수 있는 것이 인간이다. 그런데 조직화, 효율화를 하는 데 제일 방해가 되는 것이 무엇인가? 바로 개인과 집단 이기주의다."

# 115 뛰는 사람은 더 잘 뛰게 해주어라

"먼저 인간이 되어야한다. 그 다음이 기술이고 경영이다. 인간부터 고쳐 놓으면 그 다음에는 별로 할 것이 없다. 일본 고문이라고 모두 좋은 사람인가? 그들도 일본 회사에서 출세 못해서 나온 사람들이다. 다 결함이 있다. 하지만 일본 고문한테 머리 수그리고 의지해서 배워야하는데, 실력도 없으면서 배우지도 않으니 인간이라면 누가 가만히 있겠는가? 가르치려고 해도 안 배우는데."

위는 이 회장이 〈후쿠다보고서〉를 접한 뒤에 한 특강의 내용이다.

전자업은 삼성의 주력이면서도 내부적으로 많은 문제점을 안고 있었기 때문에 이 회장은 이 부문에 유별난 애정을 쏟으며, 사람의 중요성을 특히 강조했다. 그의 '인간경영론'은 "전자업에 종사하는 사람은 평생 고생하려고 태어난 사람이다. 1~2년 고생하고 쉬겠다는 사람은 떠나야한다. 전자업에서는 똘똘하고 의지가 있어야한다. 남자다워야 하고 결단력 있는 사람이 필요하다."고 말한 만큼 인사의 중시는 당연한 귀결이다.

"인사를 엄선하고 조심해도 문제 있는 사람이 섞이게 된다. 밑에 있는 사람 가운데 능력 있는 사람은 절대 손대지 마라. 걸어가는 사람을 걸어가게 놔두고 빠른 걸음으로 걷는 사람은 건드리지 말고 뛰는 사람은 더 잘 뛰게 해주어야한다. 그러나 뒷다리 거는 사람은 완전히 제쳐놓든지 내놓아버려라. 부하 한두 사람 솎아내는 것을 '인심 잃는다. 내가 왜 하느냐'는 생각은 절대 하지 않아야한다."

# 116 내부적으로 뭉쳐야 남도 도와준다

"VCR 품질개선은 한두 사람에 의해 이루어진 것이 아니다. 다른 사업부는 그것을 쫓아가면 되는 것이다. 사업부를 갈라놓은 것이 사업부 장끼리 담 쌓으라고 갈라놓은 것이 아니다. 서로 의견을 주고받고 서로 지적도 해주어야하는데 옆에다 좋은 선생 놔두고 일본 가서 물어보고 있는 실정이다."

위는 LA회의 내용의 일부로 사업부 간 이기주의를 질타하는 이 회장의 발언이다.

이 회장은 1993년 1월 13일, 5시간40분간 계속된 '수주계열사사장단 만찬회의'에서도 다음과 같이 강조하며 '벽'을 허물어야한다는 자신의 의지를 드러냈다.

"중공업이 법적으로 합쳐진 지 10년이 지났지만 지리적, 조직적으로 떨어져있어 부문 간 협조가 안 되니 아무런 시너지효과가 없었다. 부문별 협조는 고사하고 경영진조차 공장에 관심을 안 가지고 있다. 우선 내부적으로 뭉쳐야 타사에서도 도와줄 수 있다."

이 회장은 개인 간이든, 사업부 간이든, 계열사 간이든 이기주의에서 벗어나려면 마음과 업무의 두터운 담을 허물어야 하는데, 그 때 필요한 것이 다음과 같은 두 가지라고 강조한다.

첫째, 서로에 대한 이해와 위기의 공유의식.

둘째, 윗사람에 대한, 그리고 회장에 대한 임원들의 적극적인 호응.

# 117 개혁교본을 한글학자에게
## 감수시키고 만화로 만들어라

"임직원들에게 개혁의 필요성을 공감시키고 한 방향으로 나아가게 하기 위해서는 일목요연한 교본이 필요하다. 하루 빨리 신 경영을 전파할 수 있는 책자를 만들라."

위와 같은 이 회장의 지시로 비서실은 1993년 8월 초 책자를 만들기 위한 TF팀을 구성하고, 해외강연 내용을 정리하는 작업에 착수했다.

태스크포스(TF)는 A4용지로 8,500쪽이나 되는 방대한 분량을 주제별로 분류한 뒤, 200장으로 요약해 〈삼성 신 경영〉 〈삼성인의 용어: 한 방향으로 가자〉라는 두 권의 책자로 만들었다.

1993년 7월 30일 해외특강을 마친 이 회장은 '개혁교본을 어떻게 만들 것인가?'하는 고민 끝에 위와 같은 결론을 내리고 책자를 만들라고 지시했다. 그에 따라 마련한 초본을 받아보고는 한글학자에게 감수시켜 보완하라는 지시를 내렸다.

그리고 9월 중순 이 회장은 삼성과 직간접적으로 관계를 맺고 있거나 자신의 개혁을 잘 모르는 사람들을 쉽게 이해시키려면 만화로 만들어 전파시키는 것이 가장 효과적이리라고 판단하고 TF팀에 〈삼성 신 경영〉에 담긴 내용을 만화책으로 만들라고 지시했다.

이에 따라 만화가 이원복 교수를 선정하여 만화책으로도 만들었다.

신 경영 책자는 50만부 정도 발간되었고, 영어, 일어, 중국어, 말레이어 등 10여 개 국어로 번역하여 해외현지인교육에 활용하기도 했다.

# 118 삼성의 IMF극복은
# 계열사 축소 덕분이다

"최근 수년간의 호황에 편승해 나타나고 있는 투자, 경비 등 경영상의 제반거품현상과 임직원의 가치관, 근로윤리상의 거품을 냉철하게 분석해야한다. ⋯ 우리는 지금 땅에서 10cm정도는 떠있다. 땅을 짚어야한다."

삼성이 IMF위기를 극복할 수 있었던 것은 질 경영을 내세우며 65개이던 계열사를 45개로 축소하고, 총 236개 사업을 정리하고, 분사와 매각 등을 통해 5만2천명에 이르는 인력을 줄이는 등 강도 높은 구조조정이 따랐기 때문이다. 1996년 샌디에이고 전략회의를 살펴보면 이처럼 강도 높은 구조조정이 성과를 낼 수 있었던 배경을 이해할 수 있다.

1993년 신 경영 바람을 일으킨 이후 처음으로 1996년 4월 샌디에이고에 인접한 멕시코 티후아나의 전자복합단지 현장을 방문한 이 회장은 전자사장단을 중심으로 전략회의를 소집했다. 21세기를 맞는 그룹의 미래전략을 논의하기 위해 모인 이 회의에서 이 회장은 당시엔 그리 많이 쓰이지 않던 '거품'이라는 단어를 위와 같이 거론했다. 이 회장이 언급한 '거품'은 엔고와 반도체 호황에 따른 착시효과를 경계하라는 얘기였다. 경제는 1993~1995년 최대 호황을 누렸지만 1996년에 접어들면서 원화가 강세를 띠면서 수출은 꺾이기 시작했고, 반도체를 제외한 각 업종이 하향곡선을 그리기 시작했다. 불안감을 느낀 이 회장은 1996년 말 이학수를 비서실장으로 승진시키고, 삼성전자에는 현장 및 기술관리 형 CEO인 윤종용 사장을 투입하여 그룹전체를 위기관리형 체제로 전환했다.

# 119 '선상투하 식 구조조정'이
## 가능했던 것은 버렸기 때문이다

"삼성전자와 핵심 계열사, 삼성생명을 제외하고 그 어떤 회사를 처분해도 좋습니다."

"어디까지가 우리가 해야 할 일입니까?"

"우리 회사를 분석하고 값을 매겨 원자재를 찾아서 처분까지 해주시오. 모든 것을 위임합니다."

IMF체제에 돌입한 지 1개월 남짓 지난 1997년 12월, 승지원에는 세계적 투자회사인 미국 골드만삭스의 존 코자인 회장 일행이 삼성의 구조개혁방법론을 의뢰받고 며칠째 드나들고 있었다.

긴 침묵을 깨고 이 회장이 '모든 것을 위임한다.'고 정리하면서 '버림의 경영'이 구체적으로 출발하는 순간을 맞았다. 1998년 초 정부가 주도하는 구조개혁이 시작되기 전에, 이미 신 경영으로 훈련돼있던 삼성은 위기가 다가오자 자발적인 구조개혁을 바로 시작한 것이다.

삼성전자와 삼성생명을 제외한 모든 계열사가 구조개혁의 대상이라는 이 회장의 방식은 '선상투하(船上投下) 식 구조조정'이라 불렸다. 이는 재무구조개선에 초점을 두어 이익과 경쟁력의 원칙에서 벗어나면 모두 조정대상이 될 수 있다. 이 같은 구조조정방식이 원칙대로 진행될 수 있었던 것은 이 회장 스스로 자신의 것을 버렸기 때문에 가능했다. 이 회장은 이로써 '해서는 안 되는 사업과 하지 않아도 되는 사업은 포기할 줄 아는 용기와 결단이 필요하다'는 메시지를 전해주었다.

# 120 변화하는 업의 개념을
# 따라 잡아라

"백화점의 업 특성이 뭐라고 생각하십니까?"

1990년대 초 이 회장과 사장단이 호텔신라에서 점심식사를 같이하는 자리에서 이 회장은 당시 신세계백화점 사장에게 이렇게 물었다. 너무 당연한 것을 묻자 백화점은 당연히 상품 유통업이라 생각하던 다른 사장들도 멈칫했다. 그러나 이 회장은 부동산업이라고 진단했다.

이건희 회장이 강조하는 개념 중의 하나가 바로 '업(業)의 개념'이다. 그런데 업의 개념은 변화한다.

"이제 복합 산업의 시대가 오고 있다. 전기, 전자, 반도체, 기계, 자동차가 모두 서로 밀접한 관계를 맺고 시너지 효과를 거두게 된다. 다시 말해서 업의 개념이 없어지는 것이다. 지금만 해도 부품의 가격기준으로 볼 때 자동차산업의 3~40%를 전기·전자제품이 차지하고 있다. 이런 전기·전자제품의 비율이 앞으로 10년 안에 50%이상 차지하게 될 것이다. … 그렇게 될 경우 자동차 업이냐, 전기·전자업이냐 하는 업의 개념도 점차 없어지게 된다. 자동차산업을 보면, 앞으로는 가솔린 연료가 없어지고 수소연료나 전기로 움직이게 돼 단순히 자동차 업으로 분류되고 있는 산업이 전자·전기 업으로 개념이 바뀔 수도 있다."

이처럼 업의 개념은 변화한다. 업종이나 제품에 따라, 기술, 영업, 인력 등 경영의 여러 측면에서 보는 관점에 따라, 기술진보나 소비자의 요구에 따라 변하기도 하는 것이 업의 개념이라는 것이다.

# 121 '문어발 식 경영'의 편견은
수정되어야한다

"현재 미국과 일본에서 대형 적자를 내는 기업은 대부분 도요타, IBM, 마쓰시타와 같이 일반적으로 단일 업종으로 나타나고 있습니다. 그러나 GE와 같이 기계, 전자, 가전, 반도체, 토목, 미사일이 다 합쳐져 있는 기업이야말로 융통성과 경쟁력을 갖게 됩니다. 따라서 문어발식 경영이란 편견은 어느 정도 수정되어야한다고 봅니다."

업의 개념은 소비자의 기호나 기술혁신 등 경영혁신에 따라 달라지기 때문에 이러한 변화추세에 맞게 제대로 세워야한다고 강조한다.

한편 업의 개념은 자기가 맡은 직책과 업무내용에 따라 달리 볼 수 있기 때문에 각자 자신의 업의 개념을 바로 알고 이에 맞게 일해야 한다.

백화점이나 호텔의 경우, 사장이나 본부장이 사업 부지를 물색할 때는 부동산업의 개념을 알고 입지선정을 해야 한다. 또 종업원들이 고객을 대할 때에는 봉사정신으로 서비스를 제공해야할 것이다. 이처럼 업무에 따라서 업의 개념이 달라지기 때문에 항상 업의 개념을 세우라고 한다.

이처럼 이건희 회장은 업의 개념의 변화에 주목하면서 기업의 경쟁력, 융통성에 대해 새로운 시각을 제시했다.

자동차산업이 전자로 넘어가고 중공업도 모든 게 자동화되어야 하니까 자동차산업과 마찬가지로 전자와 합쳐져야 하는 등 업의 개념이 없어질 가능성이 크다. 이렇게 되면 단순한 업종만 영위하는 기업은 이러한 업의 개념변화에 적절히 대응하지 못하고 경쟁력이 저하될 수 있다.

# 122 '업의 개념'이란 업의 본질과 업종의 특성을 의미한다

"업의 개념은 계속 변화하는데 시계생산의 경우 초기에는 정밀기계 업이었다. 그러나 기계화가 진전되고 … 로봇이 조립하면서 조립양산 업으로 개념이 바뀌었다. … 요새는 옷과 조화를 이루는 하나의 패션 업으로 변화되고 있고, 나아가 보석을 붙이는 장식업의 영역으로까지 다양화되고 있다. 또 자동차산업의 경우 자동차가 발명된 100여 년 전부터 지금까지 단순히 자동차 업으로 분류되어왔지만 앞으로는 가솔린 연료가 없어지고 수소연료나 전기로 움직이게 돼 전자, 전기 업으로 개념이 바뀔 수도 있다. …. 그러나 앞으로의 기업은 자동차는 전자로 넘어가고 중공업도 모든 게 자동화되어야 하니 전자와 합쳐져야 하는 등 업의 개념이 없어질 가능성이 있다. 이렇게 되면 단순 업종만 영위하는 기업은 이러한 업의 개념에 적절히 대응하지 못하고 경쟁력이 저하될 수 있다."

'업의 개념'을 파악할 때는 '업의 본질은 바뀌지 않으나 업의 특성은 제품과 시대에 따라 달라진다.'는 점에 유의해야한다. '업의 개념'이란 업의 본질과 사업에 필요한 설비, 기술, 시장구조 등 업종의 특성을 종합적으로 의미하는 말로, 경영진이 사업방향을 세우는데 필요한 근본이라 할 수 있다. 이러한 '업의 개념'을 정확히 이해하지 못하고 경영을 함으로써, 건설, 중공업, 조선 등은 수주업의 특성을 제대로 이해하지 못해 막대한 손실을 냈고, 반도체, 전자 등 첨단기술 사업에서도 '타이밍' 사업의 특성을 잘 몰라서 고가판매의 기회를 놓쳐 보이지 않는 손실을 초래했다.

# 123 변하는 '업의 개념'에 따라 경영의 방향과 전략을 세워라

"21세기 경영을 위해 내가 강조하는 용어 …가 '업의 개념'이다. 한국이 유일하게 세계 최고의 위치를 점유하고 있는 업종은 16메가 D램이다. 이 반도체의 '업의 개념'은… '최첨단 고 두뇌 자본집약의 타이밍 사업'이다. …, 16메가 D램의 경우 한 라인 건설에 6억 달러 정도를 투자해야 한다. 투자 타이밍이 1년 늦으면 이익 몇 천억 원의 기회상실을 초래해 …. 몇 년 안에 64메가 D램이 생산되면 10억 달러 이상 시설투자가 필요하게 된다. 이게 바로 '업의 개념'이다. 이 '업의 개념'은 계속 변하고 있다. 앞으로의 기업은 자동차는 전자로 넘어가고 중공업도 모든 게 자동화되니 전자와 합쳐져야 하는 등 '업의 개념'이 없어질 가능성이 있다. … 단순 업종만 영위하는 기업은 … 경쟁력이 저하될 수밖에 없다."

이건희 회장은 평소 '경영은 인간과 기술을 통해 업(業)을 성취하는 종합예술'이라고 강조해왔다.

즉 우리가 처해있는 경영환경을 직시하고 새로운 시각에서 보면 향후 경영의 핵심은 사람과 기술이며, 사람과 기술을 통해 경영성과를 극대화시키기 위해서는, 우선 우리가 하는 업의 개념이 무엇인지 분명히 파악해야한단다. 사업마다 업을 영위하는 철학과 업종의 특성이 다르므로 경영진은 자기 업에 대한 개념을 정확히 알고 그에 따라 사업방향을 정하여 경영을 해야 하는데, 이것이 곧 전략적 경영이란다. 그래서 '업의 개념'은 이 회장의 경영철학과 방침을 이해하는 가장 기본적인 개념이다.

# 124 업의 개념은 기술의 진보와 소비자들의 욕구에 따라 변한다

"백화점이나 호텔업의 경우 사장, 본부장이 사업 부지를 물색할 때는 '부동산업'의 개념을 알고 입지를 선정해야 하고, 종업원들이 고객을 대할 때는 고객에 대한 봉사정신이 몸에 배어 마음에서 우러나오는 서비스를 제공해야 한다. … 식품회사의 홍보담당자는 소비자에게 청결한 이미지와 신뢰감을 주는 것이 중요함을 알고 광고물을 제작하거나 광고매체를 결정해야 한다. 이와 같이 자신이 하고 있는 업무에 대해서 핵심이 무엇인지 정리해서 숙지하고 이에 맞추어 업무를 수행하도록 해야 한다."

이 회장이 밝히는 업의 개념이란 "사업을 영위하는 기본정신과 목적이 무엇이며 사업을 하는데 필요한 핵심기술, 제품특성, 유통구조상의 특성이 무엇인지를 파악하고 관련 법규, 제도, 기술개발, 소비자의 의식변화 등 외부여건 변화의 추세를 아는 것이다. … 업의 개념은 기술의 진보나 소비자들의 욕구에 따라 변한다. … 과거에는 귀중품으로 생각해왔던 시계, 냉장고가 오늘날에는 색상과 디자인이 다양한 패션제품화 되고 있는 사례와 같이 업의 개념은 소비자의 기호나 기술혁신 등 경영여건의 변화에 따라 달라지는 것이며 이러한 변화의 추세에 맞게 세워야한다."고 강조한다.

이 회장은 또 "업의 개념은 자기가 맡고 있는 직책과 업무내용에 따라 달리 볼 수 있으므로 임직원 각자는 자신의 업의 개념을 바로 알고 이에 맞게 일해야 한다."며 위의 예를 들었다.

# 125 반도체는 타이밍 산업이다

"내가 처음 그룹경영을 인계받았을 때 1메가 생산이 6개월 늦었다. 왜 늦었는지 그 원인을 분석했더니 기술, 판매, 생산을 위한 준비는 다 갖추었는데 생산설비가 늦게 들어왔다. 설비 발주담당자에서 삼성전자회장까지 28개 도장을 찍는데 넉 달 걸린 것이었다. 그래서 한 번씩 도장을 찍을 사람을 다 모아놓고 기안 발표하고, 의문이 있으면 그 자리에서 토론하도록 하고, 반대가 없으면 도장을 찍도록 했더니 단 하루 만에 결정이 끝났다. 그래서 4메가 설비는 발주부터 훨씬 나아졌다."

'업의 개념'과 관련해서 이 회장이 가장 강조하는 것은 반도체산업이다.

"한국이 유일하게 세계 최고의 위치를 점유하는 업종은 삼성전자의 16메가 D램이다. … 반도체 산업에 있어서 '업의 개념'은 '자연과학과 사회과학이 모두 결합된 최첨단, 고 두뇌, 자본집약의 타이밍 사업'이다. … 16메가 D램의 경우 한 라인의 건설에 소요되는 비용은 6억 달러다. 여기에 투자 타이밍이 1년 늦으면 몇 천억 원의 기회손실이 발생한다."

삼성에 따르면 반도체는 먼저 개발한 기업과 1년 늦게 개발한 기업의 차이는 1메가 D램의 경우 2천억 원의 이익차가 생긴다고 할 정도로 기회선점이 필요한 사업이라고 한다.

이 회장의 말은 업의 개념을 정확히 이해할 때 이 같은 도장 찍는 시간의 낭비는 없앨 수 있다는 것이다.

# 126 문어발기업이야말로
# 융통성과 경쟁력을 갖게 된다

"현재 미국과 일본에서 대형 적자를 내는 기업은 대부분 도요타, IBM, 마쓰시타와 같이 일반적으로 단일 업종 기업으로 나타나고 있다. 그러나 GE와 같이 기계, 전자, 가전, 반도체, 토목, 미사일이 다 합쳐져 있는 기업이야말로 융통성과 경쟁력을 갖게 된다. 문어발 경영이라는 편견은 어느 정도 수정되어야한다."

1993년 5월 경영자대상수상기념 강연의 내용에서 보듯, 우리나라 재벌그룹을 말할 때 흔히 그 폐해로 지적하는 '문어발 확장'에 대한 그의 견해 역시 다른 회장들과 별반 다르지 않다. 그러나 이 회장의 개혁정책이 언론의 호평을 받으면서도 부정적인 견해가 끊이지 않는 건 국내업계가 국제경쟁력을 확보하기 위해서는 업종전문화가 필요하다는 일반적인 지적과는 정반대의 주장을 하고 있기 때문이다.

재벌그룹들이 부동산투기의 주범이었음에도 그는 부동산구입이 투기로 비춰지고, 이에 따른 손실이 어느 정도인지 기회 있을 때마다 강조한다.

"…기업의 본질이 이해되지 않고, 기업의 실상이 제대로 전달되지 않아 오해받는 경우가 적지 않다. … 전주제지의 경우 제지업을 하려면 조림지가 없으면 안 된다는 법을 만들어 놓고서는 '부동산 투기를 한다, 너무 많다'라고 일방적으로 매도하는 경우도 있었다. … 수원의 삼성전자 단지를 조성하기 위해 … 50만평을 샀더니 … 별별 비판을 다했다. 그러나 … 운동장과 복지시설을 마련해주려 해도 여유 땅이 없는 실정이다."

# 127 정부와 언론은
# 기업에 대한 인식을 바꿔라

"LA, 동경회의에서 삼성이 완전 2류라는 것을 모르고 있었다는 것은 우리 책임이다. … 정부와 언론은 기업에 대한 인식을 바꿔야한다… 수원 삼성전자공장을 짓기 위해 … 사니까 … 얼마나 말이 많았나? … 땅이 없다. … 더 사서 반도체공장을 세웠다. … 5~6년 뒤에는 꽉 찬다. 요즘 분위기에서 … 더 살 수 있는가. 1년 내에 안 지으면 비업무용이라고 높은 세금 때리고 신문에 난다. 기업을 죽이자는 것이다. 미국, 일본, 독일에서는 삼성수준에서 공장을 짓는다면 시가의 50~80%에 준다. … 첨단산업이면 우수한 인재가 필요하다. 천재는 1만 명에서 1명 나온다. 이런 사람은 … 미국에 있다. 한국에서 성취감을 못 얻기 때문이다. 누가 수십, 수백억 원을 지원하느냐? 그러나 나는 하겠다. 기존의 언론 사고로 이 나라는 절대 1류가 안 된다. 나는 … 우리 집 근처에서 일하고 싶다. 우리 여건에서 5~10년 내에 안 바꾸면 기업 절대 1류가 안 된다. … 외국에 나가야할 형편이다. 동독 중심가에 … 대지 3만평, 건평 1만5천 평, 자산 1억 달러, 박물관 등을 모두 거저 주다시피 했다. 추가투자가 … 무상지원이다. 우리나라는 은행돈 빌리는데 특혜라고 비난한다. … 독일은 조건도 없다. 5년간 1천 명 고용조건이 전부… 영국, 아일랜드 등에 반도체 갖고 가면 땅은 그냥 준다. 투자액의 50%는 무상지원이다. 기업이 잘되려면 행정, 정치, 기업, 국민 모두가 1류가 되어야한다."

이 회장은 '재벌 땅 소유=부동산투기'라는 인식에 거부감을 갖고 있다.

# 128 재벌이 없어지면
# 외국대기업에 먹힌다

"우리나라는 지정학적으로 …, 없어지는 나라이다. … 북한과 대치하고 …. 옛날처럼 무력침략은 없지만 경제적, 문화적으로 … 나도 모르게 그냥 당할 수 있는 시대다. 문화적, 경제적으로 한번 경시를 받으면 헤어나지 못하는 시대다. … 생산기계의 일본의존도가 벌써 10%를 잠식당했다… 이완용을 역적이라고 하지만 요즘의 우리가,… 벌써 10분의 1의 한일합방을 한 것…. 항상 일본에게는 … 어떤 쪽으로든 당할 수가 있다는 생각을 갖고 … 대비를 해야 한다. 지금 기업에서, 기업인이 대비할 수 있는 최선의 방법은 '기술자립'을 하는 것이다. 이와 같은 것을 모르고 국민, 언론들은 멋모르고 재벌을 해체해야한다고 … 재벌이 없어지고, 특히 외국의 대기업에게 완전히 잠식당하는 것을 모르는, … 삼성이 가지면 배 아프니 외국에 먹히는 게 낫다는 원리를 갖고 있는 … 삼성 같은 것이 적어도 50개는 있어야 … 되는데 … 삼성 하나만… 남아있다. 국경이 없어지는 일이 유럽에서 일어나고 있는데 … 금융과 문화가 침공당할 수 있다. 눈에 안 보이는 금융, 문화의 침략이 무서운 것이다. 우리가 정신 안 차리면, 방향을 잘못 잡으면 이런 데까지 연결될 수 있다. 우리가 실수하고 탈을 내면 우리가 맡고 있는 회사만 망하는 것, 최악의 경우 없어지는 것만이 아니라는 뜻이다. … 수단방법을 안 가리고 수비, 공격을 동시에 하든 모든 방법을 다하는 것이 우리가 해야 될 일이다."

1993년 초 한 사장단회의에서 '재벌의 역할'에 대해 강연한 내용이다.

# 129 우수한 경영자가 있는 기업이
## 이상적인 기업이다

"기업과 '잘사는 사람'은 '누름(규제)'의 대상이 되어서는 안 된다. 따라서 문어발은 문제가 안 된다." "어떤 사람이든 가장 우수한 경영자가 있는 기업이 가장 이상적인 기업이다."

이 회장은 국제경쟁력을 갖춘 변변한 품목이 없는 데도 문어발을 옹호하며, 전문경영인과 오너경영인 체제 중 어느 게 더 이상적이냐의 논쟁을 '엉터리다'라고 한다. 그의 기업 론은 우수한 경영자가 존재하는 곳이다.

이 회장은 자신의 경영개혁의지를 전파시키는데 '혼신'의 힘을 쏟았다. 그 자신의 표현대로 '48시간 깨어있기는 처음'이라고 할 만큼 열심히 뛰었다. 그의 강연엔 되풀이되는 단어가 많아 겹치기도 하지만 그런 것들은 그가 특별히 강조하는 말이다. 그 중 '프로'라는 말은 '전문가'를 뜻하기도 하지만 그는 이런 본뜻 외에 색다른 관점의 프로 관을 갖고 있다.

그의 프로관은 승부에서 이겼을 때 진 사람을 격려할 수 있는 도량을 갖춘 사람, 졌을 때는 깨끗이 패배를 인정하고 다시 승부를 겨룰 때 이기겠다는 의지와 신념을 다지는 사람이다. 따라서 진 사람이 이긴 사람을 헐뜯고 이긴 사람이 진 사람을 깔보는 것은 용납될 수 없다. 윗사람이 아랫사람에게 책임을 떠넘기는 행위도 마찬가지다.

그의 프로관은 군사문화의 잔재에 대한 비판에서도 잘 나타난다.

"잘한 일을 잘했다고 말하면 아부가 되고 잘못한 일도 잘했다고 말해야 하는 상황에서는 진정한 승부를 겨루는 프로의식이 싹틀 수 없다."

# 130 덴마크 교도소처럼
# 고정관념을 깨라

"덴마크에선 민간이 교도소를 운영한다. 정부가 형을 내리면 민간교도소는 형기 동안 죄인이 밖으로 나오지 못하게 한다. 이 민간 교도소는 초범들을 절대로 누범들과 함께 수감하지 않는다. 우리나라에서는 초범들이 교도소에 갔다가 나오면 교도소 안의 '프로'들에게 수법을 배워온다. 교도소가 범죄양성소가 되는 셈이다. 고정관념을 깨야한다."

이 회장의 기업관은 정부의 규제에 부정적이다. 위의 덴마크 교도소의 사례를 인용한 한국일보와의 인터뷰 내용에도 규제에 대한 그의 신념이 잘 나타나있다. 그는 새 정부(김영삼)의 경제정책에 대해 이렇게 말했다.

"이전 정부에 비해서는 규제를 많이 풀고 있다. 그러나 아직 부족하다. 규제가 여전히 많이 남아있다. 과거의 3, 5, 6공에서 기회를 상실한 것을 만회하기 위해서도 좀 더 과감하게 규제를 정비할 필요가 있다."

다음은 도쿄회의에서 이건희 회장이 회의를 종합 정리한 내용 중 일부로 정부의 역할을 강조하며 삼위일체론을 주장한 부분이다.

"나는 기업 및 기업가로서 최선을 다한 것은 아니지만 상당한 부분 노력할 만큼 노력해왔다. 그런데 기업 혼자서만 잘 해서 되느냐. 이번 회의에서는 말할 생각이 없었지만 생각난 김에 말해보겠다. 기업 하나만 해도 소용없고, 독일, 일본 등의 잘된 것과 비교해볼 때 정부도 잘해야 된다. 거기를 따르는 국민들과 사회가 기업 및 정부가 하는 것을 지지하고, 인내를 하고, 삼위일체가 되어야한다는 것이다."

# 131 나무가 튼튼하려면
## 땅이 기름져야한다

"카드는 고리대금업이 아니다. 서민들이 싼 이자로 돈을 빌려 스스로 일어나도록 도와야한다. 중요한 것은 그들이 정말 고마움을 느끼게 하는 것이다. 이익이 줄어드는 한이 있더라도 사회에 이바지할 수 있는 일들을 해나가는 게 무엇보다 중요하다."

이 회장은 2002년 5월 열린 금융계열 사장단회의에서 '카드문제'를 직접 거론하면서 위와 같이 말했다. 카드업의 본질과 관련된 훈시에 '사회에 이바지할 수 있는'이라는 말이 담긴 게 이채롭다.

삼성카드는 '소년소녀가장 돕기' 캠페인에 나서며 곧바로 움직였다. 소년소녀가장 1,000명을 선발, 매월 20만 원씩의 생활비를 지급하고, 직원들에게 '빅 브라더' '빅 시스터'라는 이름을 주어 후원을 맡겼다.

1990년대 초 사장단들과 호텔신라에서 점심식사를 하는 자리에서 이 회장은 당시 신세계백화점 사장에게 백화점업의 특성이 뭐라고 생각하느냐고 묻고, 카드업은 술장사와 같다고 맥을 짚었다. 술집마담이 돈을 버느냐, 못 버느냐는 술값을 제대로 받아내는 것에 달렸듯이 카드업도 부실채권 회수와 연체율 최소화, 채권회수시스템구축이 중요하다는 것이다.

사회에 엄청난 파문을 몰고 온 카드문제를 이미 1990년대 초에 예견한 이 회장이 이 문제를 사회공헌으로 풀려는 속내를 찬찬히 짚어볼 필요가 있다. 이 회장은 기업을 나무에, 국민을 땅에 비유하곤 하는데, 나무가 튼실하게 자라려면 땅이 기름져야한다는 게 그의 생각이다. 이 땅을 기름지게 만드는 데는 정부와 기업도 일정부분 기여해야한다는 것이다.

# 132 카드업은 술장사와 같다

"호텔관리자는 인적 서비스업수준 정도로 호텔업을 파악하는 게 당연하지만 경영자는 호텔에 장치산업의 성격은 물론 부동산업의 성격까지 있다는 점을 알고 있어야한다."

이 회장의 기회선점 경영철학을 이해하기 위해 '업(業)의 특성'이라는 말을 되새겨보자. 신 경영선언 당시 그는 경영자들이 자신이 맡은 회사의 본질과 특성을 제대로 파악하지 못하고 있다면서 '업의 특성'을 정확히 인식하라고 대성질호했었다.

1980년대 후반 호텔업의 특성이 뭐냐는 이 회장의 질문을 받고 일본으로 출장 갔다 돌아온 현명관 호텔신라 전무를 불러 호텔업의 특성에 대해 다시 물었다. 현 전무는 '로케이션 업'이자 '장치산업'의 성격이 강하다고 대답하자, 그제야 이 회장은 위와 같이 설명했다.

이 회장은 또 백화점은 부동산업, 반도체는 시간산업, 시계는 패션 업, 가전은 조립양산 업이라는 특유의 논리를 폈다. 특히 카드업은 술장사와 같다고 진단하면서, 술장사가 돈을 버느냐, 못 버느냐는 술값을 받아내느냐 못 받아내느냐에 달렸듯이 카드업도 부실채권 회수, 연체율 최소화, 채권회수시스템 구축이 중요하다고 갈파했다. 이로 보면 이 회장은 2000년대 카드문제를 1990년대 초에 이미 예견했던 것이다. 신 경영선언이후 업에 대해 정확히 인식하라는 강력한 주문은 계열사별 토론회로 이어져, 회사업의 특성은 물론 부서별 업무 특성까지도 토론 대상으로 삼았다.

# 133 인간존중이 성공의 열쇠다

"삼성의 3대 경영철학 중 인간존중이라는 말이 있습니다. 이는 개개인의 자율과 창의가 존중되지 않으면 개성화, 다양화, 정보화, 시스템화, 소프트화라는 새 시대의 변화에 대응할 수 없다는 것입니다. 또한 기업 활동과 관련된 모든 당사자를 진정한 동반자로 인식하고 인격적으로 대하지 않으면 성공할 수 없다는 공존공영의 철학을 담고 있습니다."

이 회장은 인간존중의 경영은 시대의 변화와 연관되어 있고 인간존중이 성공의 열쇠라는 자신의 기업관과 경영관의 핵심을 밝히고 있다.

삼성은 인간존중의 경영에 대해 '노동자들은 회사생활을 통하여 보수와 같은 물질적인 욕구뿐 아니라 인격과 개성이 존중되고 자신의 능력을 인정받고자 하는 정신적 욕구를 동시에 추구하고 있으며, 물질적인 생활수준이 향상되고 있는 오늘날에는 인간적인 대우를 바라는 욕구가 더욱 높아지고 있다. 따라서 인간존중의 경영이란 먼저 인격적으로 대하는 것이다. 직책과 직위의 차이는 있지만 먼저 인격적으로 모두 동등하기 때문에 모든 사원에 대해 인격적으로 대우하지 않으면 안 된다.'고 밝혔다.

인간존중의 경영이란 신분안정의 보장이다. 삼성은 '한 번 삼성인은 영원한 삼성인'이라는 평생직장의 개념을 도입하고, 이것이 전제되어야 신명나게 직장생활을 할 수 있고, 회사에 기여할 수 있다고 본다.

그리고 안정된 생활을 누리도록 보장해주는 것이 중요하다. 복지제도, 퇴직 이후에 대한 보장, 사내 기업가 제도 등이 여기에서 기인한다.

# 134 우리는 되는 민족이다

"재산도 있을 만큼 충분히 있고 고상한 생활을 영위할 줄도 안다. 단지 나는 내 주변의 종업원부터 시작해서 내 고향, 내 나라가 좋아지는 데 어떤 역할을 하여 나름대로의 보람을 찾자고 나선 것이다."

한마디로 걱정 없이 편하게 살 수도 있지만 굳이 경영개혁 같은 고되고 피곤한 일에 발 벗고 나선 이유는 주변사람들부터 시작해서 나아가 국가에까지 어떤 기여를 하겠다는 공적 사명감 때문이라는 것이다.

"인간성, 도덕성, 신뢰성을 회복시켜 나를 바꾸고 삼성을 개혁하면 한국이 변한다. 그리고 초일류 제품을 생산, 판매함으로써 인류발전에 기여하게 된다."

'인간중시'에서 출발하는 이건희 회장의 공적 가치개념은, 사업을 잘 하는 것이 국가에 기여하는 길이라고 한 선대회장에 비해 구체적이다. 사리사욕이 아니라 공익의 명분을 갖고 있기 때문에 사람들은 당당하고 깐깐하다고 느낀다. 개인 욕심 때문이 아니라 작게는 삼성 임직원, 크게는 국가적 차원, 나아가서는 인류에 대한 사명까지 갖고 있다고 생각하는 이 회장의 개혁을 향한 목소리는 그래서 더욱 당차고 설득력 있다.

"무척 신중히 생각하고 확인해보고 검토한 결과다. 마침 새 정부가 모든 것을 개혁하려는 이 때에 하자는 것이다. 좀 거창하게 얘기하면 인류를 위해 한국을 위해, 삼성그룹 임직원을 위해, 그 가족들을 위해서 영원히 잘살자는 것이다. 우리는 되는 민족이다."

# 135 인류사회에 공헌한다는
# 새 경영이념 제정

"2000년까지 남은 7년은 세계 초일류기업으로 살아남느냐, … 주저앉고 마느냐를 결정하는… 결단의 시기다. 오늘을 기해 지난 5년 동안 싹튼 준비와 수련의 씨앗이 혁신과 창조를 통해 … 알찬 열매를 맺도록 해야 한다'며 '이를 위해 제2창업 제2기를 새로이 선포한다.' '그동안 우리의 사고와 행동의 지침이 되어왔던 그룹의 경영이념과 삼성정신을 새 시대의 요구에 맞추어 새롭게 제정하고, 또한 새로운 그룹마크를 도입하여 그룹의 통일된 위상과 국제적인 기업으로서의 면모를 갖추어 나가겠다."

1993년 3월 22일 서울 올림픽공원 체조경기장에서 열린 삼성그룹창립 55주년기념식에 박수와 함성 속에 등장한 이 회장은 위와 같이 말했다.

새로 제정된 삼성그룹의 마크는 역동적인 타원형 바탕에 'SAMSUNG'이란 영문자를 얹었다. 삼성그룹은 앞으로 3년 동안 200억 원을 들여 계열사의 상품은 물론 사원들의 명함부터 통근버스에 이르기까지 차례로 새 마크를 적용, 그룹 이미지를 통합시켜 나가기로 했다.

기존의 '사업보국, 인재제일, 합리추구'라는 3대 경영이념은 '창업이념'으로 보존되는 대신, '인재와 기술을 바탕으로 최고의 제품과 서비스를 창출하여 인류사회에 공헌한다.'는 새 경영이념을 제정했다.

삼성그룹이 이같이 대대적으로 그룹이미지통합 작업에 나선 것은 창업이래 처음이며 본격적인 이건희 회장 경영체제의 시작을 의미한다는 데 의의가 있다.

# 136 제2창업의 기본정신은
# 하고 싶은 일을 하게 하는 것

"삼성이 제2창업을 선언한 배경과 이유는 … 대한민국 전 국민과 정부, 그리고 기업이 다 같이 협력해야 우리나라가 선진국으로 진입할 수 있다는 것이다. 앞으로 삼성 내의 제2창업과 우리나라의 운명이 걸려있는 '신한국 창조'라는 두 가지 비전이 모두 바로 이 시기에 제대로 건설되지 않으면 안 된다 뜻이다. … 제2창업을 선언한 배경은 '창업 1세에서 2세로 넘어오면서 창업보다 더 진지한 각오가 필요했기 때문이다."

이 회장은 1993년 5월 경영자대상수상 기념강연을 통해 제2창업선언의 배경을 밝혔다. 삼성은 국내최고의 그룹이며, 창업자 이병철은 부의 대명사로 인식돼온 분위기에서 '수성(守城) 자체도 힘든 상황이었다.'며 고충을 털어놓은 그는 제2창업은 '세계일류기업이 되어야겠다는 의지의 표현'이라고 강조했다. 국내에서는 신정부의 개혁의지, 국외에서는 EC의 통합과 냉전체제붕괴 등을 세기말적 변화의 구체적 징후로 지적하면서 이런 '세기말적인 변화'도 이 회장을 긴장 속에 몰아넣었다고 한다.

그는 '세계는 국경 없는 경제전쟁에 돌입했다.'며 '선대가 경영했던 과거에는 기업경영이나 상품이 하드 적이면서도 단순했으나 앞으로는 시스템화, 소프트화가 필요하다.'는 것을 제2창업 5주년 기념사에서 강조했다.

이 회장은 제2창업의 기본정신은 '기업의 모든 구성원이 자기스스로 신바람 나서 하고 싶어 하는 일을 하도록 만들자는 것'이라 설명한다. 이 회장의 제2창업 정신은 자율경영을 핵심으로 한다.

# 137 〈삼성의 제2창업과 한국기업〉 중
## '신사고' 관련내용

다음은 경영자대상수상 기념강연 내용 중 '신사고' 관련내용이다.

●삼성이 제2창업을 선언한 것은 경영의 책임이 2세대로 넘어오면서 창업보다 더 진지한 각오로 세계 초일류기업이 되어야겠다는 의지의 표현이자, 국내정상에 안주해서는 안 된다는 시대적 소명의식에 따른 것이다.

●제2창업 정신으로 '자율경영' '인간존중' '기술 중시의 경영' 등 3가지를 제시했다. 앞으로 모든 기업은 신바람 나서 일하지 않으면 안 되게 된다. 자율경영을 위해서 훈련이 필요하겠지만, 가장 중요한 것은 인간적으로 존중하고 대우하는 풍토다. 자율경영과 인간존중을 바탕으로 기술 중시가 실현될 때, 국제적 수준의 기업을 실현할 수 있다.

●한국의 기업은 진정한 의미의 자기위치 파악과 위기의식이 결여돼있어 앞날을 내다보지 못하고 있다. 무엇보다 기술의 중요성과 국제화, 정보화에 대한 이해가 부족하다. 머리로는 국제화, 개방화를 생각하고 있지만, 몸으로 실천할 준비가 되어있는지 의심스럽다. 과감한 자기혁신의지도 부족하다. 편법이나 비리가 더 이상 발붙일 수 없다는 인식을 확고히 하는 동시에, 나 혼자 잘 살겠다는 생각은 금물임을 깨달아야한다.

●경영자도 사고방식을 바꾸어야한다. 이제는 전 세계를 상대로 해야 하니 경영자는 모든 분야에 대해 알고(知), 할 줄 알아야하며(行), 남을 시킬 줄 알고(用), 가르칠 수 있어야하고(訓), 평가할 줄 알아야(評)한다. 경영자도 간부도 이제는 더 이상 과거의 자세로 군림해서는 안 된다.

# 138 내 말을 50번 이상 들어서
# 실천 가능케 하라

"내 말을 녹음테이프를 통해 적어도 50번 이상 계속 반복해서 들어라. 자꾸 들어서 외울 정도가 되어야 비로소 몸에 배이게 되고 실천이 가능해진다."

1993년 6월초부터 7월말까지 이어진 해외현지회의는 삼성 임원들에게는 '부담스러운 모임'이었다. 이미 LA와 도쿄회의를 통해 의식개혁을 강력히 주장한 이 회장의 준엄한 질책이 그치지 않을 것이기 때문이었다.

이 회장이 매스컴의 주목을 받자, 일부에서는 '새삼스런 경영론이 아니다. 나도 그렇게 외치고 있다'고 부정적인 반응을 보였다. 그것은 이 회장의 '신경영론'이 이미 몇 해 전부터 삼성 인들에게 시도되었던 '구경영론'이기 때문이다. 그럼에도 불구하고 이 회장의 이야기가 관심을 끈 이유는 '색다른 강의기법' 때문이었다. 이 회장의 경영론은 〈이건희 저─삼성인의 나아갈 방향〉이라는 삼성의 교과서에 이미 수록되어있던 것이다.

그러나 삼성 인들은 제대로 공부하지 않았고, 교과서에 따른 업무추진이 전혀 이루어지지 않고 있음을 확인한 이 회장은 충격을 받고 주요내용들을 하나하나 들춰가며 직접 현장강의를 하게 된 것이다. 이러한 시도가 아주 파급적인 효과를 거둠에 따라, 그의 '신사고'와 '신 경영기법'에 관한 인식이 새로워졌고 이 회장에 대한 인식도 자연히 새로워졌다.

그럼에도 불구하고 참석자들은 이 회장의 '경이로운 발상'을 제대로 소화할 수 없어 곤혹스러워하자 그는 즉시 위와 같은 답을 제공했다.

163

# 139 목표는
# '21세기 초일류기업 실현'이다

"한국에는 한국의 에티켓, 일본과 독일에는 각국의 고유한 에티켓이 있다. 그러나 도덕은 어디 가나 똑같다. 인간미도 똑같다. 이것이 헌법이다. 삼성의 에티켓, 예의범절로서 뛰는 사람은 앉아있는 사람을 무시하지 말라. 오히려 너도 잘 쉬었다가 잘 뛰라고 격려를 해주어라. 또 앉아있는 사람은 뛰는 사람에게 질투하지 말라. 잘한다고 박수를 쳐주고 마음으로 축하를 해주어라. 나도 빨리 쉬고 체력을 회복해서 다시 뛰어야지 하고 생각하자. 이것이 삼성의 헌법, 형법, 상법이자 예의범절이다."

이건희 회장의 '신사고'를 이해하기 위해서는 그의 경영철학 체계와 키워드(Key word)가 무엇인지를 우선 파악해야한다.

이 회장의 경영철학을 요약해보면, '위기의식에 따른 과거의 반성을 토대로 자기 자신의 변화에서 시작해 질 위주의 경영, 국제화와 복합화, 경영 인프라의 구축과 효율의 극대화를 통해 초일류기업을 실현하자'는 것이다.

이와 같은 이 회장의 경영철학은 언뜻 보면 상당히 어려운 개념으로 이루어진 것 같지만, 이해하는 방법을 깨우치면 아주 명쾌한 논리와 구체적인 예시로 구성되어있다고 한다.

삼성 측의 설명에 따르면 '21세기 초일류기업 실현'은 목표에 해당되고, '국제화'는 그 수단 중의 하나이며, '자기 자신의 변화'는 그 기본요건이라는 것이다.

# 140 정리정돈이 곧 인간존중이다

"이거 한 번 돌려가며 읽고 왜 이런 일이 반복되는지 근본원인을 찾아 보세요."

신 경영 선언 직전인 1993년 6월 4일 도쿄 발 프랑크푸르트 행 비행기 안에서 이 회장은 손욱 비서실경영전략1팀장에게 서류뭉치 하나를 건네 주면서 위와 같이 말했다.

손 팀장에게 주어진 것은 '직원들에게 드라이버, 부품, 측정기 등을 쓰고 제자리에 놓으라고 지난 10여 년 간 얘기했지만 아직도 변함이 없다. 공구를 찾는 데 몇 시간씩 걸리고 측정기는 고장이 나도 아무도 고치지 않는다. 이제는 내 한계를 넘어섰다.'는 요지의 〈후쿠다 보고서〉였다.

후쿠다는 1978년부터 삼성전자에서 일해 온 일본인 고문이다.

돌려가며 읽은 임원들이 '처벌규정이 약하다', '책임의식이 없다'는 등 여러 가지 대답을 했지만 이 회장은 고개만 저을 뿐이었다. 비행하는 12시간 동안 두 번을 더 읽고 답을 얘기했지만 아니라고만 대답하던 이 회장은 프랑크푸르트에 도착해 캠핀스키호텔에 여장을 푼 뒤에야 '자기 자신을 사랑하지 않기 때문'이라는 답을 꺼내놓았다. 정리를 하지 않는 것은 곧 자기 자신에 대한 학대인 셈이며, 품질의 기본이 되는 정리정돈 속에는 타인을 위하는 인간존중의 의식이 깔려있다는 말로, 남에게 존중을 받으려면 먼저 타인을 존중해야한다는 의미였다. 이 사건은 정리정돈은 곧 인간존중이라는 이 회장의 독특한 시각을 보여주었다.

# 141 도덕 경영을 실천하는
## 진정한 기업인이 되라

"부품 하나 들고 다니는 데 전표가 대여섯 장씩 붙고, 며칠씩 걸리고, 천 원짜리 드라이버 하나 사는 데도 도장을 대여섯 개씩 찍는 부장, 이사, 상무, 관리담당이 불합리하다는 생각도 안한다. 모두들 도덕적 불감증에 걸려있다."

이 건희 회장은 불합리한 업무관행을 지적하면서도 '관료주의의 폐해'라 표현하는 대신 '도덕적 불감증'이라는 도덕률을 들먹였다.

기업의 사전적 의미는 '영리'를 얻기 위하여 재화나 용역을 생산하고 판매하는 조직체이다. 기업이란 상식적으로 이윤추구집단이라는 말이다. 따라서 자본의 논리에 의해 모든 움직임이 제어된다. 대체적인 기업들의 모습이 그렇고, 기업인들의 기업관 또한 그렇다.

그러나 이 점에 있어 이건희 회장의 논리는 독특하다. 그는 기업을 높은 도덕성과 강한 동지애로 뭉쳐 최고의 효율을 통해 인류사회에 기여하는 인재들의 집단이라고 이해한다. 즉 도덕 경영을 실천하는 기업이라야 진정한 기업이라는 것이다.

그는 재계에서 반성할 일을 지적하면서도 '도덕적 책임'을 거론한다.

"우선 기업가는 기업 일만 열심히 해야 하는데, 정치 등 다른 일에 나서는 것 자체가 잘못된 풍토다. 부모들이 애써 키운 자식들을 맡아 보수도 제대로 못주고 능력을 한껏 키워주지 못하는 것에 도덕적 책임을 먼저 느껴야 한다."

# 142 나부터 자발적으로 변화하고
# 이기주의를 타파하라

"나부터 변하겠습니다. 나의 변화가 간부, 직원들에게로 이어지면 삼성이 변할 것이고, 재계와 국민들에게도 영향을 미칠 것입니다."

이건희 회장이 취임 초기부터 '자율경영'을 강조하고 나온 배경 중의 하나는 '강제적 타율성'보다 '도덕적 자발성'을 이끌어내야 한다는 것이었다.

이 회장은 '나부터 변해야한다.'는 점을 유난히 강조했다. 이 회장의 변화는 인간성, 도덕성, 신뢰성을 회복하는 한 방향으로의 변화를 말하며, 이것이 삼성에서 전개되고 있는 '인간성 회복운동'이다.

이 회장은 이러한 '나로부터의 변화 혹은 인간성 회복운동'을 위해 세 가지를 강조했다.

첫째로 회장 자신이 변하겠다는 의지의 표명과 모범적 실천을 예로 들 수 있다. "나부터 변하겠습니다. 나의 변화가 간부, 직원들에게 이어지면 삼성이 변할 것이고, 재계와 국민들에게도 영향을 미칠 것입니다."

둘째로 자발적이고 능력과 의지에 따른 변화를 강조한다. "자기 자신이 스스로 평가하는 변화여야 한다. 그리고 능력과 의지에 따라 걸을 사람은 걷고, 뛸 사람은 뛰고 앉아있을 사람은 앉아있어도 좋다. 다만 앉아있는 사람이 뛰는 사람의 뒷다리를 잡지만 말라."고 역설한다.

셋째로 상호불신과 '개인 혹은 집단 이기주의'를 타파하자는 것이다. "진정한 동료애를 갖고 자기 자신과 상대방, 사회와의 약속을 철저히 지키는 사람이 되자."는 것이다.

# 143 '도덕경영의 실천'이 경영철학

"경영자라는 사람이 융통성이 있고 평소에 유들유들하고 교제도 하고 교육도 하고 이겨도 지고, 지면서도 이기고 상황판단하고 경계할 때는 단단히 하고 자식은 튼튼하게 키우고, 어떤 세계 어떤 상황에 처해서도 경쟁력 있게 교육을 시키고 공부를 위한 공부는 시키지 않고, 이런 뭔가가 좀 있어야 사람답고 남자답고 경영자답고 일류답지 않은가? 나는 벌을 안 준다. 나한테 벌 받는 사람은 도덕이 없다. 도덕성, 인간미가 없다. 조금 없는 것은 괜찮다. 많이 없다. 극단으로 없다. 파렴치다. 이것만은 안 된다."

이 회장의 발상방법과 기업경영에 관한 독특한 철학을 이해하지 못하면, 그의 경영철학을 파악하기가 어렵다. 이 회장은 사물을 평면적으로 보고 이해하는 것이 아니라 입체적으로 이해한다. 이 회장의 발상기법은 사물을 구성하는 기본요소까지 분해, 분석해 들어가 본인의 창의적인 발상을 통해 입체적으로 재구성하는 것이다.

이 회장만의 '독특한 철학'이란 삼성의 목표가 일반 기업들이 추구하는 '최대이윤의 추구'가 아닌 '인류사회에 공헌하는 기업'이라는 것이다. 즉 삼성은 보통의 일류기업들이 '돈 잘 버는 기계'가 되는 것을 지상목표로 삼고 있는데 반해, 효율과 이윤, 도덕과 희생을 바탕으로 하여 국가와 인류에게 기여하는 '도덕 경영을 실천하는 기업'이라야 한다는 것이다.

# 144 정부, 기업, 국민이 일체가 되어야 일류가 될 수 있다

"프랑크푸르트회의까지만 해도 삼성에 국한된 문제로 나갔으나 다시 동경에 돌아오면서 달라졌습니다. 정부, 기업, 국민의 삼위일체론은 여기서 나왔습니다. 서로를 잘 알고 상호협력하지 않으면 결코 일류 국이 될 수 없습니다."

1993년 8월 2일 국내 모일간지와의 인터뷰에서 이건희 회장은 이같이 밝혔다.

세계최고의 경쟁력을 가진 일본의 성공은 기업은 물론 정부와 국민의 절대적 이해와 협력이 있었기에 가능했다. 따라서 정부, 기업, 국민과 교육, 경영의 질 등이 모두 선진국 수준으로 높아져야한다고 역설할 뿐만 아니라 서로에 대한 이해와 협력을 이뤄 총력을 기울여야하며, 그래야만 국가도, 기업도 일류가 될 수 있다고 강조한다. 삼성이 지향하는 '21세기 초일류기업'도 이러한 삼위일체적인 총력대응이 전제되어야만 한다.

그리고 8월 4일 인터뷰에서는 다음과 같이 자신의 소신을 밝혔다.

"인·허가권을 정부가 가지고 있다 보니 유착이 있었고, 그 결과 재벌은 … 쉽게 돈벌이 하는 것에 빠졌다…. 정경유착이란 … 없어져야 합니다. 21세기를 앞두고 우리나라가 살기 위해서는 기업, 정부, 학계의 협동이 무엇보다 필요합니다. 기술개발을 위해서는 기업과 학계가 무엇보다도 가까워야 하는데 기업에 가까운 학자를 어용이라고 몰아붙이는…가하면, … 기업인을 만나는 것을 피하는 관료들의 자세도 문제입니다."

# 145 고객의 욕구변화를
# 신속정확하게 파악하라

"변화하자는 것은 … 양 위주의 의식과 체질, 제도, 관행에서 과감히 벗어나 '나 자신'부터 질 위주로 철저히 변화함으로써 우리 모두가 힘을 합쳐 '21세기초일류기업'을 이루고 드높은 '삶의 질'을 누리자는 것이다."

1993년 6월 이 회장은 프랑크푸르트에서 '질 위주 경영'이 삼성그룹의 경영방침임을 재천명하고, 1천8백여 명의 삼성 인들과 두 달 가까이 직접 대화를 나누며 '나 자신부터 변하자'고 간절히 거듭 호소했다.

이 회장은 일류기업의 요건으로 '가장 싸게, 가장 좋게, 그리고 가장 빨리 만들어야 한다.'는 것을 꼽고, '초일류기업'이란 이러한 일류기업의 조건에다 '도덕성'과 '삶의 질'을 가미한 것이라고 이해시켰다. 초일류기업이란 '최고의 제품과 서비스를 제때에 가장 싸게 만들어 고객에게는 즐거움을 주고, 종업원에게는 최고 수준의 삶의 질을 제공하여 인류와 사회에 공헌하는 기업'이다. 이 '초 일류기업'과 고객의 만족은 떼려야 뗄 수 없는 관계다. 이제는 고객들이 공급자에게 다양한 요구를 하는 '고객주도시대'다. 따라서 '초일류기업' 성패의 관건은 다양한 고객의 요구에 얼마나 신속하고 정확하게 대응할 수 있느냐이다. 선진기업에서는 기업의 모든 기능이 무장될 때 고객의 만족이 극대화 될 수 있고, 고객의 요구사항을 만족시키는 것이 바로 '질(質)'이라고 정의한다. 이렇게 볼 때 고객의 욕구변화를 신속정확하게 파악하는 것, 즉 질을 극대화시키는 것이 '초일류기업'을 실현할 수 있는 가장 긴요한 열쇠이다.

# 146 말의 줄기와
# 가지와 잎을 혼동하지 마라

"프랑크푸르트에서 양을 100%버리라고 한 것은 달을 보라는 것이지 손가락을 보라는 것이 아니었다."

이 회장은 임직원들의 이해를 돕기 위해 평소 많은 '예'와 '제시사항'을 들었는데, 이를 혼동하면 오해가 생기기 쉽다는 말이다.

"바뀌는 노하우는 인공위성이나 747비행기 뜨듯이 해야 한다. 인공위성은 발사되면 5분, 10분 내에 대기권 안에 안 들어가면 지상에서 폭발하든가 공중폭발을 한다. 747은 2백km의 속도가 나야 뜬다. 또 한 번 뜨기 시작하면 3만 피트까지 계속 떠야지 중간에 '나는 안 된다'하고 내려올 수가 없다.""오른 손이 있는데 왼손을 쓰겠는가? … 오른손은 … 병원에 가서 '깁스'를 해야 한다. … 묶어야한다. 없는 걸로 생각해야한다. 왼손으로 밥을 먹고, 왼손으로 글씨를 써보라. 왼손으로 메모를 해보라."

즉 말의 줄기와 가지와 잎을 혼동하지 말아야 한다는 것이다. 철따라 바뀌는 '잎'과, 필요한 경우에 쳐낼 수도 있는 '가지'와 나무가 살아있는 한 변치 않는 '줄기'를 혼동하지 말아야한다는 것이다. 한마디로 예—잎과 제시사항—줄기와 가지를 오해해서는 안 된다는 것이다.

이건희 회장이 추구하는 경영철학은 '기업이란 이윤추구 집단이 아니라 높은 도덕성과 강한 동지애로 뭉쳐 최고의 효율을 통하여 인류사회에 기여하는 모임'이다. 이 회장이 평소 불량품 양산에 대해 이익이 아니라, 직원들의 도덕적 무책임을 통탄하는 배경이 바로 이것이다.

# 147 모두가 일류가 되어야
# 인간대접을 받는다

"기본적으로 나의 철학은 질의 향상을 전제로 '최소의 양에서 철저히 질을 추구해서 기업이미지가 향상되고 사원과 협력업체, 소비자를 위한 질 위주의 경영을 함으로써 스스로 이익이 날 수 있게 만드는 것이다."

"국제화에서의 일류화와, 양을 기초로 한 질 위주의 경영이 이루어지고 삼성가족 각각의 장래에 대한 물리적, 정신적 보장, 가족과 자식들의 장래보장과 삶의 질 향상이야말로 바뀌어야 할 큰 이유라 각오하지 않고, 그냥 먹고 살기 위해서 바꾸겠다고 하면 못 바꾼다."

이 회장의 신 경영철학 이야기는 계속 이어지는데, 한 마디 한 마디가 다 '삶의 질'을 생각하는 것들이다. 그의 논리는 다소 극단적인데, 개개인의 인생뿐 아니라 회사라는 조직이나 우리나라도 질을 추구할 때 일류가 될 수 있으며, 큰 의미에서 질로 가지 않으면 생명과 재산도 별 의미가 없다는 취지의 발언을 하며 자신의 주장을 피력했다.

"어떤 면에서는 나 개인을 위해서라도 이런 것을 투자해서 삼성과 국가와 민족이 일류로 가지 않는다면, 나 개인의 존재도 별 게 아니다. 자기가 속해 있는 민족, 국가, 재계 전체가 이류에서 일류로 올라서야 전 세계에서 인정을 해주고 인간대접을 받는데, 사람이 사람대접을 못 받을 때가 가장 비참하고 화가 난다. 이것이 바로 '삶의 질' 문제다."

"우리는 삶의 질을 추구하는 업을 수행해야 한다. 그게 정보산업이고 데이터산업이고 시스템산업 아닌가."

# 148 대가있는 고생이니
# 40~50대는 희생하자

"21세기를 향해야 하는 우리는 많은 고생을 해야 한다. 과거 정치는 정치를 위한 정치가 아니고 정치권력을 유지하기 위한 정치였기 때문에 사회와 기업에 악영향을 끼쳤다. 특히 기업은 정치제도, 정치권력의 영향을 직접 받아왔다. 그래서 우리는 우리 책임이 아닌 다른 엉뚱한 책임, 우리 선배들이 저질러놓은 무책임까지 뒤집어쓴 느낌이다. 특히 최근에는 삼성이 대표적인 기업이라는 것이 더 표가 나고 있어 책임감이 상대적으로 더 커져있다. 과거의 생활은 보람 없는 고생이었으나 이제는 고생을 하면 그 대가나 결과가 나오는 고생이어서 과거보다 나은 여건이다. 희망이 있는 고생이다. 그룹을 위해서, 국가를 위해서, 국민을 위해서 고생을 해보자. 40대 중반부터 50대 중반까지의 세대는 우리나라의 흐름에서 '희생의 세대'이다. 국민 전체를 대표해서 희생을 해야 되는, 희생을 강요받고 있는, 또 자진해서 그것을 받아서 처리해내지 않으면 안 되는 연배인 것이다."

잇단 회의에서 두드러지게 나타나는 양상의 하나는 이건희 회장의 '무거운 책임감'이다. 그는 삼성이 재계의 수장으로서 그 역할이 크다고 강조한다. 위는 책임감에 대한 이 회장의 발언내용을 간추려본 것이다.

이 회장의 개혁은 자신으로부터의 변화를 통해 가정, 회사, 국가의 변화까지도 추구하고 있다는 점에서, 그가 개혁을 통해 궁극적으로 추구하는 목표 또한 책임감과 관련이 있음을 분명히 알 수가 있다.

# 149 가장 싸게, 좋게, 빨리 만드는 게 1류 기업이다

각종 특강과 회의에서 확인할 수 있는 이 회장의 인간관과 기업경영관은 독특한데 요약해보면 다음과 같다.

참인간은 사람(자기를 해치고, 충고해주고, 도와주는)을 구분할 줄 알고, 인간미와 도덕이 있어야하며, 모든 것을 고마워할 줄 알고 의리가 있어야하며, 상대방의 입장에서 생각하고 이해하고 정을 주고받을 줄 알아야 한다. 정신적으로는 자신과 관련된 모든 것(자신의 건강부터)에 대해서 이론과 개념을 철저히 파악하고 모든 일에 최선을 다하는 자세를 가져야 한다. 도덕적으로는 매사를 양심적으로 보고, 판단하고, 행동하며, 최악의 경우라도 남에게 해를 끼치지는 말아야한다.

기업이란 다음과 같은 사람들이 모인 곳이다. 위에서 지적한 '인간의 기본'을 갖춘 상태에서 자신의 능력과 장단점과 성격을 잘 파악하고, 자기가 맡은 업무와 관심사에 대하여 '프로' 이상이 되어야하고, 지행용훈평할 줄 아는 능력을 갖추어야한다. 또 남의 능력과 장단점과 성격도 잘 알고, 이해하고, 협조하는 자세도 가져야한다.

이건희 개혁 드라이브의 궁극적 목표는 초일류기업이고, 그가 추구하는 초일류기업은 1차 목표인 1류 기업에 도덕성을 가미하여 회사, 국가, 민족, 국제사회와 인류의 '삶의 질'을 높이는데 이바지하는 기업이다. 1류 기업이란 위에서 말한 인간과 기업들이 개인주의와 집단이기주의를 없애고 힘을 합하여 '가장 싸게, 좋게, 빨리' 상품을 만들어 내는 곳이다.

# 150 '마누라와 자식'은
# 도덕성이고 기본이다

"신라호텔은 1,200가지의 각종 비품에 1천여 가지의 노하우가 있어야 운영된다. 여기에 또 이익이 나야한다. 제조업이든 서비스업이든 업의 개념은 같다. 이를 위해서는 변해야 한다."

이 회장은 "마누라 자식 빼고 다 바꾸자!"고 외쳤다. 이 회장의 개혁론은 '다' 바꾸는 '송두리째'인데, '마누라와 자식'은 기본이고, 이 기본 외에는 모든 것이 개혁 대상이라는 것이다. 이 회장은 여기서의 기본을 '도덕성'이라 표현하고 있다.

1993년 6월 13일 프랑크푸르트에서 열린 구주주재원 간담회에서 이 회장은 일련의 해외특강에서 궁극적 목표로 제시한 초일류기업이 되기 위해 꼭 해야 할 '변화'를 함축하는 말로 이렇게 '모두 바꾸자'고 했다.

이 회장이 '변화'를 특별히 강조하는 명확한 이유는 삼성 인들의 나태해지고 타성에 젖은 의식에 새바람을 불어넣기 위해서이고, 또 삼성의 실체를 정확히 파악하기 위해서다.

"직·반장 급을 아무리 야단치고 벌주고 내쫓아봐야 안 고쳐진다. 3만명 삼성전자 직원이 '나부터 하겠다.'는 마음으로 바뀌려면 누구부터 시작해야 하느냐? 회장이 제일 먼저 하고 두 번째는 사장이고 다음에는 부사장이고 위에서부터 바뀌어야 밑에 있는 사람들이 바뀐다. 사장이 안 바뀌는데 어떻게 직·반장이 바뀌겠는가?"

또 이 회장의 개혁은 '나부터'라는 그의 말대로 위로부터의 개혁이다.

# 151 과거의 '먼지 하나라도'
## 자진신고하면 책임불문 한다

"과거의 악성, 나쁜 것, 숨겨놓은 것 다 드러내놓자. 주제파악, 나쁜 것, 자기 위치를 다시 한 번 연구하면서 마음을 비우자. 과거의 모든 것을 깔끔하고 깨끗하게 청산하고 새 출발하는 분위기를 만들자."(1993. 3. 도쿄)

"각 사는 지금까지의 문제점, 실수, 허위, 비리 등 덮어두었던 모든 것을 끄집어 내놓아라."(7월 5일 도쿄.)

"과거의 비서실은 권위에 싸여있었다. 게슈타포, KGB라고 불릴 정도로. 나는 그렇게 느꼈다. 내가 뜯어고쳤다. 비서실장은 잘 알 것이다. 내가 회장 돼서 비서실에 과거의 모든 잘못을 다 내놓으라고 했다. 많이 내놓을수록 상준다고. 또 말했다. 몇 번 말했다. 그러나 안 나왔다. 포기 직전까지 갔다. 나는 도와주려고 그랬는데. 과거 비서실은 '체' 병이 걸려있었다. 내가 공장이라도 방문할라치면 비서실은 이렇게 지시했다. '회장 얼굴 보지 말고 열심히 일하는 체해라. 부동자세 취하라.' 등. 내 앞에서는 좋은 소리만 했다. 안 되는 것 갖고 오라 해도 안됐다."(7.13. 오사카)

이 회장은 '먼지 하나라도' 과거의 문제점을 '자진신고'하면 '일체 책임을 묻지 않겠다.'고 약속했다. 그러나 감추었다가 나중에 발각되면 관계자를 엄중 문책하고 사업부 폐쇄까지 불사하겠다고 밝혔다.

이 회장은 '나부터 바꾸기 위해' '우리의 현 위치를 정확히 파악하고, 새 기분으로 새 출발하기 위해서' '과거의 잘못을 들추자'고 했다. 과거를 청산하고 삼성 인들에게 새바람을 불어넣어 새 출발하자는 것이다.

# 152 자율은 양극으로 갈 수 있다

"과장급 이상은 한마음이어야 한다. 최소한 판매, 제조 디자인 등 각 분야에서 80%는 알아야한다. 그리고 출근부 찍지 마라. 없애버려라. 집이든 어디서든 일에 대한 생각만 있으면 된다. 구태여 회사에 출근해서 일할 필요는 없다."

위는 프랑크푸르트회의록에서 발췌한 이 회장의 말이다.

이 회장의 이 지시에 따라 삼성은 출근부를 없앴다. 출근부를 없애는 조치가 '이건희 개혁'에서 가지는 의미는 뭘까?

가장 먼저 떠오르는 것은 자율성으로, 스스로 알아서 할 수 있는 최소한의 상식과 도덕성을 갖추고 있다는 뜻이다.

하지만 이 회장의 이야기를 들으면 단순한 자율성이 아니다.

이 회장은 삼성본관 28층 회장실의 정시 출퇴근을 '물리적 출퇴근'으로 규정하며, 자택에서 많은 사람을 만나고, 회사 일을 처리한다.

위에 든 이 회장의 말 뒤에 숨은 보다 큰 뜻은 출근부에 도장 찍는 출근 자체가 중요한 게 아니라 얼마나 깊이 생각하고 회사 일을 하느냐이다. 출근부를 없앤 것은 생각 없이 출근해 도장이나 찍는 데 시간을 낭비하지 말라는 의미이며, 그만큼 근무 강도를 높이라는 뜻이다.

또 하나의 의미는 양 순환과 악순환의 양극으로 갈 수 있는 자율이다. 이 회장은 '자율에 맡겨보자'고 강조하는데, 양 순환으로 갈 경우 엄청난 힘을 발휘한다. 바로 여기에서 경쟁력이 생긴다고 이 회장은 지적한다.

# 153 문제를 드러내야
## 해결책을 찾을 수 있다

"이유 없다. 악의도 없다. 그저 막연한 습관이다. 과거 20~30년간 굳어진 막연한 버릇이다."

'이건희 개혁론'은 스스로의 문제점을 솔직히 드러내놓고 있다는 점에서 각계의 관심을 끌었다. 이 회장이 들춰낸 문제점들이 사보나 사내방송을 통해 외부로 알려지는 과정에서, 일부에서는 '삼성그룹의 신화가 무너진 것 같다.'고 지적했다. 삼성은 국내 최대 최고의 그룹으로 모든 면에서 완벽에 가까운 곳인 줄 알았는데, 세탁기 공장의 문제점이나 〈후쿠다보고서〉 파문 등 이 회장의 특강을 보면 그렇지도 않았기 때문이다.

그러나 이건희 개혁이 가지는 큰 의미 중 하나는 안에 감추어진 문제를 솔직하게 밖으로 드러내 함께 그 해결책을 모색할 수 있다는 점이다.

이 회장은 '삼성은 고질병이 있다'고 지적했다.

위는 1993년 6월 중순 프랑크푸르트회의에서 '삼성의 고질병'은 '뒷다리 잡는 것'이라 결론짓고 '그 이유가 뭐냐'고 반문한 이 회장이 스스로 답한 내용이다.

삼성의 또 다른 고질병은 다음과 같은 신뢰부족이라고 그는 지적했다.

"상대에 대한 신뢰가 너무 없다. 자신은 전혀 행동하지 않으면서 어떻게 상대는 못 믿는다고 말하는가? 자신은 노력하지 않으면서 남의 비난은 어찌 그리도 잘 하는가?"

# 154 잘못을 솔직히 인정하는 게 최선이다

"기업이 충분히 투자해 연구, 개발(R&D)하고, 제대로 대우해주고 교육하며, 사회에 공헌을 한 뒤에 이익을 내야 삼성의 회사다. 그 중 하나라도 하지 않은 채 이익을 내면 이익을 낸 게 아니다. 제대로 하지 않을 생각이면 삼성의 회사이기를 포기하라."

이 회장의 윤리 경영적 사고방식은 잘못했을 때 잘못을 솔직하게 인정하는 게 최선이라는 것이다.

1994년 경기도 오산천이 삼성전자에서 유출된 벙커C유로 오염되는 사고가 발생했다. 삼성전자는 기계고장에 의한 사고였는지 어떤지 원인파악도 제대로 하지 않고 기름유출방지작업만 하고 적극적인 조치를 취하지 않았다.

"단순사고였다고는 하지만 사원 몇 천 명을 동원해서라도 기름을 제거하고 우리가 실수했노라고 떳떳하게 밝혔다면 적어도 비난은 받지 않을 수도 있었던 사례다."

이 회장은 잘못을 인정할 수 있는 게 바로 변화라고 질책하며, 무엇보다 환경오염예방을 최우선시 했다. 삼성은 이 회장의 이런 신념에 부합하는 조치로 1993년 7월 삼성지구환경연구소를 설립했다.

"이 회장은 취임 초기부터 각 관계사에 환경문제만큼은 아무리 작은 일이라도 적극적인 관심을 가지라고 주문했다. … 이제 환경자체가 신수종 사업이 되고 있다."고 양인모 삼성 엔지니어링 부회장은 말했다고 한다.

# 155 중소기업의 경쟁력 강화와
# 협력이 국제경쟁력이다

"컬러 TV의 경우 4~5백 개의 부품이 소요되는데, 이를 대기업 다 만든다는 것은 현실적으로 불가능하다. 따라서 그는 중소기업이 세계 일류의 경쟁력을 갖고 좋은 품질의 제품을 만들지 못하면, 결국 대기업도 존립하지 못한다. 어떤 의미에서는 삼성보다 중소기업이 더 중요하다."

이건희 회장은 기업 활동에 대한 정부의 규제완화, 국영기업의 대폭적인 민영화 등이 필요하다고 주장한다. 이는 물론 국제경쟁력 강화를 위한 기업의 자체적인 노력을 전제로 한다.

규제완화와 자율이라는 측면에서 덴마크교도소를 자주 인용하는 이유를 한 신문과의 인터뷰를 통해 이렇게 밝혔다.

"덴마크에선 민간이 교도소를 운영합니다. 정부가 형을 내리면 민간교도소가 형기만큼 죄인이 바깥으로 못나오게 합니다. 이 민간교도소는 초범들을 절대로 누범들과 함께 수감하지 않습니다. 우리나라에서는 초범들이 교도소에 갔다가 나오면 교도소 안의 프로들에게 수법을 배워옵니다. 교도소가 범죄 양성소가 되는 셈이지요. 고정관념을 깨야합니다."

이 회장은 특히 우리 기업의 국제경쟁력 강화와 관련해 중소기업의 경쟁력 강화, 대기업과 중소기업 사이의 협력관계를 강조한다.

이제는 기업경쟁력 차원에서가 아니라 국가경쟁력 차원에서 모든 것을 파악하고 대응하지 않으면 안 된다. 그래서 정부와 기업과 국민의 상호 이해와 협력이 절대적으로 요구된다.

# 156 모든 경제주체는
# 동반자라고 인식하라

"중요한 것은 실천하는 것입니다. 먼저 나부터 실천할 것이 무엇인지 생각해보고, 국가와 함께 번영할 수 있는 일이 무엇인지 살피는 노력을 계속해 나가도록 해야겠습니다."

이건희 회장은 1993년 5월 12일 삼성그룹 회장취임 후 처음으로 중소기업 경영자들을 대상으로 특강을 했다. 경기도 용인의 삼성인력개발원에서 있었던 이날 강연에는 한국의 중소기업을 이끌어가는 최고경영자 3백여 명이 참석해 그의 '신사고'를 경청했다.

특히 이날 강연에서 이 회장은 '모든 경제주체들이 서로를 동반자로 인식하는 것이 급선무'라고 강조하면서 선진국과 개발도상국의 틈바구니에서 한국경제가 소생하는 길을 제시했다.

"앞으로 대기업과 중소기업은 '한 배에 탄 같은 경제행위의 주체'라는 관점에서 상호이익을 도모하는 공존공영의 동반자의식을 가져야한다. 상호신뢰를 바탕으로 긍정적이고 적극적인 자세에서 상호간의 역할분담을 수행해 나가야한다. … 중소기업도 '과거 30년간 내가 속아왔는데 또 속을 수는 없다'는 극단적인 시각을 버리고 이제는 서로 믿고 진정한 의미의 협력을 해보자. … 대기업과 중소기업을 포함한 국가전체가 위기의식을 갖고 대응해나가지 않으면 안 된다. … 대기업과 중소기업의 관계는 대립·주종의 관계가 아니라 상호협력적인 '부부관계'로 이해하고 관계개선을 해 나가자."

# 157 〈국가 경쟁력강화를 위한 대기업과 중소기업의 역할〉 강연내용

다음은 중소기업경영자를 대상으로 한 특강의 간추린 강연내용이다.

● 신정부가 각종 개혁을 단행하면서 전 국가차원에서 경제가 발전해야 나라가 성장한다는 합의를 도출하고 있다.

●중소기업은 자금력이나 기술력부족의 악순환에서 기업의 경영자라면 필수적으로 지녀야할 장인정신, 프로정신이 부족했다. 말하자면 내 생명과 재산과 자식까지라도 걸고 열심히 해보자는 경영의 신념이 결여됐었다.

●삼성의 인간존중은 개인의 자율과 창의가 존중되지 않으면 새 시대의 변화에 대응할 수 없고, 기업 활동과 관련된 모든 구성원들이 서로를 진정한 동반자로 인식하고 인격자로 대하지 않으면 성공할 수 없다.

●삼성 전 계열사에 하청업체라는 말 대신 협력업체라는 말을 쓰도록 지시하고, 협력업체의 사장이나 임원들이 삼성 계열사사장이나 임원들의 방을 부담 없이 드나들 수 있도록 했다.

●대기업과 협력업체와의 관계는 부부사이와 흡사하다. 대기업과 중소기업의 관계는 구매의 예술화까지 가야한다. 용역을 잘 주는 것이 자본주의 예술의 극치다.

●현재 우리 국가가 처해있는 가장 중요한 과제는 국가경쟁력을 키우는 일이다. 우리 경제는 선진국의 보호 장벽, 개방요구, 기술이전기피 경향과 가격경쟁력을 앞세운 개도국의 추격, 그리고 사회간접자본의 투자미비 등으로 3류 국으로 전락할지도 모르는 심각한 위기상황에 빠져있다.

# 158 하청업체가 아니라 협력업체다

"그 동안 삼성에서는 … '대기업은 어떤 자세로 가야 한다, 중소기업은 어떤 위치다'라고 열심히 교육하고 있지만 … 잘 되지는 않고 …. 이제 … 제일 큰 문제는 부장급, 과장급 … 대리급…. … 일선 창구에서 … 20대 후반에서 30대 사원이니 사회경험도 적고 기업의 생리나 철학도 잘 모르기 때문에 …. 그 한 예로 삼성그룹 내에서는 '하청업체'라는 말은 없애고 동반자적인 유대감을 강화하기 위해 '협력업체'라는 용어를 사용하도록 했다. 협력업체의 사장이나 임원은 각 관계사의 사장이나 임원의 방을 수시로 드나들도록 하며 평소에 애로사항을 부담 없이 털어놓도록 하고 있다."

이건희 신드롬이 몰고 온 특징 중의 하나는 1992년 중소기업계가 역점 사업으로 추진하고 있는 중소기업연수원 지원이 직접적인 계기가 되어 중소기업들 사이에서 이 회장의 인기가 급상승하고 있다는 점이다.

삼성에서는 '협력업체'라는 용어를 사용함으로써 하청업체라는 말이 사라진지 오래다. 이 회장의 지시로 중소기업에 대해 사원들이 지배와 예속의 관계가 아닌 동반자로서의 유대감을 갖도록 하고 있다. 또 1993년 3월 19일 정부가 중소기업 경쟁력 강화를 포함한 '신경제 7대 과제'를 발표하자, 이튿날 정부의 정책에 적극 호응하여 중소기업 지원을 위한 자금 1천억 원을 조성하고, 대금지급 방법도 60일 이내에 거래 중소기업의 은행구좌에 직접 입금시켜 주는 등 대폭 개선하였다.

# 159 중소기업이 일류여야
# 삼성이 일류가 된다

"삼성은 전체 원가의 50~60%이상을 협력업체에 의존하고 있다. 컬러 TV에는 4~5백 개, VTR에는 8~9백 개의 부품이 필요한데, 이 중, 한두 개의 납기가 지연되고 품질이 나쁜 상태로 조립되어 미국의 뉴욕이나 LA시장에서 판매된다면, 누가 이것을 한국 중소기업의 열악한 환경 때문이라고 이해하겠느냐? 이 제품이 500달러짜리든 단 10달러짜리든 관계가 없다. 이러니 구매를 철저히 하지 않고는 대기업도 존재할 수 없다."

"중소기업은 역사가 짧으니 정보제공, 기술지도, 사원교육, 자금지원을 강화하고, 필요하면 경영컨설팅도 해주도록 했다. 착취다, 원가절감이다 하는 차원을 떠나서 중소기업이 탄탄하게 잘 자라야 결국 우리 제품의 경쟁력이 생겨 삼성이 일류기업으로 성장하고 … 교육, 자금, 정보 등 모든 차원에서 지원을 강화하도록 한 것이다."

삼성은 중소기업의 기술력 강화를 위해 인력지원, 기술지원, 경영지도, 품질지도를 하고 일본 일류기업의 기술도입 주선과 지도를 하고 있다. 중소기업 제품이 일류가 되지 않고서는, 그 제품을 사용해서 만드는 삼성제품도 결코 일류가 될 수 없기 때문에 품질지도는 물론, 중소기업의 기술이 떨어지면 기술을 지원하고 인력이 안 되면 인력을 지원하면서 함께 갈 수밖에 없다. 중소기업이 일류여야 삼성이 일류가 될 수 있다는 말이다. 대기업과 중소기업과의 관계의 중요성과 본질을 가장 무게 있게 인식하고 적극적으로 변화시켜가고 있다는 이 점이 주목된다.

# 160 '인간존중'이 곧
# 나의 중소기업관이다

"나의 중소기업관은 나의 3대 경영철학 가운데 하나인 '인간존중'… 있다. … 개개인의 자율과 창의가 존중되지 않으면… 변화에 대응할 수 없으며, …모든 당사자들이 서로를 진정한 동반자로 인식하고 인격적으로 대하지 않으면 성공할 수 없다…. 이러한 정신에 따라… 지속적으로 중소기업관을 새롭게 했고, 여러 가지 조치도 취해 왔다. …삼성그룹 안에서는 '하청업체'라는 말 대신 '협력업체'라는 말을 쓰도록…. 동시에 협력업체의 사장이나 임원들은 삼성계열사의 사장이나 임원 방을… 수시로 드나들…. …경리과 앞을 지나는데, 50대는 넘어 보이는 사람 7~8명이… 무언가를 기다리고 있었다.… 돈을 받으러 왔다가 기다리는 업자… '돈 받으러 왔으면 도장 찍고 받아 가면 될 텐데, 왜 저렇게 기다릴까'… 과장이라… 20대 후반의 새파란 사원들이었다. 사회경험도 부족하고 기업의 생리를 잘 모르는 이들이다. 그런데 그런 이들이 아버지뻘 되는 사람들에게 '이리 오시오.', '가시오.', '기다리시오.' 하면서 반말도 아니고 존댓말도 아닌…. 그 순간 '저 녀석이 교육을 제대로 받은 녀석인가'하는 생각이 들면서 얼굴이 화끈거렸다. 그 뒤 신세계백화점을 가서도… 내가 '앞으로 돈 받으러 오면, 오자마자 당장 주라'고 지시했던 기억이 난다. 앞으로 협력업체에 대해서는 기술지도와 사원교육, 자금지원을 대폭 늘리고 필요하면 경영컨설팅도 해줄 계획이다. …중소기업 품목은 이양하고 '중소기업 외주확대와 지원 3개년 계획'을 추진하고 있다."

# 161 대기업과 중소기업은 '부부사이'다

"중소기업 품목이양이 주요사업으로 포함된 '외주확대 및 지원 3개년 계획'을 수립, 추진… 1조 5천억 원에 해당되는 사업에 대한 이양을 완료했다. 그 당시 그룹 매출액의 8% 규모였는데 1990년 국내그룹의 매출 순위 16위에 해당하는 큰 금액이었다. 이러한 활동에도 불구하고 우리만 잘 해서는 소용이 없다. 계열화된 중소기업이나 독립된 중소기업 모두가 경제의 본연을 인식하고 대기업과의 역할분담을 긍정적으로 받아들일 때 '부부사이'라고 하겠다. 협력업체가 공급하는 부품의 질에 의해 최종제품의 품질수준이 결정된다는 사실을 인식하고 서로 적극적으로 도와야한다. 삼성 내에서 사용하는 특이한 용어 중 '구매의 예술화'란 말이 있다. 소위 대기업과 중소기업의 구매 관계는 예술의 차원까지 가야한다는 것인데, 그래야 삼성이 세계초일류기업이 될 수 있고 중소기업이 잘 돼서…"

이 회장은 계열사 경영진에게 '공존공영'과 '구매의 예술화' '용역을 잘 주는 것이 자본주의 경영의 극치'라고 언제나 강조한다.

부품 하나가 나빠서 불량이 나오면 더 이상 상품으로 존재할 수 없게 된다. 즉 구매를 철저히 하지 않으면 대기업이 존립조차 할 수 없게 되는 것이다. 백화점은 협력업체의 납품대가 대략 75%, 전자는 87%, 종합상사는 99%에 이른다. 이렇게 보면 삼성은 단지 상법상의 소유주일 뿐, 실제로는 협력업체가 더 많은 지분을 가진 셈이다. 즉 대기업의 생존권은 바로 중소기업이 가진 것이며 양자는 '부부사이'라고 볼 수 있다.

# 162 중소기업과 대기업은
# 공존공영의 관계다

"대기업 혼자서만 제품을 완성한다는 것은 현실적으로 불가능합니다. 자동차의 경우 부품이 2만 개, 컬러TV가 400~500개, VCR이 800~900개인데 어떻게 대기업 혼자서 이것을 만들겠습니까? 70~80% 이상은 중소기업에서 생산하는 부품에 의존할 수밖에 없습니다. 이런 원리는 생각하지 않고 원가절감을 핑계로 무조건 쥐어짜는 일부 대기업 관행은 곤란합니다. 이제 대기업도 중소기업의 발전이 곧 대기업 성장의 관건이라는 인식을 가져야 할 때입니다."

이것이 이 회장의 중소기업관이다. 이건희 회장과 삼성이 추구하는 질의 경영은 품질향상과 이를 통한 불량률 줄이기로 현실화 될 수 있다. 이들은 기업 활동에 있어서 암적 요소인 불량률을 선진국 수준으로 낮추는 것은 도덕적, 인간적으로 당연한 의무라는 기본인식을 갖고 있다. 불량률을 낮추기 위해서는 삼성이 조립업체라는 특성상 부품업체의 협조가 불가피하다. 부품업체의 협조 없이는 질 경영이 불가능하기 때문에 이들과의 조화가 무엇보다 중요하다. 그래서 삼성이 내세우는 게 '공존공영'이다. 이 회장은 이런 원리를 누구보다 잘 알고 있다.

삼성그룹은 위와 같은 이회장의 중소기업관을 반영하듯 중소기업 지원에 선도적인 역할을 했다. 1993년 중소기업협동조합중앙회 부설 중소기업연구소 설립비로 부지와 90억 원을 지원하고, 자금 애로를 겪는 협력업체에 1천억 원을 지원키로 하고 기금을 조성한 바 있다.

# 163 협력업체와의 관계는 예술화하라

"1977~78년경의 일입니다. 한번은 선대 회장을 모시고 삼성전자를 방문하여 경리과 앞을 지나는데 50~60대가 넘은 7~8명이 담배연기가 꽉 찬 가운데 지루한 표정으로 앉아있는 장면을 목격했습니다. … 물어보니 업자가 거래대금을 받기 위해 기다리고 있다는 것입니다. … 신세계백화점을 갔는데 거기도 경리과 앞에 7~8명이 앉아서 기다리고 있었습니다. 전자의 계열화 된 경우나 신세계의 독립된 중소기업이나 똑같더라는 겁니다. 그 시절에 경리과장이라고 하면 20대 후반의 젊은 나이인데 자기 아버지보다도 나이가 많은 사람에게 반말처럼 '이리 가라. 저리 가라.'식으로 하고 있었습니다. 만일 내가 그 자리에 앉아있는 입장이라 하더라도 우선 화가 날 겁니다. 물건 만들어 납품했는데 돈은 안 주고 애를 먹이니, 열심히 만들어서 좋은 물건을 갖다 주기보다는 그저 검사에만 안 걸릴 정도로 적당히 넘어가자는 생각이 드는 것은 당연합니다. 이래가지고는, 무슨 시장에서 물건을 두드려 파는 거지 이게 어디 기업이라고 할 수 있겠습니까? 이런 생각에서 대금결제 시에는 협력업체가 기다리지 않고 대금을 받아갈 수 있도록 방법을 개선하도록 지시한 바가 있습니다."

이 회장이 강조하는 용어 가운데 특이한 하나가 구매의 예술화, 장인의 예술화, 용역의 예술화 같은 '예술화'다. 부품 협력업체와의 관계에서 모든 것을 예술의 수준으로까지 끌어올려야 질 경영이 달성되고, 초일류기업이 될 수 있다는 것이다.

# 164 구매예술화가
# 원가절감의 핵심이다

"오늘날 일본의 제조업이 세계에서 제일 강해진 이유가 소위 용역 즉, 우리가 말하는 협력업체를 아주 잘 관리하고 있기 때문이다. 총 제조원가 중 원자재의 비중이 높고 많은 협력업체를 가지고 있는 삼성의 경우도 협력업체에 대한 효율적 관리는 무엇보다 중요하다. 제조원가에서 차지하는 원자재비의 비율이 삼성전자는 60~70%이고, 신세계가 75%, 물산은 99%라고 한다. 그렇다면 사업의 성패는 구매단계에서 벌써 결판이 난다고 해도 과언이 아니다. 그야말로 구매의 예술화가 되어야한다."

위는 이 회장이 삼성그룹 임원을 대상으로 한 '전략경영세미나'에서 중소기업에 대한 개념과 그의 의지를 밝힌 부분이다.

삼성그룹은 '구매 예술화'의 차원에서 전체 원가의 50~60%를 협력업체에 의존하고 있다고 한다. 이 회장도 한 외부강연에서 '구매 효율화(예술화)는 곧 원가절감의 핵심'이라면서 '종합상사나 백화점의 경우는 기업의 생존권 자체를 중소기업이 쥐고 있다.'고 말했다.

외주나 용역을 어떻게 활용하느냐에 따라 자본주의 경영의 원리와 원칙을 이해할 수 있는 구매의 예술화가 되고 이를 용역부문까지 연결시키면 용역의 예술화가 된다. 또 이 회장은 불량품을 줄이기 위해서는 평소 상품지식을 가지고 협력업체를 교육시키고, 자금과 기술을 제공하고, 완제품이든, 부품이든 관련 협력업체를 한 차원 끌어올리는 것이 대기업 조립업체의 '업의 개념'이라 생각하고 이것을 '장인의 예술화'라고 표현한다.

# 165 하청업체, 납품업체를
# 프리패스를 가진 협력업체로

"'구매의 예술화'란 말은 내가 직접 만들어낸 것이다. 이것은 아주 중요하며, 정확히 알고, 철저히 실천해야할 개념이다. 조립양산 업은 원가의 80~85%가 구매원가이므로 협력업체를 지도 육성해 질을 높여야만 경쟁력을 높일 수 있다."

이 회장은 조달만 하는 단순한 구매가 아니라 협력업체에게 베풀면서 도움 받는 관계를 구축해 양질의 부품을 싸고 신속하게 구매하는 예술의 경지까지 끌어올려야한다는 '구매의 예술화'를 취임하면서부터 강조했다.

1989년 11월 11일 관계사들과 거래하는 협력회사 대표들이 이 회장과의 오찬을 겸한 상견례자리에 모였다. 식사도중 이 회장이 삼성전자협력업체 모임인 '협성'을 이끌던 옆자리의 박재범 대성전기회장에게 "무슨 차를 타십니까? 우리 회사에 오시면 주차는 어디에 하십니까?"하고 물었다. 당시 박 회장은 이상하다고 느껴 한 단계 낮춰 대답했으나, 식사 중에 이 회장의 말을 듣고 그의 깊은 뜻을 이해하게 되었다고 한다.

"협력회사 사장님들이 최고급 승용차를 타야하고, 삼성에 들어오면 그 회사 사장 차 옆에 주차할 수 있어야한다. 우리의 움직임을 이해하고 준비하려면 삼성의 중역도 쉽게 접근할 수 없는 개발실까지 들어갈 수 있어야한다."

그의 지시에 따른 삼성의 전면적 정책수정으로, 당시 하청업체, 납품업체라고 불리던 협력사대표들에게 상시출입 가능한 '프리패스'가 주어졌다.

# 166 현장, 실천중심의 경영방침인
# '경영계획 지침 6개항' 채택

삼성은 1993년 7월 10일 '경영계획 지침 6개항'을 채택하였다.

첫째, 임원 근무형태를 현장중심으로 전환. 임원들은 월요일과 수요일만 사무실로 출근하고 나머지 4일은 '현장'에 나가 근무한다.

둘째, 실천중심의 계획수립. 삼성그룹의 각사는 실천에 초점을 맞춘 '질 경영 1~2년차 계획'을 수립, 94, 95년 두 해 동안 집중적으로 추진한다.

셋째, 과거의 문제점 도출과 해결. 계열사별로 지금까지 경영의 장애요 인으로 작용해온 여러 문제점들을 스스로 모두 들춰내도록 한다. 제도적 인 문제점, 실수, 허위보고, 비리 등 모든 것을 숨김없이 털어놓으면 책 임도 불문하고 개선방안을 모색한다. 계속 숨기다가 문제가 튀어나올 경 우 관계자 엄중문책, 사업부 폐쇄까지도 불사한다.

넷째, 회의간소화. 방안으로 사내용 각종보고서를 일체 없애고, 모든 회 의 자료는 1~2매 이내로 압축하며, 회의록은 녹음으로 대체해 별도의 회 의록을 두지 않는다.

다섯째, 지원 부문 인력의 영업부문으로의 전환. 간접부서의 인원을 줄 여 현장, 판매, 서비스 쪽으로 충원하고 일부는 국제화를 위한 어학연수 등에 투입하되 6개월 단위의 로테이션 근무체제를 만든다.

여섯째, 계열사 간 과당경쟁 금지.

이상과 같은 6개항의 경영계획 지침은 삼성의 경영개혁조치로, 주목할 것은 첫째 항이며 현장중심의 경영방침을 천명한 것이라 할 수 있다.

# 167 식당과 휴식공간은
# 종업원들이 최상의 대우 받아라

"이때까지 전투를 사장이 하는 일이라고 착각을 한 것이다. 협력업체장을 만나고 대리점 가보는 것을 전투라고 착각하고 있다. 이것이 사실은 전략, 전술인데 말이다. 사장, 본부장이 지금 할 일을 뒤바꿔서 하고 있다. 이것을 바꿔주자는 것이다. 당장에 봐도 이제까지 평생 전투만 해온 사장들이 전략, 전술이 되겠는가가 문제이다. 이것을 잘 관찰해서 위원회를 만들어서 저 사장은 일본에 좀 보내자, 독일에 좀 보내자. 명예롭게 보내주라는 것이다."

삼성이 채택한 '경영지침 6개항' 중 첫 번째 현장중심 경영은 1년에 한 번씩 미국과 일본을 비롯한 선진국시장에 가서 삼성제품의 위치를 정확히 파악하고 오라는 이건희 회장의 주문에서도 다시 한 번 드러난다.

그리고 이 회장의 지시에 따르면 해외출장 때 좌석 등급을 직급별이 아닌 목적지 거리 기준으로 해야 한다. 누구든 멀리 가는 사람이 최상급의 좌석을 타고 가야한다는 것이다.

또한 사무실과 의자, 책상도 기능중심이 되어야한다. 공장장의 사무실이 정작 일을 해야 하는 공장보다 더 넓고, 사무실 근무가 많은 직원들보다 임원들의 책상과 의자가 더 커서는 안 된다. 식당과 휴식공간은 종업원들이 최상의 대우를 받을 수 있도록 해야 한다는 것이 이 회장의 생각이다.

이런 것들이 현장중심의 경영을 실천하는 실제적인 모습이다.

## 168 7 to 4

"6시 넘어서까지 뭐 하러 회사에 앉아 있느냐? 그 대신 아침에 일찍 오자. 교통 막히는데 7시까지 출근하자. 그 대신 과장급 이하는 4시에 다 퇴근해라. 과장에서 부장까지는 5시까지는 정리하고 다 나가라. 이것은 당분간은 명령이다. '뭐 윗사람이 퇴근해야 하는데'라는 발상, 이건 안 된다. 안 나가는 사람이 나쁜 사람이다. 안 나가면 그 부서장은 책임을 진다. 이렇게 강하게 나가야 한다."

1993년 7월 7일, 삼성그룹 사장단회의는 이건희 회장의 지시에 따라 '7시 출근 오후 4시 퇴근'으로 근무시간을 변경했다. 10분 전에 출근하고 10분 늦게 퇴근하는 '20분 정신'이 강조되던 삼성뿐 아니라 우리나라 기업의 일반적 관행에 정면으로 도전하는 조치였다.

이건희 회장은 단순히 교통이 혼잡한 시간대를 피해 출퇴근에 소요되는 시간을 줄이자는 것이 아니라, 일에 대한 집중도를 높여 근무의 질을 높이자는 것이라고 설명한다.

"7시 내지 7시 30분에 시작해서 진짜 4~5시에 일과를 끝내보라. 그것도 이번 기회에! 그래서 퇴근하기 전에 어느 곳에 들러서 운동을 하든지, 친구를 만나든지, 어학 등 공부를 더 하든지 하고, 6시 30분 이전에 집에 들어가라는 것이다. 가끔 가족들과 외식도 하고 이를 완전히 습관화시켜보라. 스케줄을 그렇게 만들어주면 자연히 가정적인 사람이 되고, … 필요 없는 전기 안 켜도 되니 전기료부터 절약되지 않겠는가."

# 169 퇴근시간 4시,
## 시간외 수당 그대로

"7시 내지 7시 30분 사이에 시작해서 진짜 4~5시에 일과를 끝내보라. 그것도 이번 기회에! 그래서 퇴근하기 전에 어느 곳을 들러서 운동을 하든지, 친구를 만나든지, 어학 등 공부를 더 하든지 하고 6시 30분 이전에는 집에 들어가라는 것이다. 가끔 가족들과 외식도 하는 등 완전히 습관화시켜 보아라. 스케줄을 그렇게 만들어주면 자연히 가정적인 사람이 되고, 4~5시에 회사에서 퇴근할 수 있게 되어 친구 안 만나면 가족 불러내서 저녁 먹게 되고, 이런 것이 일주일에 최소한 두 번은 될 것이다. 그러면 우선 필요 없는 전기 안 켜도 되니 전기세부터 절약되지 않겠는가? 6시 넘어서까지 무엇 하러 회사에 앉아 있느냐? 그 대신 아침에 일찍 오자. 교통 막히는데 7시까지 출근하자. 그 대신 과장급 이하는 4시에다 퇴근해라. 과장에서 부장까지는 5시에는 정리하고 다 나가라. 이것은 당분간 명령이다. '뭐 윗사람이 퇴근해야 하는데'라는 발상, 이건 안 된다. 안 나가는 사람이 나쁜 사람이다. 안 나가면 그 부서장은 책임을 진다 이렇게 강하게 나가야한다."

　삼성의 종래 근무시간 : 8시 30분 ~ 17시 30분 + 시간외 근무 1시간

　사장단 결의 후 근무시간 : 7시 ~ 17시

　이 회장은 도쿄회의에서 근무시간 변경 검토를 지시했다. 비서실은 1시간씩 시간외근무수당을 지급하고 있는 점을 감안 이런 조치를 내렸으나, 이 회장은 퇴근시간은 4시, 시간외수당은 그대로 지급하라고 지시했다.

# 170 조기출퇴근제는 삼성개혁의 신호탄

"왜 안 되느냐? 상호불신이다. 또 개인 이기주의 집단 이기주의 때문이다. 그 이기주의라는 것이 일반적인 … 이기주의가 아니다. 남을 해치는 것도 자기를 위하는 것도 아니면서, 남을 해치지도 도와주지도 못하고, 자기에게 도움도 안 되고 덕도 안 되면서 서로 결과적으로 다 손해 보는 짓을 얼마나 많이 하고 있는가? 인간이 지구를 정복하고 여러 동물을 지배하는 이유가 … 장단점을 … 조직화, 효율화를 하는데 제일 방해가 되는 것이 무엇인가? 바로 개인과 집단의 이기주의다."

이 회장은 1993년 7월 4일부터 도쿄에서 열리고 있던 특별교육에 참석해 '삼성인 모두가 이기주의를 근절하고 인간성, 도덕성을 회복해야 한다.'고 역설했다. 1주일간의 일정으로 교육을 진행 중이던 7월 7일, 삼성은 그룹사장단회의를 열어 전 임직원의 근무시간을 '오전 7시 출근, 오후 4시 퇴근'으로 전격 변경하는 다소 충격적인 조치를 내렸다.

조기출퇴근제는 이 회장이 강조해온 '질 경영'의 조기정착을 위해 기존의 의식과 체질, 제도를 과감히 바꾸고 그동안 관행으로 굳어져왔던 근무체계를 새롭게 하겠다는 의지의 표명으로 '삼성개혁'의 첫 번째 조치였다. 삼성인의 행동양식을 근본적으로 바꿈으로써 경영개혁 작업이 본격 시작되었음을 확실히 알려주자는 이 회장의 뜻이 담겨있었다. 이는 삼성개혁을 알리는 '신호탄'이었다. 이 같은 근무제도의 개선은 업무의 효율과 강도를 한층 높여 커다란 시행효과를 거두었다.

# 171 문제는 근무지가 아니라
# 효율성이다

"근무지는 문제가 안 된다. 얼마나 효율적으로 일하는가가 문제다."

이 회장의 독특한 논리 중 하나는 '자택근무'다. 그는 해외회의에서 이 것을 여러 번 강조했다.

삼성이 현재 실시중인 '7 to 4'가 재계에 큰 파장을 일으키고 있지만 이 제도의 본래 취지는 '자유출퇴근제' 도입을 위한 사전작업이다. 즉 시 간에 얽매이지 않고 출퇴근을 한다는 '꿈같은 일'을 실현하는 것이다.

삼성본관 28층 회장실에 이 회장이 자주 모습을 드러내지 않는 것도 평소의 이 같은 생각에 따른 것이라 볼 수 있다.

사고의 논리성과 관련해, 이 회장에게서 빼놓을 수 없는 게 '디지털화' 다. 그는 자주 가치척도를 숫자화 내지 점수화한다. 특A류, 1류, 2류를 비롯하여 1.5류, 2.5류 등의 숫자는 그의 논리를 잘 보여준다. 이 회장은 반도체를 비롯한 전자산업을 주력으로 하고 있는 기업체의 회장답게 이 '류'를 통해 자주 그의 주장을 편다. 다음은 그 예들이다.

"한 나라가 2~3류라 하더라도 기업이 특류~1류는 얼마든지 가능하다. 2류 국가에서 1~2류 기업이 2.5~3류로 떨어지는 것은 간단하다."

"한국에서 삼성은 1~1점 몇 류의 수준이다. 그런데 우리나라 자체로는 특류는 불가능하다. 국민성, 지정학적 위치 등에 따라 1류도 어렵다."

"삼성은 나라가 1.5~2류든 국제화를 통해 1류, 특류, 특A류도 될 수 있다."

# 172 일주일에 4일은
# 현장에서 근무하라

"지원부서 임원 중 최소한 1명은 항상 생산현장에 있는 체제를 유지하라."

'월요일과 수요일에만 회사 사무실로 출근하고 나머지 4일은 현장에서 근무토록 한다.'는 현장근무지침이 그룹 임원들에게 시달되었다. 현장이란 직책에 따라 공장, 협력업체, 거래선, 서비스센터, 대리점 등등 많다.

이 제도는 '이건희 개혁'의 의미를 잘 담고 있다. 이 회장은 개혁이 성공을 거두기 위해서는 위에서부터 이루어져야한다는 신념을 갖고 있다.

"직·반장 급을 아무리 야단치고 벌주고 내쫓아봐야 안 고쳐진다. 3만 명 삼성전자 직원이 '나부터 하겠다.'는 마음으로 바뀌려면 누구부터 시작해야 하느냐? 회장이 제일 먼저 하고 두 번째는 사장이고 다음에는 부사장이고. 위에서부터 바뀌어야 밑에 있는 사람들이 바뀐다. 사장이 안 바뀌는데 어떻게 직·반장이 바뀌겠는가?"

이 회장은 그의 개혁프로그램에서 '자신의 변화가 비서실, 사장단, 임원, 부·과장으로 이어지는 형태가 돼야한다. 따라서 사장, 임원들은 과거처럼 사무실을 지키는 직책이 아니라 현장을 뛰어야하는 사람들이다. 임원들의 현장근무는 단순히 일하는 장소의 변화가 아니라 의식의 개혁'이란다.

임원들의 이 같은 역할과 관련해 이 회장은 특히 지원부서 임원은 현장에서 애로사항을 청취, 즉석에서 해결해주거나 지역유지 섭외, 현장 직·반장 가정방문 등 '공격적 지원'에 힘쓸 것을 위와 같이 지시했다.

# 173 책임 있는 사람이 현장에 가보지 않는 것은 기만이다

"윗사람이건 아랫사람이건 담당자건 자기 물건이 어디에 진열되어 있고, 어떻게 팔리고 있고, 얼마에 팔리고 있고, 어떤 대우를 받고 있느냐 하는 것을 알아야 한다. 그리고 적어도 1년에 한 번씩은 미국, 유럽, 일본에 가봐야 되며, 물건을 사봐야 한다. 물건을 사게 되면 생각을 하게 된다. 무엇을 사느냐, 얼마를 주고 사느냐, 성능이 어떠냐를 생각하게 되고 그래야 우리 것과 비교하게 된다."

해외회의에서 국산제품과 삼성제품이 어떤 대접을 받고 있는지, 부품협력업체들은 무엇을 원하는지 등에 대한 회의 250시간, 1800여 명의 임직원을 해외로 불러낸 것을 보면 이 회장이 현장을 얼마나 중시하는지 알 수 있다. 그의 현장중시 경영스타일은 LA회의에서 한 위의 발언에 잘 나타나있다.

이 회장은 '삼성전자 경영진들은 국내의 대리점조차도 제대로 가보지 않는 실정'이라고 질책하면서 '책임을 맡고 있는 사람이 점포에 가보지 않는 것은 업무태만 정도가 아니라 기만'이라고 몰아세운다.

"백화점을 다니면서 우리 제품은 어떻게 진열되어 있으며, 어떻게 팔리는지 파악해야 되며, 경쟁사의 것도 알아야한다. 또한 자기가 만드는 제품을 작동시킬 줄 알아야한다. 적어도 자기 제품이 어떻게 돌아가고 어떻게 만들어지는가 알아야 무엇이 잘못되고 잘 된 것인지 알 수 있다. '나는 차타고 책상에 앉아만 있으면 된다.'고 생각하는 것은 착각이다."

# 174 판매하는 사람은 기획 단계부터 알아야한다

"가전제품의 개념이 일본에서 왔으니 일본의 제품이 어떻게 되어있느냐를, 어떤 방향으로 가고 있느냐를 알아야한다. 마이크로 오븐이 샤프와 산요가 강하면 그 회사 제품을 봐야한다. 마쓰시타 제품을 봐야 소용이 없는데, 이런 판단도 못하고 있는 실정이다. 삼성전자 생길 때부터, 공장 부지 살 때부터 계속 얘기해 오고, 회장 되고 5년간 계속 얘기한 것을 안 듣고 있다. 이것이 내가 화가 나는 것이다."

"내가 여러분보다 물건을 많이 사보았기 때문에 더 많이 아는 것은 당연하다. 그런데 본업으로 하는 사업부장이나 사업본부장은 프로 경영자인데 나보다 더 알아야한다. 나는 부품의 개념 알고 핵심부품까지만 알면 되지만, 그 옆에 부속부품은 어찌 되고, 경쟁사는 어떻고, 그 질과 코스트는 어떻게, 일본은 어떻게 움직이는지 등에 대해서 여기 있는 사업부장들은 다 알아야 된다."

"판매하는 사람도 판매만 알면 안 된다. 기획 단계부터 알아야한다. 그래야 처음부터 간섭을 할 수 있다. 제품을 어떻게 바꿔달라고 요리조리 지적해야하고, 색상이 어둡다든지, 재료를 어떤 것을 쓰라든지, 먼지 묻어도 표 안 나게 해달라는 등의 요구는 할 수 있어야하는 것이다."

위는 '현장경영'에 대해 이 회장이 강조한 내용이다. 그의 현장중시관은 'IBM과 GE가 어려움을 겪는 이유는 경영자가 권위주의적이고 현장을 찾지 않아 현실을 모르기 때문'이라며 경영자의 권위주의타파로 이어간다.

# 175 아이디어 창조를 위해
# '타임머신'을 타라

"예를 들어 2천년에도 세탁기가 필요한가라는 의문으로부터 사업구상은 시작된다. 세탁기가 필요 없으려면 옷에 때가 묻지 않아야 하고, 그러면 때가 묻지 않는 섬유를 개발해낼 수는 없는가라는 생각이 나오며, 그것을 새로운 섬유개발 과제로 연결시킨다는 것이다. 사양 산업으로 인식되는 섬유사업에 새로운 장을 열 수 있는 아이디어가 되는 것이다."

삼성은 젊은 사원들의 참신한 아이디어를 얻기 위해 기존조직과는 별도의 '타임머신'이라는 조직을 운영한다.

발상의 전환을 통해 창조적인 사업아이디어를 얻을 목적에서 삼성전자와 삼성물산에 만들어진 별도의 조직이다.

팀원은 모두 10명인데 지원자 70명은 이름과 소속만 적어냈다. 학력이나 직급 등 창의성과 관련이 없는 사항은 필요 없다는 것이다.

창의력 테스트를 거쳐 7:1의 경쟁률을 뚫고 선발된 지원자들은 가락동에 마련된 별도의 사무실에서 1년 동안 근무한다. 아무런 부담 없이 오로지 새로운 사업 아이디어만 구상한다. 기존의 일상 업무에 익숙해진 머리로는 도저히 생각해내기 어려운 것들을 꿈꾸어보는 것이다. 현재에는 없으나 미래에는 각광받을 사업을 찾아보자는 것임을 팀 이름에서도 짐작해볼 수 있다.

발상의 전환을 통해 새로운 아이디어를 창조하고 구상하면서 미래를 꿈꿔보기 위해 타임머신을 타라는 것으로 이해하면 된다.

# 176 나를 완벽하게 알고
# 머리를 쓰고 발상을 하라

"모든 것을 흐름을 파악하고 미크로와 마이크로로 파악하고 미래를 판단하는 능력이 어디서 나오겠는가? 바로 기초에서 나온다. 조직, 국가를 분석해 들어가면 결국 개인이다. 내 건강, 습성, 성격 등 나를 완벽하게 알아야한다. 하루가 24시간이라는 것은 하나의 약속이다. 그 중 깨어있는 시간은 몇 시간이고, 차타는 시간은 몇 시간이며, 같은 일을 반복하는 것은 얼마나 있는가를 제대로 분석하고 바쁘다고 해야 한다. 왜 바쁜지도 모르고 있다. 아무리 열심히 일해 봐야 4시간 일하는 것과 8시간 일하는 것은 50%밖에 차이가 안 나지만 머리를 깊이, 다양하고 융통성 있게 쓰면 무한대의 힘이 된다. 그래서 머리를 쓰고 발상을 하라는 것이다. 과장 정도 간부가 되면 발상을 해야 하는 위치이다."

이 회장은 1993년 해외회의에서도 줄기차게 '발상의 전환'을 역설한다.

1993년 6월 프랑크푸르트회의에서 그가 제기한 '명동 론'은 기존의 타성에 길든 많은 이들에게 신선한 충격을 주었다. 인프라를 설명하면서 강의한 '명동 론'은 발상의 전환에 대한 이 회장의 인식을 잘 보여주는데, 내용은 다음과 같다.

"명동의 땅값이 비싼 이유는 무엇인가? 칼국수 장사가 되니까 명동이다. 무슨 장사를 해도 돈 버니까 명동이고, 땅값이 비싸다. 돈 있는 사람들이 마음대로 쓰는 곳이 명동이다. 명동은 5~10개라도 만들 수 있다. 나도 살아있는 동안 2개는 만들 수 있다."

# 177 인격과 자율이 보장돼야
## 창의력이 생긴다

"앞으로 일류기업과 이류기업, 특류기업과 일류기업의 차이는 뭐냐? 이류 두뇌가 다섯 명에서 열 명이 집단화함으로써 모든 낭비, 즉 불량의 사전예측과, 창조의 선점 등 모든 상황의 알파의 2승, 3승, 4승하는 발상이 나오는 게 더 중요하다. 이것이 경쟁력이다. 이런 발상이 나오려면 모든 사고방식이 자율화되어야 한다. 사람들이 평안해야 된다. 평화로워야 된다. 그러나 나태해서는 안 된다. 위기의식이 있어야 된다. 그러면서 자신의 하드 적, 소프트 적 위치가 어디냐 하는 정도는 알고 있어야 된다. 이런 상황에서 발상을 해서, 아이디어도 내고 발명을 해야 한다."

인격과 자율이 보장될 때 창의가 나오고 이러한 분위기 속에서만 첨단기술과 첨단제품의 생산이 가능하므로, 단점을 들추어내 질책하기보다 저마다의 특성을 인정하고 장점을 최대한 발휘케 하는 것이 중요하며, 직급에 관계없이 인격은 동등하다는 것이 인간존중 경영의 출발점이다.

1988년 3월 창업 50주년을 맞아 이 회장은 자율경영을 핵심으로 하는 '제2창업'을 선언했다. 인간중심의 경영이념을 선언하고 평생직장의 기치도 내걸고 사장부터 조직의 말단까지 회사의 모든 직원이 스스로 신바람 나서 일하고 싶어 하도록 만들자는 것이다.

이 회장의 이와 같은 '제2창업정신'에는 기업가적인 논리와 미래에 대해 예측하는 직관이 다분히 숨어있다. 인간위주, 인본주의로 대표되는 센티멘털적인 휴머니즘과는 본질적으로 다르다.

# 178 입체적인 발상을
# 구매의 예술화로 발전시켜라

"과거 40년간 국제사회에서 활동하면서, 다른 일류국가에 있는 사람보다 의학이나 미술, 예술, 상식 등이 어느 정도 수준이었는가? 고상하고 차원 높게는 아니더라도 상식적으로 베토벤의 운명이란 언제, 무엇 때문에 썼고 어떤 목적으로 작곡했는지 현 사회에서는 어느 정도의 수준으로 평가되고 있는지, 이 정도라도 알아야한다. 또 치과와 안과는 지금 어떻게 돌아가고 있고, 산부인과와 소아과는 어떻게 되어있고, 아동심리는 어떻게 되어있는지도 알아야한다."

한 가지만 철저하게 알면 80%는 연결된다는 '입체적 사고'의 실례다.

선친의 의도적인 '하드 트레이닝'을 거쳐 우리 앞에 그 실체를 보인 이회장의 수없는 '입체 발상'을 통해 또 다른 이건희의 모습을 보자.

"냉장고나 세탁기를 개발할 때도 … 동남아에도 같이 팔 수 있는 금형을 처음부터 만든다면, … 나중에 금형만 … 가져다가 … 돌려도 된다."

"라면 10박스, …, 쌀 10가마 … 들고 가겠느냐? 카운터에서 돈을 받고, …, 캐셔가 8번 출구에다 트럭을 대라고 … 쌀이 나오고, 9번 출구에서는 라면박스가 20개 …. 물류창고시스템을 … 만들어 활용하고 … 뜯으면 테니스 코트가 되도록 …. 10년, 20년 앞을 내다보고 지으면…."

이 회장은 '이게 바로 구매의 예술화다. 별게 아니다. 우리가 찾는 노하우는 얼마든지 있다'며 말을 맺었다. 이런 그의 '발상'이 '국제화', '복합화'라는 그의 신 경영이론을 창출해낸 것이다.

# 179 입체적 사고는 종합적 사고다

"기초를 모아서 방정식을 만드는 것이기 때문에 기초를 모으는 노하우만 있으면 방정식은 그때그때 모아서 만들면 되는데, 기초는 안 하고 방정식만 자꾸 외우려고 한다. 이것이 삼성의 상무, 전무급들의 발상이다."

위는 이 회장이 경영진들에게 '입체적 사고'를 설명할 때 자주 하는 말이다. 입체적 사고란 겉으로 드러난 것만 파악하는 평면적 사고를 탈피하고, 사물을 전체적으로 파악하고 투시하는 종합적 사고를 뜻한다.

이 회장은 '경영은 보이지 않는 것을 보는 것'이라며 이때 가장 필요한 것이 '사물을 종합적으로 보는 입체적 사고'라며 다음 이야기를 들려준다.

"휴전 직후 초등학교를 일본에서 다녔던 나는 … 영화에 심취한 적이 있었다. … 조조부터 시작하여 심야 프로까지 … 하루에 5~6편의 영화를 보는 …, 2년여 사이에 본 것만도 1천 편은 족히 넘었을 것이다. 처음에 100~200편 정도를 보고 나니 그때부터는 대충 다음 스토리는 어떻게 전개되리라는 것을 예상할 수 있었고, 어느 단계를 넘어서고부터는 …. 배우의 동작 하나하나에서 촬영 당시 감독의 지시와 카메라맨의 위치, 심지어는 배우의 마음가짐까지도 선명히 느껴지는 것이었다. 실로 한편의 영화를 보는 동안 나는 감독과 배우, 카메라맨과 조명기사의 입장이 번갈아 되어보며 이 장면은 요렇게 …, 저 장면은 카메라의 위치가 잘못된 것 아닌가하는 … 궁리를 하다 보니 영화를 보는 감흥도 남다른 바가 있었고, 마침내는 전문가 못지않은 식견도 피력할 수 있게 되었다."

# 180 책상 크다고
# 공부 잘하는 게 아니다

"책상이란 손을 뻗쳐 닿는 데 책이나 비품을 설치할 수 있을 때, 그 존재의 의미가 있다."

이 회장의 특이한 발상은 의자, 책상 등이 직급 간에 차이가 있을 필요가 있느냐는 의문으로까지 이어지며, 책상 크다고 공부 잘하는 게 아니라는 그의 인식은 모든 게 형식논리로 흐르는 데 대한 경고의 의미를 담고 있다.

그는 자신의 회장실 책상도 '지나치게 크다'면서 위와 같이 말했다.

형식보다 실용과 기능을 중시하는 이건희 스타일이 잘 드러난다.

또 삼성에는 1993년 처음으로 마련, 그룹차원에서 추진 중인 '100일 리프레시 휴가제도'가 있다. 이는 개혁의 의미가 짙게 배어있는 제도로, 매년 30명씩 100일 간의 휴가를 준다. 휴가일정은 완전히 자율에 맡긴다. 해외연수를 하든, 학원을 다니든, 그냥 집에서 쉬든 마음대로다. 휴가기간이라고 해서 월급이나 상여금, 인사상의 불이익은 없다. 오히려 특별휴가비로 100만 원을 더 준다. 가족여행을 신청하면 10일간의 콘도여행권도 제공한다. 대상은 7년 이상 근무한 직원들이다.

이 휴가의 메리트는 완벽한 '해방'이다. 그래서 회사발전에 관한 리포트나 연구보고서 같은 '또 하나의 스트레스'조차도 없다. 이 제도의 의미는 파격성이며, 일에 대한 동기부여와 자극 등이다. 특히 최소 투자로 효과를 극대화할 수 있는 방안이기도 하다는 점이 장점이다.

# 181 영화감상으로
# 입체적 사고력을 길러라

"어느 단계를 넘어서고부터는 단순히 영화만 보는 게 아니라 배우의 동작 하나하나에서 촬영 당시 감독의 지시와 카메라의 위치, 심지어는 배우의 마음가짐까지도 선명히 느껴지는 것이었다. 실로 한 편의 영화를 보는 동안 나는 감독과 배우, 카메라맨과 조명기사의 입장이 번갈아 되어보며 이 장면은 요렇게 처리하면 어떨까, 저 장면은 카메라의 위치가 잘못된 것 아닌가 하는 등의 여러 가지 궁리를 하다 보니 영화를 보는 감흥도 남다른 바가 있었고 마침내는 전문가 못지않은 식견도 피력…."

일본에서 초등학교를 다닌 이 회장은 2년여 사이에 1천 편은 족히 넘는 영화를 보고나니 스토리까지 예상할 수 있었다고 한다. 영화를 감상할 때는 대개 주연의 입장에서 보게 되는데 여기에 흠뻑 빠지다 보면 주인공인양 착각도 하고, 따라서 울고 웃기도 한다.

그런데 스스로를 조연이라 생각하면서 보면 전혀 색다른 느낌을 받을 수 있다. 또 등장인물 각자의 처지에서 보면, 영화에 나오는 모든 사람들의 인생관과 작가의 철학까지도 느끼게 된다. 그렇게 두루 생각하면서 보다보면 평면 스크린에 비치는 영화가 입체로 보이게 된다. 영화를 제대로 감상함으로써 입체적인 사고를 훈련하게 된다. 이렇게 입체적으로 생각하는 습관을 들이게 되면 음악을 들을 때도, 미술 작품을 감상할 때도, 또 업무를 볼 때도 새로운 차원에서 할 수 있게 된다. 이것이 바로 이 회장이 역설하는 '입체적 사고'다.

# 182 좀 특이한 이회장의 발상은 '입체적 사고'다

"인간은 아무리 노력해봐야 마라톤에서 2시간 몇 분이 고작이다. 한 시간 이내는 안 된다. 날 때부터 배우고 먹는 걸 달리한다고 해도 마찬가지고 한계가 있다. 그러나 인간의 머리만큼은 무한하다. 쓸 만큼 써도 자기 능력의 10%를 못쓴다."

"대한민국의 문화재나 골동품들은 한 데 모아야 가치가 있다. 모든 물건은 그 효용에 맞는 위치에 모아놓아야 힘이 난다. 동물도 한데 모아야 동물원을 만들 수 있다. 사람도 한데 모아서 합리적으로 써야 큰 힘이 나오는 것이다."

"세상에 독불장군이란 없다. 인간은 혼자 살 수 없다. 한 민족이 혼자 살 수도 없다. 국제화를 통해 그 나라의 장점과 우리 민족의 장점, 삼성의 장점을 합해서 '1석 5조'가 아닌 '1석 10조' 개념으로, 하나 더하기 하나가 둘이 아니라 열, 천, 만이 되어야 한다."

이 회장의 발상은 좀 특이하다. 그의 발상능력이 선천적인지, 특수한 훈련을 받은 것인지는 확실치 않다. 우뇌가 담당한다고 알려져 있는 창의력은 체계적인 훈련과 주된 사고영역에 따라서 더욱 신장될 수 있는데, 선대회장으로부터 매우 강력한 '우뇌개발훈련'을 받았을 이 회장의 사고는 한 마디로 '입체적'이다. '1석 5조'론과 함께 그의 '입체사고'가 한국을 들끓게 만들고, 또 다른 '이건희의 발상'을 기대하도록 만든다. 그만이 지니고 있는 '이건희 식 신사고'는 이렇게 탄생되었다.

# 183 '입체사고'를 해야
## 살아남을 수 있다

"입체사고와 기술개발만이 살아남는 길이다. 앞으로 80년대는 과거 수백 년보다 더욱 큰 변화가 올 것이므로, 여기서 살아남기 위해서는 적극적인 기술개발이 이루어져야 할 것이다. 앞으로 대기업의 중추역할을 할 인재의 역량은 단순한 평면사고를 탈피해 어떤 일이나 사물에 대해서도 다각적으로 볼 수 있는 '입체사고'가 절실히 요청 된다. 로봇 화에 의한 자동화, 성역화가 이루어질수록 인간의 정신은 더욱 강해져야할 것이며, 기업의 중역이 되면 1인 5역쯤의 역할을 해야 할 것이다."

이 회장은 부회장으로 있던 1988년 8월 15일 그룹임원 특별 세미나에서 '입체사고와 기술개발만이 살아남는 길임'을 강조하며 위와 같은 내용의 격려의 말을 했다.

또한 상사로서의 자질에 대해서 그는 '부하를 다루는 데 있어서도 인간미와 진실성을 중시하여 모두가 일체감을 가질 수 있도록 해야 할 것'이라고 말했다.

창의력은 주로 우뇌를 통해 발휘되는데, 창의력이 강한 사람은 예능과 체육, 놀이와 게임 등에 능한 특성을 가지고 있고, 우뇌 형은 상상력과 아이디어가 뛰어나다고 한다. 이렇게 보면 이 회장은 분명 우뇌 형이다. 이런 이 회장의 '입체사고론'은 이미 1976년부터 주창해온 개념으로 '신사고론'의 모태가 되었다. 또 '1인 5역론'은 '1석 5조론'으로, '인간미와 진실성의 중시'는 '인간성 회복과 도덕 경영론'으로 발전, 정착했다.

# 184 제 현상을 입체적으로 보라

"경영진들은 사물을 보거나 경영을 해나감에 있어 입체적으로 사고하고, 질과 소프트를 중시하며, 국제적인 감각을 갖도록 해야 할 것이다. '입체적 사고'라 함은 사물이나 현상을 나타난 그대로 평면적으로만 인식하는 것이 아니라, 표면에 드러나지 않는 본질까지 깊이 생각하고 그 원인과 결과를 얻어내는 지적 사고능력을 의미한다. 즉 평면적 사고에서 보면 '하나에 하나를 더하면 둘'이라는 생각밖에 할 수 없으나, 이것을 입체적으로 보면 '하나에서 무한대'까지의 해답을 끄집어낼 수 있다. 이러한 관점에서 경영진들은 경영의 제 현상을 입체적으로 보는 인식의 전환이 필요하다."

1988년 그룹창업 50주년을 맞아 천명한 〈제2창업 실현을 위한 그룹경영의 기본방침〉의 일부로 인식전환의 방향을 가리키고 있다. 삼성이 처한 '위기상황'을 극복하고 '세계 초일류기업 실현'을 위한 선행요건으로 이 회장이 평소 주장해온 것이 '인식의 대전환'이다. 이와 같은 이 회장의 주장은 그가 오래 전부터 강조해온 '입체적 사고론'에 그 뿌리를 두고 있는데, 한 월간지의 특별기고문에 나타난 그의 '입체적 사고론'이다.

"나는 모든 사물이나 그것의 변화를 다양한 각도에서 파악하는 '입체적 사고'를 강조함으로써 과거의 정확한 분석과 평가에 미래에 대한 시뮬레이션 능력을 강화시켜왔다. '입체적 사고' 없이는 첨단사업의 전개가 불가능하기 때문이다."

# 185 최소 3년은 내다보라

"현재의 우리 위치를 정확히 인식하고 최소한 3년은 내다보고 기획해야
한다. 3년 후에 무엇을 만들 것인가, 무슨 기술을 넣을 것인가를 생각해
야 한다. 그래야 강해진다. 그날 그 해에 와서 준비하려면 몸은 몸대로
고달프고 바쁘기만 하다."

1993년 초 이 회장이 한 특강에서 한 말이다.

그는 최소 3년은 내다보는 장기적인 시각을 가져야한다며 사고의 전환
을 강조한다. 그리고 일을 쫓기면서 하지 말고 적어도 3년 앞을 내다보
자고 외치며, 우리의 능력과 경험과 재력으로 얼마든지 할 수 있단다.

장기적인 시각을 강조할 때면 이 회장은 꼭 미국 거대기업들의 몰락이
주는 교훈을 예로 든다. 그는 미국의 거대기업 GE, IBM을 비롯해, 항공
사 팬암 등의 경영부진 이유로 다음과 같은 두 가지 점을 들었다.

'첫째 복수노조의 존재, 둘째 전문경영인들이 단기 이익을 내는 데만 급
급한 나머지 투자와 개발 등에서 장기적인 시각을 갖지 못했다.'

다음은 1993년 신년사에서 이 회장이 장기적인 시각을 가져야한다고
강조한 대목이다.

"우리는 정확한 정보력을 바탕으로 21세기를 위해 꼭 해야 할 사업은
무엇이며, 할 필요가 없는 사업은 무엇인가를 항상 파악하고 점검하여
대응해나가야 …. 특히 경영자는 5년 후, 10년 후에 나타날 기회선점과
기회상실의 엄청난 차이를 정확히 인식하고 예측할 줄 알아야 하며, …"

# 186 편안한 여행,
# 좋은 여건의 호텔은 투자다

"국내에서 업무를 수행중인 임직원들을 상대로 아무리 얘기해 봤자 정신이 산만해 교육이 제대로 이루어질 리 없다."

이 회장은 해외회의를 갖게 된 배경을 이렇게 설명했다.

프랑크푸르트는 12시간 이상 비행해야하는 먼 거리임에도 임직원 수백 명을 현지회의에 참석시키고, 직급에 관계없이 프리시티지 클래스를 이용하게 함으로써 이 회장은 자신의 입체적 사고를 확실히 보여주었다.

이유는 직급 간에 차등을 두지 않겠다는 것과 해외회의가 일의 연장으로 가능한 편안한 상태여야 한다는 것 두 가지다.

직급 간 차등을 없앤 것은, 이 회의를 계기로 위로부터 모두의 개혁을 주창하는 이건희 개혁의 핵심 중 하나다. 그 실천방안으로 사장단은 낮추고 일반직원들은 높여 동질감을 갖도록 해 효과를 극대화했다. 같은 이유로 도쿄나 홍콩 등 짧은 거리는 모두 이코노믹 클래스를 이용한다.

대부분의 기업들은 경비절약을 내세워 출장비를 깎고, 직급별로 여행경비와 좌석등급에 차등을 두나, 이 회장은 비행거리에 따라 좌석을 달리하는 데서 특유의 발상의 전환을 보인다. 장거리는 좋은 좌석에서 편안하게 이동해야 비즈니스의 효과를 기대할 수 있다는 논리로 회의참석자들의 숙소를 이 회장이 묵은 같은 호텔로 정한 데서도 엿볼 수 있다. 편안한 비행, 좋은 여건의 호텔에서 편하게 쉬어야 출장의 효과가 극대화된다는 것으로, 이 회장은 '이것은 지출이 아니라 투자'라고 강조한다.

# 187 두 개를 합쳐보라

"이 두 개를 합쳐보라."

삼성 휴대폰에는 이 회장의 각별한 관심과 애정이 세밀하게 깃들어있다. 애니콜 출시 전인 1993년 초 이 회장은 개발품을 작동시켜 보면서 세계 휴대폰 버튼배치의 원형이 될 제안을 했다.

"한손으로 쓰기 쉽게 기판 아래쪽에 있는 '통화(SEND)'와 '꺼짐(END)' 버튼을 위로 올리는 게 좋지 않겠느냐."

이 회장의 이 제안은 1998년에서야 실현되었다.

2002년 4월에 출시된 조가비 형태의 '이건희 폰'에도 이 회장의 아이디어가 들어가 있다. 2000년 여름, 휴가 중이던 이기태 사장은 이 회장의 호출을 받고 30여 종의 개발품을 안고 급히 한남동을 찾아와 신제품 설명을 숨 가쁘게 끝냈다.

이 회장은 가볍고 얇은 것과 폭이 넓은 제품을 이 사장에게 쥐어주며 이런 지침과 지시를 내렸다.

"이 두 개를 합쳐보라. … 잡기 편할 정도로 넓지만 휴대가 용이하게 가볍고 얇아야한다."

이 회장의 지시에 따라 조립된 제품은 2년 뒤, 1년 남짓 사이에 700만 대나 팔리는 경이적인 기록을 남겼다.

휴대폰이 작아지기만 하는 추세와는 달리 소비자들은 손에 잡기 편한 제품을 선호한다는 이 회장의 판단이 그대로 적중한 것이다.

# 188 출근부는 필요 없다

"…상품기획, 팔기위한 기획, 만들기 위한 기획, 디자인 CAD를 하기 위한, 금형을 만들기 위한 기획이 필요한데 전체가 건설적으로 왜 회의를 안 하는가? …. 모든 공장이 서도 좋다. 여기서 서는 공장은 서서 안 나오는 분량만큼은 전 그룹에서 책임진다. 상품기획실이라는 조직을 한번 만들어 보자. 모든 7~8개의 관련부서, 상품기획실에서 간사가 나오고 상품기획부터 설계, 구매, 판매, A/S 소장까지 모두 무조건 모인다. 이 자리에 안 나오면 퇴사다. 대신 그 외의 날은 출근부 필요 없다."

"상품기획을 할 때도 협력업체 다 모여서 기획해서 판매의견도 듣고 제조의견도 듣고, 만들 수 있는가, 협력업체 또한 만들 수 있는가, 이런 것을 다 듣고, 기획을 하고, 정한 다음에 디자인을 정해서 여기에 맞는, 협력업체에 맞는, 우리 생산기술 능력에 맞는 설계와 디자인을 해서 여기에 시제품을 만들고 여기서 두 번째 회의를 하고, 직·반장 급에서 한번 하고 책임자급에서도 한번 하는 것이다."

새로운 상품개발과 불량률 0%에 대한 이 회장의 욕심은 끝이 없다.

이 회장은 상품을 기획할 때도 기획자, 판매자, 협력업체의 의견과 부품 제조 가능성 등을 충분히 참작하여 기획을 한 후, 생산기술능력에 맞는 설계와 디자인으로 시제품을 만들라고 강조한다. 이 시제품 가지고도 직·반장, 과장, 책임자 급에서 평가회의를 하고 이 회의결과를 토대로 설계변경을 하되, 이때 설계변경은 많을수록 좋단다.

# 189 회의 제대로 하면
## 짐의 반 해결된다

"지금 당장 전 그룹의 모든 조직의 목표, 평가를 전부 질로 바꾸도록 하라. 지금부터 모든 조직을, 전 그룹의 전 조립제품을, 시스템과 라인의 모든 지표와 평가를 어떻게 바꾸느냐를 연구하도록 하라. 이러한 모든 것의 전제는 질로 가는 것…. 과거에는 양이 9, 질이 1이었다. 그렇다고 거꾸로 양이 1, 질이 9가 되도록 하라는 것도 아니다. 양은 0, 질이 10인 것이다. 모든 평가와 분위기, 제도를 통해 적어도 … 우리 그룹은 불량품 안 만든다는 생각을 행동에 옮겨라. 적어도 우리는 인류를 위해, 우리 민족을 위해, 소비자를 위해 좋은 물건을 만든다는 정신을 가져라."

이 회장은 질의 경영을 위해 '그룹 모든 조직의 목표와 평가방법을 질로 바꾸도록 하겠다.'며 '그룹의 모든 조립제품을, 시스템과 라인의 모든 지표와 평가를 어떻게 바꿀지 연구하라'고 지시했다. 체질화되어있는 양 경영과 그에 따른 악순환, 개개업무의 불량과 두터운 부문 간의 벽, 비효율적인 업무처리와 관련해, 이 회장은 '회의실이 왜 있는가?'라고 반문한다. 이는 회의실이 있지만 회의다운 회의는 없다는 질책으로, '회의 같은 회의 제대로 하면 불량이 반은 없어지고, 짐은 반 해결된다.'는 것이다.

"도대체 한국에, 서울에, 삼성에 뭣 때문에 회의실이 있는가. 너무 회의를 안 한다. 회의라는 것은 그저 가만히 앉아가지고 담배나 피우고 잡담이나 하고 하품하고 나가는 것이 아니다. 회의 같은 회의만 하면 불량률은 반이 없어지고, 불량이 반 없어지면 짐은 반이 해결된다."

# 190 각종회의는 모두 모여서 해라

"앞으로 기획, 디자인 등 각종회의는 모두 모여서 해야 한다. 일단 발주 이후에는 치명적 결함이나 사고가 없는 한 생산에 들어가고, 아니면 전부 파기해버려라. 붓글씨에 개칠하듯 다시 손보지 마라. 생산한 후에 반성, 평가의 기회를 갖도록 해야 한다. 시제품을 만들어서 실물크기로 모형화해서 디자인의 개념이 들어가서 완전히 하나로 만들어봐라. 그런 뒤 또 모여야 된다. 일고여덟 사람이 그렇게 모여서 이런 모양이고 저런 모양이다 얘기하라. 아직 부품 발주 나가기 전에 말이다. 두 번째 모이는 회의에서도. 여기서 설계변경을 하란 얘기다."

이 회장은 회의문화에서 기록방법뿐 아니라 각 부서중심의 회의 체제를 과감히 깨뜨리는 등 회의자체에 대한 변화에도 신경을 썼다.

앞에서도 언급했듯 반도체설비 도입이 늦어진 이유가 부서별 비효율적인 회의체계였던 만큼 이 회장은 이를 불식시키겠다며, 쓸데없는 시간낭비로 정작 할 일을 못했던 다음과 같은 예를 들었다.

"미국이 1960년대 위성발사에서 소련에 뒤지자 위성개발 책임자가 국회에 불려와 … 한 답변은 '소련에는 당신 같은 사람들이 없기 때문이다.' 였다. … 그 후 열린 국회예산심의에서 위성개발연구소의 주차장, 창고 등 부대시설비 1천만 달러 통과에는 무려 6시간이나 걸렸다. 답변과 내용을 들어도 이해가 안 되는 위성예산은 그대로 통과했지만 내용을 조금씩 아는 부대시설 문제는 너도나도 한마디씩 하느라 지연된 것이다."

# 191 회의 날 안 나오면 퇴사다

"막연한 기획이 아니고 상품기획, 팔기 위한 기획, 만들기 위한 기획, 디자인 CAD를 하기 위한, 금형을 만들기 위한 기획이 필요한데 전체가 건설적으로 왜 회의를 안 하는가? 이게 문제다. 모든 공장이 서도 좋다. 여기서 서는 공장은 서서 안 나오는 분량만큼은 전 그룹에서 책임진다. 그러면 상품기획실이라는 조직을 한번 만들어보자. 모든 7~8개의 관련부서, 상품기획실에서 간사가 나와서, 설계부터 상품기획, A/S소장까지 월요일과 화요일에는 꼭 두 번 모인다. 여기에 안 나오면 퇴사다. 그 대신 그 외의 날은 출근부 필요 없다."

이 회장은 한 특강에서 '기획이란 좋은 것을 최대로 맞추고, 나쁜 것을 최소화해야한다. 그런데 설계부터 판매까지 따로 논다는 것은 놀랍기만 하다.'고 말했다. '디자인뿐 아니라 상품기획 개념이 제로'라며 '지금까지는 목표 없이 만들기에만 급급했다'고 위와 같이 진단했다. 그리고 해결방법으로 이 회장 특유의 집단화를 제시했는데, 결국 '모이자'는 말이다.

이 회장은 '막연한 기획이 아니고 팔기 위한 기획, 팔릴 수 있는 기획이 필요하다. 상품이 나오기까지 관여하는 7~8개의 부서와 상품기획실 대표가 모두 참석하는 회의를 하라.' '서비스 소장, 구매, 또 협력업체의 의견도 수용하는데 이를 위해 매주 월, 화요일에는 무조건 회의를 가져라.' '무조건 모인다. 안 나오면 퇴사다. 대신 나머지 날은 출근부 필요 없다.'고 구체적인 방안을 제시했다.

# 192 인식전환의 방향은 질 중심, 소프트 중시, 의식국제화다

이 회장은 인식전환의 방향을 '양 위주에서 질 중심으로' '소프트의 중시' '의식의 국제화'라는 세 가지로 제시한 바 있는데, 이 세 가지 개념이 이 회장이 주장하는 '신경영론'의 근저다.

'양 위주에서 질 중심으로'는 앞의 061항을 참조하고, '소프트의 중시'와 '의식의 국제화'는 이 회장의 설명을 통해 구체적으로 알아보자.

"소프트화란 부가가치를 높이기 위한 모든 지적 활동이라고 할 수 있다. 앞으로는 소프트화가 진전되어 상품도 가격구조상 하드웨어보다는 소프트웨어 가격이 더 비싸게 될 것이다. 이러한 소프트화는 기업경영 방식에도 많은 변화를 주게 되는데, 케이블 TV에 의해 매스컴이 변하고 무점포 판매, 통신판매에 의해 유통업이 변하는 등 기존 업의 개념이 많이 달라질 것이다."

이 회장은 '한국의 국제화'의 문제점과 개선방안을 이렇게 제시했다.

"진정한 의미의 성공적인 국제화를 달성하기 위해서는 외형적인 것보다도 먼저 우리의 의식수준이 철저히 현지(現地)화되어야 한다. 우리가 현지 외국어를 안다고 해서 현지국가를 다 아는 것처럼 생각해서는 안 된다. 문화, 예술 등 각국의 사정을 알아야 현지인을 쓰더라도 마찰이 없다. 다음은 '국내에서의 국제화'가 이루어져야한다. 우리를 찾는 외국인들을 스스로 받아들일 수 있기 위해서는 도로포장률, 1인당 공원면적, 도서관 수 등과 같은 문화수준의 척도들이 일정수준까지 올라가야한다."

# 193 과감한 도전으로
# 환경변화에 적응해나갈 것

"한국의 사회구조는 다면화, 다기능화, 개인주의화가 가속화되고 세계는 더욱 정보 지향적이 되고 있으며 국제경영은 무국경화가 한층 심화되고 있다. 삼성은 대폭적인 권한 이양과 실패를 두려워하지 않는 과감한 도전 등으로 이 같은 환경변화에 적응해 나갈 것이다."

아시아의 유력한 경제 전문지 〈아시안 비즈니스〉 1990년 10월호 표지에 이 회장의 얼굴 사진이 실렸다. 〈아시안 비즈니스〉는 '이건희 회장, 일본을 따라잡기 위해 그 격차를 어떻게 좁혀나갈 것인가'라는 제목의 인터뷰를 실었다. 위는 6페이지에 걸쳐 실은 인터뷰기사 중 한 부분이다.

이 회장은 또 앞으로의 사업구상을 다음과 같이 밝혔다.

"전자, 중공업, 화학, 신소재 산업에 주력하고 첨단기술을 집약한 제품 개발에 집중 노력하며 연구 개발부터 마케팅에 이르기까지 모든 분야를 해외에서 현지화 시켜나갈 것이다."

이 회장의 이러한 국제화 개념에 따라 삼성은 현지중심의 경영과 '글로벌네트워크' 구축에 더욱 주력하고, '국제화를 위한 행동의 현지화(Targeting global, Acting local)'와 관련하여, 현지의 특수한 환경이나 문화를 존중하는 한편 현지의 산업과 문화에서 좋은 것과 보편타당한 것을 찾아 이를 수용하고 범세계적으로 적용할 수 있는 의식과 태도의 국제화를 도모한다고 발표했다.

# 194 사회 간접자본의 확충에 대한 관심과 투자가 필요하다

"선진국이 되기 위한 요소에 대해 심각하게 생각해봤다. 그것은 사회의 인프라(사회간접자본)라고 판단했다. 도로, 항만, 공항, 발전소 등의 정비는 일류 국이 되기 위한 최소한의 명함이다."

우리나라의 사회간접자본은 국제적인 수준에서 엄청나게 뒤떨어져있다. 평균 경쟁력이 10분의 1수준이라면 항만은 1/17내지 1/18에 불과하다.

다음은 1993년 8월 4일 한 일간지와 이 회장의 인터뷰내용이다.

"선진국의 현상을 직접 보면 질, 일류가 무엇인지 명확히 알 수 있다. 듣는 것과는 전혀 다르다. 특히 선진국을 돌아보면 기간시설((인프라스트럭처)이 선진국과 후진국을 판가름하는 요소임을 실감할 수 있다. 독일의 프랑크푸르트엔 공항이 3개 있다. 2백만 평 규모의 국제공항, 20만평 규모의 중형 국내선공항, 15만평 규모의 소형공항 등이 갖춰져 있는데 이런 도시가 독일엔 여러 개 있다. 이것이 바로 독일의 경쟁력이다."

도로, 항만, 항공의 사정으로 물량이동을 제대로 예측할 수 없으면 계획경제는 물론 기업체에서 강조하는 JIT도 불가능하다. 선진국의 일류기업들이 부품재고는 시간별로, 제품재고는 날짜별로 측정하는데, 삼성은 부품재고는 한두 달치, 제품재고는 두세 달치를 보유하기도 한다. 이 회장은 이에 따른 부담만도 일조 원이 넘는다고 밝혔다. 따라서 국가적 인프라의 양적, 질적 확충이 시급하고, 이에 대한 정부의 적극적인 관심과 투자가 필요하다고 강조한다.

# 195 국제화 중
## '국내의 국제화'도 중요하다

"이 세상에 독불장군이란 없다. 인간은 혼자 살 수 없다. 한 민족이 혼자 살 수 없다. 국제화함으로써 그 나라의 장점, 국민성의 장점, 민족의 장점, 지형의 장점과 우리민족과 삼성의 장점을 합해서 일석오조가 아닌 일석 십조의 개념으로, 하나 더하기 하나가 둘이 아니라 열, 천, 만이 되어야한다."

국가 간의 지리적 경계는 없어지고 기업집단의 경쟁력만 문제가 될 것이므로 국제화는 생존의 필수요건이다. 국제화라면 흔히 해외에서의 국제화를 생각하지만 이 회장은 '국내의 국제화'도 중요하다고 한다. 그는 외국인에게 길 안내, 외국인에게 불편이 없도록 지도나 도로표지 개선, 호텔종업원들의 몇 개 국어의 사용 등 사소한 것까지도 국제화되어야한다고 역설한다. 사람도 국제화가 되어야하는데, 국제경쟁에 대비해 외국어, 외국문화, 역사를 배우고 인프라를 배워야한다고 강조한다.

"앞으로 국제화를 제대로 하려면 유창하지는 않더라도 영어는 세계 공통어로 제대로 해놓고 불어, 일어, 중국어 중에 하나를 그 다음 제2외국어로 해놓고, 그 다음에 동남아 어를 하나 또 해야 할 것이다."

이처럼 국내에서의 국제화라는 '경영의 인프라'를 구축한 후에 국내에서 외국기업과, 외국에서 외국 사람과 선의의 경쟁을 하면서, 지구, 자연, 인류에 피해를 주지 않는 도덕적 경영을 통해 국제기업으로 발전해야한다는 것이 이 회장의 국제화에 대한 논리이다.

# 196 독신자 해외파견제도로
# 국제화, 현지화 하라

"한국에 있는 생산기지는 앞으로 계속 외국으로 가져간다. 우리는 디자인개념, 개발개념, 연구소개념으로 간다. 고급제품, 반도체 같은 것, 5년 내지 10년 안에는 VTR, 컬러TV, 전부 나가도록 하라."

삼성의 경쟁상대인 선진기업들은 이미 해외생산거점의 확보, 생산망의 세계체인화, 부품의 국제공급 망 확충, 사업본부현지화, 부품업체 동반진출, 수평분업과 부품의 표준화, 특허공유, 인력의 현지화, 국제화 등과 같은 '국제화, 현지화 노하우'를 상당히 많이 축적해놓고 있는 실정이다.

삼성의 경우도 국제화를 위한 다양한 제도와 기반을 조성해놓고 있다.

그 대표적인 예가 독신자 해외파견제도라는 지역전문가제도이다. 매년 2천만 달러를 투자해 4백 명을 선발, 세계 45개국에 파견하는 제도로 현지의 언어, 문화, 풍습, 역사 등을 몸에 익히게 해 사람을 국제화, 현지화하려는 대단히 파격적인 시스템이다.

뿐만 아니라 임직원 해외출장 시에도 적어도 하루 동안은 일을 떠나 관광도 하고, 선진제품을 구입하면서 세계 각국의 현지에서 우리의 위치를 체감하도록 제도화하고 있다.

삼성의 해외진출 거점은 1987년 138개에서 1992년 272개로 늘었다. 1993년 현재 57개국에 마케팅거점을 확보하고 세계 각국에 34개의 생산공장과 11개 연구센터를 갖추고 있다.

# 197 해외생산기지와 판매기지의
# 독자경영으로 대비하라

"우리는 국제화에도 힘써 세계 각국에 113개의 연구센터, 37개의 생산
공장, 그리고 272개의 마케팅 거점을 확보함으로써 다국적 기업으로서의
면모를 갖추는 한편, 미래의 국제 전문 인력 양성을 위해 세계 각국에
독신자를 파견, 연수시키고 있습니다."

삼성은 1993년 7월 본격적인 국제화시대에 대비, 해외생산기지와 판매
기지가 많은 삼성전자와 삼성물산을 축으로 한 주요 5대 권역별 해외본
사 제를 추진한다고 발표했다.

'멕시코를 생산중심지로 하고 미국과 캐나다를 마케팅, 판매와 연구의
중심지로 하는 북미본사, 유럽을 총괄하는 EC본사, 말레이시아, 인도네시
아, 태국 등을 묶는 동남아본사, 중국시장만 별도로 맡는 중국본사, 중남
미본사 등 5개 본사 제를 늦어도 5~6년 안에 구축, 가동시킬 계획이다.
이들 해외본사는 인사에서부터 관리에 이르기까지 일체의 경영권을 독자
적으로 행사하게 되며, 한국 본사와는 밀접한 커뮤니케이션 망을 구축,
신경의 중추역할을 하게 된다.'

"국내기업이 해외로 진출할 때는 먼저 생산 공장을 어디에 설립해야 하
느냐를 심각하게 고려해야 한다. 우리가 진출하고자 하는 나라의 국민성
이 좋고 생산 공장 주변의 인심이 후하고 세금이 싸고 법적제한이 가장
적은 곳이 어디인지를 적극 검토하여 조건이 맞는 곳을 선정해야 된다.
… 특히 주변의 인프라가 가장 중요하다는 것을 잊어서는 안 된다."

# 198 국제화는 민주주의 생활화부터다

"우리 기업이 진정한 국제화를 이루기 위해서는 먼저 국내외에서의 국제화가 이루어져야 한다."

이 회장은 1988년 5월 6일 경제기획원 주최로 열린 경제담당관 연수회에서 '국제화 시대에 있어서 민간주도와 정부의 역할'이라는 주제로 특별강연을 하며 국제화를 강조했다.

"권리를 주장하기에 앞서 책임과 의무를 수행하는 민주주의의 기본 정신이 생활화되어야 하며 중앙집권적, 경직적 사고방식 등 국제화의 저해요인이 먼저 제거되어야 한다. 또 우리 경제가 저임금 국가로의 생산기지 이전, 첨단기술 습득을 위한 선진국 진출, 무역장애 해소를 위한 생산기지 이전 등의 과제를 동시에 진행시켜야 하는 어려운 시기에 있다. 이를 타개해 나가기 위해서는 정부, 기업, 국민 모두가 국제화시대에 맞는 사고와 제도를 재정립해야 한다."

이 회장은 국제화를 위해 이렇게 해야 한다고 강조했다.

"미래지향적이고 도전적인 경영을 통해 90년대까지는 삼성을 세계적인 초일류기업으로 성장시킬 것이다. 이를 위해 첨단기술 산업 분야를 더욱 넓히고 해외사업의 활성화로 그룹의 국제화를 가속시킬 것이며 새로운 기술개발과 신경영기법의 도입 또한 적극 추진해나갈 것이다."

위는 이건희 회장이 1987년 12월 1일 회장에 취임하면서 한 취임사의 일부로, 해외사업의 활성화로 그룹의 국제화를 가속시키겠다는 각오다.

# 199 사람의 국제화가 우선이다

"영국의 화폐단위는 파운드, 실링인데, 이것 하나 바꾸는데 수천만 파운드를 쓰고 20~30년 걸려서 겨우 하나 바꾸었다. 전 세계가 km, m를 쓰고 있는데 미국은 여전히 마일을 사용한다. 이것을 바꾸려면 사고도 많이 따를 뿐 아니라 몇 백억 불의 비용 가지고도 어렵다고 한다. 그러다보니 마일도 km도 다 알아야한다."

이 회장은 '삼성은 국제화로 간다.' 그러기 위해서는 다양성과 다방면의 상식을 갖추고 머리가 유연해져야한다고 힘주어 말한다. 이건희 회장이 생각하는 국제화는 궁극적으로 삼성의 국제화이자 삼성인의 국제화이다.

수출을 늘리고 해외에 현지공장을 짓고 주재원을 파견하는 등 해외사업을 확대하는 정도의 개념이나 선택의 문제가 아니라 사활이 걸린 문제라며 이 회장은 국제화에 대해 열을 올리며 설명한다.

'기술, 품질, 마케팅, 의식구조까지 모든 것이 선진기업과 대등한 수준이 되어야 비로소 국제화라는 표현이 적합하다. 이제까지의 국제화는 주로 판매나 생산부문에서 집중적으로 이루어져 왔으나 급속한 기술변화, 고기술 장벽 등에 신속하게 대응하기 위해서는 연구, 기술개발부문의 국제화도 전략적으로 적극 추진해야한다. 동시에 국제화를 풀어나가는 것은 결국 사람인만큼, 해외주재원이나 해외사업에 관련된 임직원뿐 아니라 국내에서도 관리, 생산, 구매, 기술 등 각 분야에 종사하는 모든 사람이 국제화된 시각과 의식을 갖추어야한다.'

# 200 국제화, 현지화 잘해서
# 일석삼조 만들자

"가령 서양과 한국의 '가라, 오라'는 손가락질의 방향과 의미는 정반대이다. 세계적으로 사람은 좌측통행이지만 영국은 우측이고, 자동차 운전석도 마찬가지이다. 또 일본에서는 술잔을 먼저 주는 사람이 아랫사람이지만 한국은 정반대다. 같은 술이라도 한국과 일본의 주법은 반대다."

"한국, 일본, 중국은 어린아이의 머리를 쓰다듬으면 예쁘고 귀엽다는 친근감의 표시인데, 같은 동양권이라도 태국은 머리를 쓰다듬으면 모욕 받았다고 칼 들고 쫓아온다. 이슬람 문화권에서는 자동차사고가 나서 아이가 죽으면 재판을 하지 않고 상대방의 아이를 데려온다고 한다."

나라, 지방, 민족마다 관습, 사고, 역사, 사회풍속, 도덕관 등이 모두 제각각 다르기 때문에 국제화, 현지화가 필요하다.

그리고 이 회장은 국제화에 있어서도 적극적, 공격적 경영을 강조한다.

"우리 시장 하나 개방해줌으로써 적어도 100개 이상의 중상층 이상 국가에 하나 주고 100개 얻어오는 것이다. 복합화와 기회선점만 된다면 충분히 그런 결과를 만들어낼 수 있다. 만약에 복합화에 실패하고 기회를 상실한다면 플러스 100의 개념이 마이너스 1의 개념으로 엄청나게 뒤바뀌고 만다." "세상에 독불장군 없듯이 인간은 혼자 살 수 없고, 한 민족 혼자 살 수 없기 때문에 국제화만 잘한다면 그 나라의 장점, 국민성의 장점, 민족의 장점, 지형의 장점과 우리나라의 장점, 구체적으로 삼성의 장점을 합해서, 1석5조가 아닌 1석10조의 개념으로 만들 수 있다."

# 201 국제화의 기초는 언어능력이다

"앞으로 국제화를 제대로 하려면 유창하지 않더라도 영어는 세계 공통어로 제대로 해놓고 불어, 일어, 중국어 중에 하나를 제2 외국어로 해놓고, 그 다음에 동남아 어를 하나 또 해야 할 것이다."

국제화를 이루기 위해서 이 회장이 삼성 인들에게 요구하는 것은 우선 언어능력이다. 초일류를 지향하는 삼성 인들이라면 영어, 일어, 중국어, 불어, 또는 베트남어 등의 언어 가운데 두 나라 말은 할 수 있어야한다는 것이다. 또 국제화에 대해서 이런 말도 했다.

"현재 직·반장 급에서 영어를 하는 사람은 거의 없다. 직·반장 급에서 영어를 할 줄 아는 사람이 10%만 되면 전자업이고 조선업이고 전부 해외에 보내 국제기지를 만들면 내가 구상하는 것이 5년은 더 빨라진다."

"국제화라고 하는 것이 꼭 해외에서의 활동만을 의미하는 것은 아닙니다. '국내의 국제화'를 생각하는 분이 몇 분 없는데 단순한 얘기로 외국 사람이 길을 물으면 도망가지 않고 친절하게 안내할 수 있는 것도 국제화 훈련의 하나입니다. 지도나 도로표지도 다 바꿔야 하고 공중변소의 시설도 제대로 갖추어야 합니다. 이런 정도의 도로 점유율로는 관광사업도 제대로 될 수 없습니다. 호텔의 경우에도 종업원들이 전부 영어 일변도인데 그 수준도 높여야할 뿐만 아니라 전 종업원이 영어는 물론 일어도 구사할 수준이 돼야 합니다. 이렇듯 국내의 국제화에도 많은 노력과 비용이 필요합니다."

## 202 일만하다 돌아오는 해외출장은 애사심이 아니다

"국제화도 제가 취임한 이후 가장 역점을 두어 추진하고 있는 부분입니다. 당시에는 국제화라는 개념이 제대로 안 되어 있는 실정이었습니다. 그래서 입사 4년에서 5년이 되는 대리급을 1년간 미국에 보내 생활하게 하되, 업무 등 의무는 절대로 주지 못하게 했습니다. 그 나라의 언어를 하루 4시간 이상 공부하게 하는 것이 유일한 의무이고 그 이외에는 모두 자유생활을 하도록 했습니다. 자동차면허증도 그 나라에서 한 번 더 따도록 하는 등 그 나라에 대해 깊이 이해하도록 하고 있습니다. '독신 파견제'라고 하는 제도인데 사원이 젊을 때부터 국제화를 체득하게 하는 제도로 매년 2천만 달러를 투자하여 40개국에 4백여 명을 파견하고 있습니다. 앞으로 2~3배 정도는 늘릴 계획을 가지고 있고, 과장, 부장 등 간부급과 이사, 상무까지로 확대해 나갈 계획입니다. 또한 해외 출장 시 하루 동안은 반드시 관광을 실시하고, 샘플용 선진제품을 구입하면 회사가 지원하도록 하고 있습니다. 밤잠 안자고 비행기 안에서 녹초가 되어 돌아오는 식의 출장은 더 이상 애사심이 될 수 없으니, 3일 걸리는 일이면 4일간을 보내 명소도 좋고 어디든지 그 나라의 문화를 익힐 수 있는 곳을 찾아 관광하도록 하고 있습니다. 일본의 경우, 아키하바라라는 전자 도매 상가를 찾아 제품을 구입하면서 다양한 물품 중 왜 그것을 사게 됐는지, 기능의 차이는 무엇인지, 얼마짜리를 사야하는지를 적어내도록 하고 있는데 이것이 유일한 의무인 셈입니다."

# 203 외국사람 길 안내도 국제화다

"국제화, 지구화에 대해서도 보다 깊이 생각하고 이에 따른 변화를 잘 이해해야 합니다. 제품을 개발해도 전 세계, 전 인류를 대상으로 생각해야 합니다. 예를 들어 자동차 중에서 최고급으로 인정받는 벤츠는 영하 50도에서 섭씨50도까지의 온도에 견딜 수 있도록 만들어진다고 합니다. 대부분의 차는 영하30도에서 영상40도에만 견딜 수 있으면 충분한데 이렇게 폭을 넓히는 이유는 적도에서부터 북극, 남극 어디에서도 쓸 수 있도록 만들기 위한 것입니다. 바로 이런 정신이 우리에게도 필요합니다."

국제화는 세계가 제품개발의 전제인 동시에 판매의 대상이기 때문에 중요하다. 제품개발자는 이제 전 세계, 전 인류를 대상으로 생각해야 한다.

"한국에 있는 생산기지를 앞으로 계속 외국으로 가져간다. 우리는 디자인개념, 개발개념, 연구소개념으로 가져간다. 고급제품, 반도체 같은 것, 그리고 5~10년 내에는 VTR, 컬러TV 전부 나가도록해라. 중요한 것만 깔끔하게 하는 유통개념으로 가져간다. 멕시코 쪽과 일부 미국, 캐나다가 한 덩어리다. 북미, 캐나다, 멕시코 북쪽의 생산기지는 멕시코가 될 수 있다."

이것은 '국제화란 발상을 크게 하고 인간의 능력을 키우자는 것'이라는 이회장의 소신에 부합하는 구상이라고 할 만하다.

이 회장은 또 외국 사람이 길을 물으면 도망가지 않고 친절하게 안내할 수 있는 것도 국제화 훈련의 하나라고 한다.

# 204 해외시장진출은 현지지역사회의 발전에도 기여해야한다

"한국의 현 상황과 대기업의 현 위치를 고려할 때 이제는 해외로 진출해나가지 않으면 안 되는 상황이므로 대기업은 해외현지시장의 개척을 통해 판로도 확보하고 해외에 진출할 때는 처음부터 협력업체와 협의하여 동반진출을 모색해야할 시점입니다."

삼성의 해외시장진출은 현지지역사회의 발전에도 기여해야 한다는 이회장의 기본방침에 따라 단독투자보다는 현지유력업체와의 전략적 제휴나 합작을 지향한다. 이는 상호주의정신에 기초해 서로의 취약점을 보완하고 현지파트너를 통해 소비자의 요구를 수렴할 수 있는 효과도 있다.

특히 개발도상국이나 사회주의 경제권으로 진출할 때는 사업 자체의 수익성보다는 장기적이고 포괄적인 협력을 지향한다. 이는 현지의 우수업체를 발굴하여 합작 사업을 추진함으로써, 삼성의 기술과 경영노하우를 이전하고 해외시장개척의 경험을 공유한다는 방침을 정해놓고 있기 때문이다. 투자형태도 현지 조립생산에 국한하지 않고 현지의 경제개발정책에 부응하는 사업을 개발하고, 상호보완적인 국제 분업체제를 구축해 현지의 생산구조와 능력을 개선하는 데 힘을 기울이고 있다.

그 예로 필리핀 솔리드사와 공동으로 국제공업단지를 조성하고, 입주업체 컨설팅, 현지생산 및 제품의 수출대행까지 맡아 신 상권을 창출하고, 중국에 TV용 튜너를 기술지도하고 위탁생산하여 핵심기술 전수, 태국에 컬러TV 합작공장을 설립해 생산기술과 경영노하우를 제공했다.

# 205 의식과 태도의 국제화를 도모하라

"해외파견본부장, 지점장들은 한국에 들어오면 본사에도 나오고 비서실에도 나와서 강연을 해라. 그때를 맞춰서 … 본사 임원, 간부, 해외담당자를 대상으로 교육할 수 있지 않겠는가. 해외지점장들이 … 해외에서의 문제점을 강연으로 생생하게 여러 사람들을 앉혀놓고 한꺼번에 할 수 있다. 또 이 기록을 남겨 정보로 활용할 수도 있다. … 문서화해서 해결이 안 되면 즉시 강연으로 '이런 문제점을 해결해 달라'며 문제점을 낱낱이 공개해야 된다. 그래서 서로 토론해야 한다. 의견, 이견은 얼마든지 평소에 말할 수 있는 풍토를 만들어서 회의를 열어 결정하면 된다."

삼성은 현지의 소비자에게 가장 적절한 사업 활동을 펼치기 위해 외국어를 비롯한 국제경영자 양성교육, 파견지역 전문가양성 등을 통해 현지인과 함께 호흡하며 사업을 전개할 인력을 양성하고 있다.

지역연구소를 가동, 해외지역정보를 축적하여 활용하고 있다. 인종과 언어가 다른 세계 각지에서 우수한 현지 인력을 발굴, 본사초청 입문교육이나 기술연수를 통해 삼성의 경영철학을 공유하고 필요한 직무능력을 갖춘 삼성그룹의 일원으로 양성한다.

'국제화를 위한 행동의 현지화(Targeting global, Acting local)'라는 모토아래 삼성은 현지의 특수한 환경이나 문화를 존중하고 현지의 산업과 문화에서 좋은 것과 보편타당한 것을 찾아 이를 수용하고 범세계적으로 적용할 수 있는 의식과 태도의 국제화를 도모한다는 전략을 세웠다.

# 206 전 임원의 동시 장기해외출장

"사원들에게 선진 외국의 실상을 직접 보여주기 위해서이다. 지금까지 외국여행이야 많이들 했지만 …, 선진국의 생활의 질과 기술수준을 분석적으로 느끼지는 못했지 않나. 사원들은 우선 기업의 국제경쟁력에 직결되는 인프라스트럭처(사회 간접자본) 견학을 하고 있다. 항만, 공항, 도로, 전력 등의 시설에 대한 수준 등을 구체적으로 살피면서 우리의 실상을 느끼도록 하는 것이다. 다시 말해 일류국가는 어떻게 해왔나 하는 것을 보여주고 의식을 고쳐시키기 위한 것이다."

"선진국의 현상을 직접 보면 질, 일류가 무엇인지를 명확히 알 수 있다. 듣는 것과는 전혀 다르다. 특히 선진국을 돌아보면 기간시설(인프라스트럭처)이 선진국과 후진국을 판가름하는 요소임을 실감할 수 있다. 독일의 프랑크푸르트엔 공항이 3개가 있다. 2백만 평 규모의 소형공항 등이 갖춰져 있는데 이런 도시가 독일엔 여러 개 있다. 이것이 바로 독일의 경쟁력이다."

이건희 회장은 기업경영 초유의 일을 또 하나 저질렀다.

각 계열사 별로 전 임원의 동시 장기해외출장을 실시키로 한 것이다. 출장기간은 한 달. 삼성그룹은 각 계열사의 전 임원들이 미국, 일본, 유럽 등으로 동시에 출장을 떠나 업무간여는 물론 회사와의 연락마저 끊게 해 초일류기업들의 선진 경영기법 견학에 전념토록 하고, 회사업무는 최고경영진과 부장급 간부들을 중심으로 수행토록 한다는 계획을 세웠다.

# 207 1류의 요건은
## 국제화, 집단 내 행정자율화다

"한 나라가 2~3류라 하더라도 기업은 특류, 1류 얼마든지 가능하다. 자신한다. 2류 국가에서 1류~2류 기업이 2.5~3류로 떨어지는 것은 간단하다. 10~20년 전과 비교해 보자 명멸한 기업이 얼마나 많은가! 요즘 신문지상에 나오는 '한양(1~2류 수준)', 옛날의 화신, 천우사 등이 사라졌다. 대부분이 1~2류에서 2~3류로 하락하는 게 기업의 속성이다. 한국에서 삼성은 1~1점 몇 류 수준이다. 그런데 우리나라는 특류는 불가능하다. 국민성, 지정학적 위치 등에 따라 1류도 어렵다. 그러나 국민성, 38선, 남북대립, 정치권력의 안목으로 1류 가려면 개혁 못지않게 상식, 지식, 자율의 복합화 없이는 안 된다. 기업, 특히 삼성은 나라가 1.5~2류라도 국제화를 통해 잘하면 1류, 특류, 특A류도 될 수 있는 위치다. 1류란 국가, 기업이 상대적으로 나은 것, 특류는 누구보다 나은 것이다. 1류, 특류의 요건은 철저히 국제화하고, 모든 집단 내 행정자율화가 그 요건이다."

이건희 경영철학의 체계와 요점은 위기의식과 자기반성, 도덕성과 인간성과 자율성을 회복하는 자기 자신의 변화, 질 위주의 경영, 복합화와 국제화, 21세기 기업의 핵심 경영능력인 최고효율, 초일류기업, 1류·특류다. 이 회장을 더 잘 이해하려면 그가 모든 해외현지회의에서 강조한 '1류론·특류론'의 실체를 알아야한다. 1993년 6월 15일 독일 프랑크푸르트에서 열린 품질관련특강에서 그는 1류와 특류의 요건을 위와 같이 정의했다.

# 208 사장은 경영 인프라 확장에
# 애써라

"기업의 규모 성장에 따라 보안, 안보, CAD/CAM(컴퓨터에 의한 디자인/제조), 소프트 엔지니어, 지역전문가 등 여러 가지 경영 인프라의 수준도 같이 가야하는데 아직 선진수준에 못 미치고 있다. 사장은 큰 전략의 방향을 잡아주고 회사의 백년대계를 위해 경영 인프라가 튼튼하게 될 수 있도록 애를 써야한다."

"기회경영의 관점에서 볼 때 국내의 인프라가 부족하여 국가경쟁력에 미치는 기회상실은 금액으로 환산할 수 없을 정도라는 점을 강조하고 싶다. 우리나라의 항만, 도로, 비행장과 같은 사회 간접자본은 국제적인 수준에서 엄청나게 뒤져있는 실정이다. 평균 경쟁력이 일본의 1/10수준이라면 항만은 1/17~1/18에 불과하다. 상대적으로 엄청나게 뒤져있다는 것을 실증하는 자료다. 도로점유율을 보더라도 서울 18%, 동경 20%, 뉴욕 38%, 워싱턴 40%, LA 42%로 서울의 도로수준이 가장 열악하다. 과거 서울에서 10분 가던 거리도 이제는 1시간 걸려야 갈 수 있다는 것이다. 4천만 인구가 하루에 1시간만 손해 보면 절대 액은 말할 것도 없고 거기에서 발생하는 경제손실은 엄청난 것이다. 5공 초기에 정권이 강력한 힘을 바탕으로 그 당시 도로율 1%를 올리는 데 1조원밖에 안 들었다. 지금 도로율 1%를 올리려면 돈도 돈이지만 민주화의 영향으로 과연 실현가능할지도 의문이다. 경제효율과 기회상실의 측면에서 볼 때 그 비용은 단순계산으로는 측정할 수 없는 엄청난 차이가 있다는 것이다."

# 209 직접 보고 착각에서 깨어나라

"예컨대 독일의 아우토반, 프랑스 원전 등을 눈으로 직접 보고 깊이 관찰해 우리도 선진국 문턱에 와있다는 착각에서 깨어나라는 의미에서 해외로 임직원을 불러냈습니다. 지난 20년간 삼성은 매출이 450억 원 규모에서 35조원으로 늘었습니다. 열심히 일해서 그런 줄 알지만 착각입니다. 1970~1980년대의 고도성장은 반도체, 주식회사, 컴퓨터의 출현에다 생산대국 일본에 인접한 지리적 이점이 있었고, 소 팔고 논 팔아 교육을 시킨 결과가 한데 어우러진 결과입니다. 그런데 삼성을 포함해서 너나없이 제 잘난 것으로 생각하고 있어 그것을 깨우치려는 것입니다."

이 회장은 왜 엄청난 돈을 들여가며 해외회의를 했을까?

위는 한 인터뷰에서 '왜 엄청난 돈을 들여가며 해외에서 교육을 하고 있습니까?' 라는 기자의 질문에 대한 이 회장의 답변 내용이다.

이 회장은 수십억 원의 귀중한 외화를 쓰며 1,800여 명을 불러 고급호텔에서 해외회의를 한 이유는 '눈으로 직접 보고 착각에서 깨어나라'는 의미에서란다.

이 회장의 해외회의에 부정적인 사람들의 공통적인 지적은 '국내에서 하면 돈도 절약될 것'이라는 점이다. 그러나 이 회장은 7~80년대 고도성장 환경과 일본에 인접한 지리적 이점, 적극적인 교육이 어우러진 결과임에도, 제가 열심히 일하고 잘나서 매출이 늘었다는 착각을 깨우쳐주려고 돈 들여서 해외회의를 했다는 데서 그의 특이한 입체적 사고가 드러난다.

# 210 국제화의 핵심은 '인류가 잘 사는 것'이다

"어릴 때부터 일본, 미국 등지를 여행하고, 그곳에서 살기도 하고 공부도 하면서 국제적 감각을 익혔다."

이 회장은 한 특강에서 위와 같이 말한 적이 있는데 국제화에 대한 그의 의지는 자신의 특별한 경험이 크게 작용하고 있음을 보여준다.

그는 세계를 무대로 한 경영의 필요성과 그 효과를 잘 알고 있기 때문에 타국에서 경영활동을 하기 위해서는 장기적인 안목으로 국제화해야 한다고 말한다. 다음은 이 회장의 국제화 전략에서 자주 강조한 핵심적인 내용으로, 결국은 '인류가 같이 잘살자'는 것이다.

"우리 문화와 풍습을 소개하고, 현지의 문화를 이해하고, 그 나라에 이익이 되는 것을 10~20년 내다보는 장기계획을 세워서 현지에 적응해야 한다." "삼성은 국제화로 간다. 국제화를 위해서 어떻게 해야 되는가? 다양화, 상식, 머리가 유연해야 한다. 왜냐하면 나라마다, 지방마다, 민족마다 다 다르기 때문이다. 고정관념을 가지면 절대 안 된다. 그 나라의 습성, 역사, 사회풍속, 예의 도덕 다 다르다. 모든 것의 기존 개념을 완전히 부수고 머리를 유연하게 해놓지 않으면 안 된다." "국제화, 복합화, 다양화는 다 같은 이야기다. 삼성은 같은 방향으로 가야 된다. 인류에 도움은 안 되더라도 해를 주면 안 된다. 국제사회에 미움을 사면 안 된다. 나라가 먼저 있고 그 다음은 소비자가 제일 중요하다. 그 다음은 내 건강이 제일 중요하다."

# 211 국제적 감각은
## 상대에 대한 이해와 공감이다

"일본에서는 술잔을 먼저 주는 사람이 아랫사람이지만 한국은 받는 쪽이 아래다. …. 한국, 일본, 중국은 어린이 머리를 쓰다듬으면 예쁘다는 친근감의 표시인데, 태국은 머리 쓰다듬으면 모욕을 받았다고 칼 들고 쫓아온다. 이슬람교에서는 자동차 사고가 나서 아이가 죽었다면 재판을 하지 않고 상대방의 아이를 데리고 오라고 한다."

이 회장은 어떤 나라든 습성, 역사, 예의, 도덕이 모두 다르기 때문에 국제화를 위해서는 상식과 기존의 고정관념을 완전히 버린 유연한 사고가 필요하다고 강조한다. 그의 국제화론은 한마디로 '더불어 사는 것'이며, '국제적 감각'을 길러야한다며 다음과 같이 강조한다.

"이 세상에 독불장군이란 없다. 인간은 혼자 살 수 없다. 한 민족이 혼자 살 수 없다. 국제화함으로써 그 나라의, 국민성의, 민족의, 지형의 장점과 우리나라와 삼성의 장점을 합해서 1석5조가 아닌 1석10조의 개념으로 하나 더하기 하나가 열이 아니라 천, 만이 되어야한다.

이 회장은 국제화를 등한시했을 때 나올 결과를 미국의 거리와 면적 단위를 인용해 다음과 같이 설명한다.

"전 세계가 Km, m를 쓴다. 그러나 미국은 아직 마일을 쓰고 있다. 갑자기 바꾸면 사고도 많고, 몇 십억~몇 백억 원의 돈도 든다. 자연히 마일, Km를 모두 알아야한다. 이것은 전 미국국민의 부담이다. 모든 약속의 통일이 국제화의 필수요건이다."

# 212 국제화는 현장공부가 최고다

"각 부서의 우수한 사람은 일본 아키하바라에 아파트를 얻어서 한 달 동안 보내도록 하라. 일본제품을 계속 돌아다니면서 볼 수 있도록…."

위는 1993년 초 도쿄사장단회의에서 이 회장이 지시한 내용으로 국제화 의지가 잘 드러나 있다.

이 회장은 현장공부보다 더 좋은 것은 없다는 신념에서 그룹회장 취임과 함께 독신자파견 제도를 도입했다.

이 제도는 입사 4~5년의 대리급 독신자들을 외국에 보내 1년간 생활하게 하되, 그 나라의 언어를 하루 4시간 이상 공부하는 단 하나의 의무만 준다. 이외에는 모두 자유생활을 보장하며, 그 나라의 자동차운전면허증을 한 번 더 따도록 하고, 살면서 문화와 관습 등을 체험하도록 한다. 40개국에 400명을 파견하여 현지화, 국제화를 추진 중이다.

이 회장은 한 강연에서 이 제도의 성과를 다음과 같이 인정하고 있다.

"앞으로 숫자를 2~3배 늘리고, 대상도 부·과장 등 간부, 이사, 상무 등 임원으로까지 확대할 계획이다."

이 회장은 삼성 인의 국제화와 관련하여 현장경험을 특별히 강조한다. "직접 선진제품을 구입, 자기가 만들 제품과 기능, 가격, 디자인 등을 비교해야한다."는 이 회장의 소신에 따라, 삼성은 해외출장 시 반드시 하루는 관광을 실시하도록 하고, 샘플용으로 선진국제품 구입 시 그 비용을 회사가 지원한다.

# 213 현지화 할 때는
## 하드적인 요건에 따르라

"냉장고, 세탁기를 개발할 때에도 한국에 맞추면서 동남아에도 같이 팔 수 있는 금형을 처음부터 만든다면 금형 50만개 한 것을 나중에 금형만 이곳으로 가져다가 여기서 30만개를 돌려도 되는 것이다."

이 회장은 "한 나라의 절대적 경쟁력은 소프트적인 것(헌법, 상법, 정신적 요건, 풍습 등)과 하드적인 것(항만, 도로, 공항, 동력, 물, 고용 등)에 따라 결정된다. … 삼성이 국제화를 위해 해외에 거점을 마련할 때는 바로 하드적인 요건(7~8개)에 따르면 된다. … 이것이 바로 삼성의 헌법이다."라고 지적한다.

삼성뿐 아니라 다른 국내 업체들의 경쟁력 없는 저부가가치상품의 생산기지는 앞으로 계속 후발개발도상국으로 옮겨야한다. 이 회장은 생산기지 이전 과정에서도 발상의 전환이 필요하다며 위와 같이 말했다.

"최선이란 무엇인가? 국제화라는 것이 무엇인가? 발상을 크게 하고 항상 인간의 능력을 키우자는 것이다. 조직에 이기주의가 생기고 회사에, 법인에, 그룹에 이기주의가 생기면 한계가 노출되어 더 이상 클 수가 없다. 수주 팀이다 뭐다 전부 국제화, 그룹화 시켜야 된다."

이 회장의 이 말은 결국 그룹차원에서의 국제화와 통합이 필요하다는 것이다. 발상을 크게 하고 능력을 키우는 국제화가 잘 되면, 성장을 저해하는 계열기업체 간의 이기주의와 벽도 허물 수 있다는 게 이 회장의 지론이다.

# 214 본사는 힘이 아니라 센터다

"현지의 외국인에게도 삼성정신을 심어 국제화시켜야한다. 정보, 정치동향 모두 모아라. 세계 모든 지점을 통해 업종별로 자료를 모아 피드백시켜라. 전자, 중공업, 전기, 전관, 항공 등은 같은 회사다. 서로 벽 치지마라. 삼성인은 삼성 아래 하나다. 이것이 국제화시대에 필요한 의식이다."

"전 세계에서 삼성과 관련된 정보를 수집하라. 과장급 이상은 한마음이어야 한다."

현지인도 국제화시키면 다음 단계인 해외생산 법인의 통합이 쉬워질 수 있다. 삼성은 1992년 세계 각국에 계열사별로 몇 개씩 있는 법인과 지사의 통합 계획을 마련하여 추진했으나 별 진척을 보지 못했다.

이 회장은 그룹통합체제에 미련이 있음을 다음과 같이 내비쳤다.

"유럽의 삼성을 한 법인으로 통합해보자. 전 세계는 국제법이 어려우니 우선 EC만 합쳐보자. 한국의 본사 개념이다. 본사는 힘이 있는 게 아니라 센터 개념이다. 중동, 아프리카는 그 다음이다."

"한국에 있는 생산기지는 앞으로 계속 외국으로 가져간다. 우리는 디자인개념, 개발개념, 연구소개념으로 가져간다. 고급제품, 반도체 같은 것, 5~10년 내에는 VTR, 컬러TV 전부 나가도록 해라. 중요한 것만 깔끔하게 하는 유통개념으로 간다. 멕시코북쪽과 일부 미국, 캐나다가 한 덩어리다. 북미, 캐나다, 멕시코 북쪽의 생산기지는 멕시코가 될 수 있다."

# 215 국제화는 외국출장 횟수가 아니라 직접 체험하는 것이다

"나 혼자 쉬고 있을 테니 여러분은 유럽의 독종과 생존, 그리고 일류문화를 경험해보도록 하세요."

1992년 8월 중순, 임원들과 함께 유럽을 방문한 이 회장이 스위스 취리히에 여장을 풀었다. 호텔에 도착하자마자 이 회장은 이학수 비서실 재무팀장, 김순택 비서팀장, 양해경 삼성물산 프랑크푸르트 지사장 등을 방으로 불러들였다. 숨 돌릴 겨를도 없이 모여든 그들에게 창밖을 내다보던 이 회장은 이렇게 말문을 열고 '특별휴가'라는 말을 건넸다.

국민소득이 3만 달러에 이르는데도 바티칸시티의 근위병으로 용병까지 파견하며 외화를 벌어들이는 스위스의 '독종근성', 독일이라는 강대국에 치이면서도 Bang & Olufsen 등 경쟁력 있는 기업이 다수 있는 덴마크의 '생존본능', 국가경제를 대기업도 없이 관광산업에 의존하고 있는 오스트리아의 일류문화를 직접 느껴보고 교훈으로 삼으라는 것이었다.

임원들은 그 전엔 출장을 가면 으레 업무상 거래 선만 만나고 바로 다음 행선지로 이동했기 때문에 잦은 유럽출장에도 에펠탑 한번 보기 힘들었는데 이 회장은 이런 통념을 과감히 깨뜨려놓았다. 이 회장은 국제화의 의미를 외국출장 횟수가 아니라 출장 간 나라의 인프라와 문화를 보고 직접 체험하는 것으로 바꾸어놓았다.

졸지에 휴가를 얻은 임원들은 '소국의 생존'과 '생존을 위한 독종'을 테마로 스위스→오스트리아→이탈리아 북부→덴마크를 돌아보았다.

# 216 우수인력을 지역전문가로 키워야 국제화된다

"A급을 보내라고 했더니 어떻게 B, C급이 대다수냐? 당장 아쉬울지 몰라도 우수인력을 지역전문가로 키워야 삼성이 국제화되고 세계화된다."

국제화된 인력양성에 대해 이 회장이 깊은 관심을 가지고 있음을 보여주는 일화다. 1994년 현명관 비서실장을 비롯해 비서실팀장들을 집무실로 모두 불러 모은 자리에서 이 회장은 그 해 지역전문가로 선발된 인원들의 인사고과표와 어학성적표 등을 하나하나 꼼꼼히 체크하고 나서 이우희 인사팀장을 이렇게 나무랐다.

지역전문가는 삼성의 국제화를 위해 키운 국제화인력으로 이 회장이 10~20년을 내다보고 양성한 '10만 대군'인 셈이다. 실제로 삼성은 이 지역전문가제도를 통해 2003년까지 2,500여 명의 전문가를 양성했으며, 1995년부터는 '테크노 MBA제도'를 실시해 460여 명의 해외 우수대학 출신 MBA를 양성했다. 또한 국제화를 더욱 가속시키기 위해 국내인력의 해외체험 기회를 확대하고, 미래전략그룹으로 대표되는 해외인력을 과감하게 채용하고 육성하는 국내의 국제화 전략도 병행시켰다.

이 회장은 2002년 11월 사장단회의를 주재하면서 '5년 쯤 후엔 사장단회의를 영어로 진행해야한다'는 생각을 넌지시 내비치며, 삼성의 국제화 수준이 아직 이 회장의 눈높이에 못 미치고 있음을 암시했다.

2003년 하반기부터는 신입사원입사 때 회화능력을 측정해 인센티브를 주고, 삼성물산은 토익 730점 이하는 과장으로 승진할 수 없도록 했다.

# 217 세계 제일을 추구하라

"제2창업은 우리 모두가 21세기를 자랑스럽게 맞이하기 위한 영광의 선언이요, 격변의 시대를 이겨내는 절체절명의 생존선언인 동시에 국내 정상에서 세계 속의 일류로 도약하기 위한 새 출발의 신호였습니다. 앞서 경과보고도 있었지만 지난 5년 동안 우리는 실로 많은 일들을 해왔습니다. 외형적으로 두 배 반의 성장을 이룩하며 더불어 국민들로부터 사랑을 받고 국가 사회에 봉사하는 국민기업으로서의 삼성의 모습을 한층 새롭게 하였습니다. 그러나 우리 모두가 기대했던 만족할만한 성과는 결코 아니었다고 생각합니다. 세계가 급변하는 가운데 우리의 갈 길은 멀고, 도전은 계속되고 있기 때문입니다. 21세기를 앞두고 남은 7년은 우리가 세계 초일류기업으로 살아남느냐 아니면 주저앉고 말 것인가를 결정하는 마지막 결단의 순간이 될 것입니다."

1993년 3월 22일에 있었던 삼성의 제2창업 5주년 기념식사 중의 일부이다.

삼성그룹의 창업주 고(故) 이병철 회장과 현재의 이건희 회장은 여러 가지 면에서 비교가 가능하지만, 무언가를 집요하게 파고드는 정신, 즉 '완벽주의 혹은 최고주의 정신'은 두 사람이 완전히 닮았다고들 말한다.

다만 차이가 있다면 고(故) 이병철 회장이 국내제일을 추구하는 데 그쳤다면, 이건희 회장은 위에 인용한 기념사를 통해서도 알 수 있듯이 세계제일을 추구하고 있다는 사실 정도이다.

# 218 전략적 기회경영은 예측과 경영철학이 전제조건이다

"기회선점 경영으로 보다 전략적인 경영풍토를 만들어나가야 하겠습니다. 기회선점을 위한 전략경영의 실천은 바로 21세기에서 살아남는 기업의 조건입니다. 우리가 살고 있는 오늘의 세계는 변화의 시대이며 경쟁의 시대이며 또한 불확실성의 시대입니다. 잘 사는 나라는 더 잘 살기위해, 못사는 나라는 그들 나라대로 좀 더 잘 살기 위해 기회선점의 경영전략을 도입하고 이의 실천에 안간힘을 쏟고 있는 것이 현실입니다."

전략적 기회경영에는 실패에 대한 위험부담이 따른다. 그리고 인력이나 자금 등이 선행투자 되는 데 비해 그 효과는 먼 장래에 나타난다. 따라서 회사의 제도나 여건이 뒷받침되지 않으면 실행하기가 어렵고, 경영자의 뚜렷한 철학과 경영원칙이 세워져있지 않으면 아예 불가능하다.

그러므로 전략적 기회경영에는 미래의 경영환경 변화에 대한 정확한 예측과, 경영자의 경영철학이 전제되어야 한다.

미래의 경영환경 변화를 예측하기 위해서는 먼저 자신의 강점과 약점을 파악하고, 기술의 진보, 소비자의 의식변화, 세계 경제동향 등을 면밀히 파악해야 한다. 회사의 조직 및 업무시스템의 효율성에 대한 분석, 부문별 인력수준과 기술력, 상품개발력 등에 대한 전략을 세워 경영해나가야 한다. 종합정보시스템을 갖추어 정보를 수집, 분석하고 이를 효과적으로 활용할 수 있도록 시스템화해야 한다. 나아가 장래에 대한 예측과 아이디어 개발도 해야 한다.

# 219 전략이 기업경영의 필수다

"단순히 1~2년 안에 얼마의 이윤을 내느냐 하는 시각으로는 기업이 제대로 될 수 없습니다. 5년 내지 10년 이상을 내다보고 기술투자부터 모든 것을 준비해가는 '기회선점 형'이 아니면, 앞으로 존재는 하지만 이익은 내지 못하는 기업으로 전락하고 말 것입니다. 돈 있고 땅 있다고 공장이 돌아가는 시대는 지났습니다. 이제는 기업경영에 있어서 전략이 필수적인 요인으로 강조되고 있습니다."

이 말에서도 보듯이 이건희 회장은 '기회경영'과 '전략경영'이라는 개념을 자주 사용한다.

선진기업들과의 치열한 경쟁에서 이기기 위해서는 미래의 경영환경변화를 예측하여 남보다 먼저 새로운 사업기회를 포착, 사업화시키는 기회선점 형 경영을 해야 하고, 단기 경영목표와 현안문제 해결보다는 전략적 경영에 치중해야한다는 게 이 말의 요지다.

미국의 다국적 기업 듀퐁사는 환경문제가 21세기 핵심과제로 떠오르면서 세계 각국의 기업들이 앞 다투어 환경경영정책을 수립하고 있는 가운데, 환경에 대한 정책적 배려가 기업의 생존조건으로 변화할 것을 예측하고 과감한 투자로 새로운 사업을 포착하고 기회를 선점했다. 화학업체인 이 회사는 프레온가스가 오존층 파괴의 주범으로 몰리자, 10억 달러를 들여 대체물질인 수바가스(H-CFC)를 개발했는데 이 물질은 몬트리올 의정서의 발효로 엄청난 독점이득을 안겨줄 것으로 전망되었다.

# 220 경영혁신 캠페인은
# 취임하던 해부터 추진되었다

"앞으로 … 시대적 요청과 사내외의 여망에 적극 부응해 나갈 것이며 이를 위해 본인의 경영에 대한 소신을 이 자리에서 밝히고… 훌륭한 전통과 창업주의 유지를 계승하여 이를 더욱 발전시켜 나갈 것이며, … 다수의 의견과 조직을 우선하고 책임경영과 공존공영의 원칙을 철저히 지켜 … 경영이념을 실현해 나갈 것… 미래지향적이고 도전적인 경영을 통해 … 세계적인 초일류기업으로 성장시킬 것… 첨단기술 산업분야를 더욱 넓히고 해외사업의 활성화로 그룹의 국제화를 가속시킬 것이며 새로운 기술개발과 신경영의 도입 또한 적극 추진해 나갈 것이다."

1987년 회장 취임사 중 일부다. 이 회장의 '경영혁신 캠페인' 프로그램이 이미 회장으로 취임하던 해부터 줄기차게 추진되어 오던 내용임을 여기서 확인할 수 있다.

1993년 6월 6일 독일 프랑크푸르트에서 시작된 해외현지회의는 런던, 도쿄, 오사카 등을 오가며 쉴 새 없이 이어졌다. 이 회장은 줄곧 해외에 머물면서 무수한 말들과 화제를 불러일으키며 '뉴스의 초점'이 되었다.

해외현지에서 관계사 사장단, 임원, 간부, 해외주재원 등을 대상으로 특강과 경영회의 형식으로 진행된 이 '유별난 모임'은 밤낮을 가리지 않고 이어졌다. 이 회장의 '신사고적' 행동은 다른 기업가들로 하여금 자신들의 구태의연한 사고방식과 권위주의적 행태를 성찰하도록 만들었고, 급기야는 '이건희 현상'이란 말까지 만들어내며 큰 공감을 불러일으켰다.

# 221 '경영개혁운동'에 기름을 부은 〈후쿠다보고서〉

"저도 금년(1993년) 초인 2월부터 이 같은 삼성의 분위기를 깰 방도를 모색하고 있었는데, 6월초 한 일본인 고문의 보고서를 직접 받아보고는 참을 수가 없었습니다. 그 고문은 회사가 좋은 기술건의를 해도 계속 묵살하고 있다는 것이었습니다. 지금이 어느 때입니까. 비싼 돈을 주고서라도 선진기술을 도입 자체 개선을 해도 모자랄 텐데 좋은 기술을 배척했다니… 그동안 고문은 몇 차례나 건의를 했다는데 …"

이 회장이 거론한 일본인 고문의 보고서가 바로 〈후쿠다보고서〉다.

이 보고서의 작성자인 후쿠다타미오(福田民郎)는 삼성전자의 디자인 고문이다. 1992년 8월 이 회장에게 다가선 고문은 '몇 번이고 건의해도 전혀 반영되지 않는다. 직접 말씀드려야겠다.'고 다짜고짜 말문을 열었고 이 회장은 보고서로 만들어달라고 하고 자리를 떴다. 이렇게 만들어진 것이 '경영과 디자인'이라는 56페이지짜리 리포트 〈후쿠다보고서〉다.

이 회장은 보고서를 6월초 프랑크푸르트로 가는 비행기 안에서 처음으로 읽으면서 화가 나서 견딜 수가 없었다. 평소 '일본고문이라고 모두 뛰어난가, 그들도 다 결함이 있다.'고 생각해왔는데 이런 보고서를 받게 한 관계사 임직원들이 못마땅했다.

이 리포트에는 상당히 전문적인 내용이 들어있지만, 이 회장이 직접 이 보고서에서 지적된 실례를 들어 관계자들을 질타하고 그룹의 '경영개혁운동'에 기름을 붓는 효과를 촉발했다.

# 222 〈후쿠다보고서〉의 간추린 내용

다음은 〈후쿠다보고서〉를 간추린 주요내용이다.

1. 물건 만들기의 기본적 흐름은 '상품기획―디자인―기구설계―금형설계―생산·양산기술―판매'의 순이다. 최대문제는 상품기획이다. 항상 명확하고 확실한 기획이 없으며, 있어도 정보 면에서 부족하다. 그래서 개발 중에 설계변경이 다반사로 생긴다.

2. 일본에서는 상품화 여부를 놓고 여러 관점에서 충분한 검토를 한다. 상품기획은 디자인하기 전에 이미 수립돼있어야 한다. 삼성은 이런 점이 부족하다. 안이한 기획과 계획되지 않은 기획, 검토되지 않은 기획뿐이다.

3. 상품기획서가 충분치 않다. 기획조건들이 너무 애매한데 디자인이 시작되는 경우가 많다. 또 개발과정의 각 단계에서 책임소재가 불명확하다.

4. 상품의 성패여부는 상품기획단계에서 결정된다. 그러나 삼성에서는 전략상품이냐, 추종상품이냐, 라인업 상품이냐를 이해해야 포인트를 정할 수 있다. 이것이 바로 디자인 콘셉트가 된다.

5. 잘못된 상품기획이나 손익예상계획으로는 실패하기 십상이다. 계획부족과 통찰력 결여로 인한 실패사례가 많다. 기획력의 확립이 시급하다.

6. 팔리지 않는 원인은 디자인 외에도 많다. 상품기획, 발매시점, 경영전략, 가격과 광고 등이 전부 디자인 책임인지를 명확히 해야 한다.

7. 각각의 상품기획서가 없어 통일된 의견이 없다. 이로 인해 디자인 시 혼란이 발생한다. 적어도 관련된 사항들은 모두 담겨있어야 한다.

# 223 과감한 자기혁신이 살길이다

"민주화 바람으로 인해 근로자의 생산의욕이 저하되고 자연적으로 생산성 감소로 이어지면서 국가 경쟁력은 날로 약화되고 있다. 때마침 국가적으로도 신정부가 출범하고 각종 개혁을 단행하고 있는 시점에서 정부, 국민, 기업이 모두 반성하고 힘을 모아 개혁과 개선을 도모해야한다. 따라서 제2창업 초기에는 정신적 변화와 시스템화에 주력했지만 앞으로는 국제화, 개방화, 다양화에 대응하기 위한 실천적 노력이 뒤따라야 할 것이다."

한국경영학회가 수여하는 '경영자대상'을 수상한 이건희 회장은 수상 기념강연을 통해, 세계경제추세가 시스템화, 소프트화 하는 경향에 따라 삼성도 새로운 변신을 모색하고 있고, 과감한 자기혁신을 이뤄야 국제경쟁시대에서 살아남을 수 있다며 '삼성의 혁신'을 다시 한 번 예고했다.

이 회장은 또 1993년 2월과 3월에 LA와 도쿄에서 가졌던 사장단 회의에 대해 위기의식이 비단 삼성에 국한된 문제가 아니라 한국경제 전체와 관련된 '거시적 사고'라는 것을 우회적으로 언급하였다.

"LA회의는 우리 기업이 처한 좌표를 올바로 인식하고 대책을 강구하기 위한 것 … 어정쩡한 물품은 구석에서 먼지가 잔뜩 쌓여 … 동경회의를 통해서 기업과 정부, 국민이 삼위일체로 힘을 합해 다가오는 국제경쟁시대를 대비해야지 지금과 같은 정신 상태와 기술력, 정보력으로는 10년 이내에 어떻게 될지 모른다는 위기의식을 다시 한 번 일깨워주었다."

# 224 경제전쟁의 핵심은 '기술전쟁'이다

"경제전쟁에 있어서의 전투력은 곧 각국의 과학기술 수준입니다. 시대적으로 볼 때, 2차 대전 전후에는 '식민지 경쟁'이 각국의 관심사였고, 60년대에는 '기술예속'이란 말로 바뀌어 온 것도 기술전쟁의 심각성을 보여주는 것입니다."

이 회장이 강조하는 것처럼, 기술력은 경제력과 직결되며 국력을 가늠하는 척도이다. 따라서 경제전쟁의 핵심은 '기술전쟁'으로 이해되고 있으며, 이러한 기술전쟁에서 살아남기 위한 각국의 기술개발 경쟁이 뜨겁게 전개되고 있다.

그러한 기술전쟁의 대표적인 예가 바로 특허분쟁, 또는 지적재산권분쟁이다. 미국은 1991년 한 해 동안 1천6백80개의 일본 회사를 '지적재산권 침해' 혐의로 제소하였다. 이에 일본은 1992년 미국 내 신규 특허의 45.7%를 차지하는 2만1천4백60건을 획득하여 지적재산권 전쟁에 정면으로 맞대응하고 나섰다. 심지어 미국 내 특허등록 상위 10개 회사 중 일본 회사가 6개를 차지하였다. 미국의 언론은 이런 일본의 지적재산권 전쟁 상황을 가리켜 '제2차 진주만 공습'으로 표현하기도 하였다.

이러한 기술전쟁 시대에 우리나라의 기술수준은 여러 선진국과 비교해 볼 때 지극히 열악한 수준에 머물고 있다. 미래를 위해 정말 중요한 것은 과학기술인데 미국의 기술수준을 100으로 봤을 때, 일본 82.3, 독일 52.1, 한국 7.3으로 현격한 차이를 보인다.

# 225 경쟁에서 이기려면
## 기회선점을 해야 한다

"앞으로의 저성장 경제하에서는 과거와 같이 각종 사업이나 제품을 전개해서는 경쟁에서 이길 수 없다. 부가가치가 높은 것이 무엇인지, 자본주의의 양 순환에 맞는 일석오조의 미래 산업은 무엇인지, 전략방향과 주력사업 영역을 정하고 제한되어있는 경영자원을 중점 투입, 기회선점을 해나가야 한다."

이건희 회장은 1992년 12월 1일 계열사 부사장급 이상 70여 명이 참석한 가운데 연말사장단회의를 개최하고 직접 주재했다. 이 회의에서 삼성은 1993년도 그룹의 경영방침을 ●21세기형 사업구조로의 전환 ●자생력 있는 내실경영 정착 ●새로운 삼성의 가치관 정립으로 정했다. 이 때 이건희 회장은 그룹 임직원들에게 보내는 강평을 했는데, 이것이 그의 개혁정신을 이해하는 데 매우 중요한 자료가 된다.

그 내용을 간추려보면 기회선점, 경영 인프라 확장, 자율경영 체제, 질 위주의 경영, 초일류를 향하여 등이다.

위의 인용문은 '기회선점'에 대한 내용이다. 다음은 한국경영학회의 〈경영자대상수상 기념강연〉에서 한 연설 중 기회선점에 관한 내용이다.

"5년 내지 10년을 내다보고 기술투자부터 모든 것을 준비해가는 '기회선점 형'이 아니면 앞으로 존재는 하지만 이익은 내지 못하는 기업으로 전락하고 말 것이다. 돈 있고 땅 있다고 공장이 돌아가는 시대는 지났다. 이제는 기업경영에… 전략이 필수적인 요인으로 강조되고 있다."

# 226 기술이 낙후된 이유는
# 세 가지 문제 때문이다

"앞으로의 국내사정은 … 선진국 경기의 어려움, 개방 압력의 지속 등 올해 우리 경제는 힘겨운 한 해가 될 것입니다. … 오늘 우리가 당면한 이 어려움 가운데 많은 부분은 우리 자신에게서 그 원인을 찾아야 합니다. 우리경제의 고질적인 문제점인 기술력 부족, 낮은 생산성, 취약한 산업구조 등 모든 것이 우리가 자초한 것임을 냉철히 인식해야 합니다."

우리나라의 기술수준이 낙후된 이유에 대해 이건희 회장은 1993년 5월 26일 전국과학자교육대회에서 다음과 같이 크게 세 가지로 지적했다.

첫째, 과학기술투자에 대해 인색하다. 정부예산 중 국방예산이 차지하는 비율이 26%인데 비해 과학기술예산의 비율은 2.3%에 불과하다. 예산비율 면에서는 미국 5%, 일본 2.9%이지만 절대금액 면에서는 미국 660억 달러, 일본160억 달러 한국 14억 달러로 엄청난 차이가 있다.

둘째, 과학에 대한 정부의 인식이 아직도 미흡하다. 이는 국책연구소가 정부 연구개발비의 20%(2천4백억 원)나 쓰면서 특허획득 건수는 국내 총 특허의 0.4%(30건)에 불과한데서 잘 드러난다. 절대금액 면에 있어서도 미국의 1/30, 일본의 1/20로 엄청난 차이가 있다.

셋째, 사회적 인식과 국민교육의 문제다. 이는 '지성인, 교양인'하면 문학이나 예술만 알면 되는 것으로 인식되어 피카소나 셰익스피어는 알지만 세계적으로 유명한 물리학자인 스티븐 호킹이나 쇼클리 박사를 모르는 사람이 많은 것만 보아도 알 수 있다.

# 227 기회손실의 예방은
## 초일류기업을 위한 충분조건이다

"먼저 개발한 기업과 1년 늦게 개발한 기업의 차이는 1메가 D램의 경우 2천억 원의 차이가 생긴다. 삼성의 경우 1메가의 생산이 6개월 늦었다. 이유를 살펴보니 기술, 판매, 생산을 위한 준비는 다 갖추어져있는데 단지 생산 장비가 늦게 들어왔던 것이다. 장비 발주담당자에서부터 삼성전자회장까지 28개의 도장을 찍는 데 무려 넉 달이 걸린 것이다."

남보다 앞서 기회를 포착, 사업화하는 기회경영 못지않게 기회손실을 방지하는 것도 중요하다. 이건희 회장은 기회손실의 사례를 이렇게 말했다.

의사결정 지연으로 인한 기회손실의 대표적인 사례이다. 이러한 기회손실은 비단 한 기업에만 적용되는 것이 아니다.

"국내의 인프라가 부족하여 국가경쟁력에 미치는 기회손실은 금액으로 환산할 수 없을 정도라는 점을 강조하고 싶다. 5공 초기에 정권이 강력한 힘을 바탕으로 그 당시 도로율 1%를 올리는데 1조 원밖에 안 들었다. 지금 도로율 1%를 올리려면 돈도 돈이지만 민주화의 영향으로 과연 실현 가능할는지조차 의문이다. 경제효율과 기회상실의 측면에서 볼 때 그 비용은 단순계산으로는 측정할 수 없는 엄청난 차이가 있다."

이 경우는 국가차원의 기회손실이다. 이처럼 기업차원이든 국가차원이든 기회손실을 방지하는 것은 매우 중요하다. 결론적으로 전략적 기회경영이 삼성이 표방하는 21세기 초일류기업이라는 목표를 달성하기 위한 필요조건이라면, 기회손실의 예방은 충분조건이라 할 것이다.

# 228 기술은 경영의 핵심요소다

"우리가 서둘러야 할 일차적 과제는 '기술우위의 확보'다. 기술개발은 경쟁의 시대에 기업이 성공할 수 있는 최고의 가치이며 수단이다. 반도체 칩 개발이 한 달 늦어짐으로써 수백억 원의 기회손실이 발생할 수 있는 시대, 컴퓨터의 하드웨어를 만드는 회사는 현상유지밖에 못하지만 소프트 웨어를 만드는 회사는 엄청난 부를 쌓아올릴 수 있는 시대, 기술과 지식 과 정보야말로 진정한 경쟁력의 원천이 되는 시대이다. 내가 회장으로 취임하면서 '기술 중시의 경영'을 경영방침으로 천명하고, 기회 있을 때마 다 기술의 중요성을 강조해왔던 이유도 바로 여기에 있다."

이건희 회장은 자신의 3대 경영철학을 자율경영, 인간존중의 경영과 더 불어 기술 중시의 경영이라고 밝혔다. 기술 중시라 하면 기술에 대한 관 심과 중요성에 대한 인식 정도를 의미할 터인데, 이를 자신의 경영철학이 라고 한 것은 주목할 만하다. 삼성에서는 기술 중시 경영에 대해 '기술자 만 기술을 알면 되는 것이 아니라, 조직원 모두가 기술을 경영의 핵심요 소로 인식하여 경영을 함에 있어 기술을 알고 중요시하는 것'이라고 한 다. 따라서 가장 먼저 '기술 중시의 경영풍토 조성'이 강조되고 여기에서 다시 다음의 세 가지가 강조된다.

첫째, 비(非)기술 분야의 사람도 기술을 알아야한다.

둘째, 기술총괄제도를 운영한다.

셋째, 장기적인 안목에서의 기술 인력을 육성한다.

# 229 독자적인 기술개발 없이는
## 성장에 한계가 있다

"우리는 선진기업과의 기술격차를 단시일 내에 만회할 수 있는 모든 수단과 방법을 강구하는 동시에, 기술개발 투자에 총력을 경주해나가야 합니다. 기술개발을 통한 새로움의 창조 없이는 세계 초일류기업은커녕 이류기업군으로 전락하고 말 것입니다. 나는 또한 우리 조직의 풍토가 전면적으로 쇄신되지 않으면 안 된다는 점을 강조하고자 합니다."

기술 중시의 경영에서 기술 중시의 경영풍토 조성 다음으로 강조되는 것이 기술개발과 이의 축적이다.

이건희 회장은 특히 독자적인 기술개발에 대해 상당한 집념을 보이는 것으로 알려져 있다. 64메가 D램이나 HD TV, 1PP복지 등의 개발은 이 회장의 이러한 집념이 있었기에 가능했다고 한다.

특히 그는 기술전쟁이 가속화하고 지적소유권분쟁이 심화되는 조건 속에서, 특히 삼성의 기술력에 대한 경계가 조성되기 시작한 상황에서 독자적인 기술개발 없이는 성장의 한계에 부딪힐 것이라고 인식하는 듯하다.

그러나 이 회장이 독자적 기술개발을 독촉한다고 해서 적극적인 기술도입을 부정하지는 않는다. 오히려 단시일 안에 기술을 향상시킬 수 있는 가장 좋은 방법은 선진기술의 도입이라고 다음과 같이 강조한다.

"기술을 단시일 안에 향상시킬 수 있는 가장 좋은 방법은 선진기술의 도입이며, 기술대국이라고 하는 일본도 연 60억 달러 이상을 기술료로 지불하면서 첨단기술 도입에 혈안이 되어 있다"

# 230 기술전쟁에서 이기려면
# 시스템화, 소프트화가 중요하다

"창업주 …께서 삼성상회를 세우신 1938년은 암울하기 그지없던 일제통치 아래서 민족의 역량이 발휘되기 어려운 시기였습니다. 광복과 6.25전쟁을 치르면서 불과 30년 전까지만 해도 정치와 사회는 혼란을 거듭했고, 경제는 구호물자와 구입품에 의존하였으며 수출은 감히 꿈도 꾸지 못했습니다. 그러나 지금의 우리 경제는 고급상품과 첨단제품이 세계시장에서 명성을 드높이고 있고, 세계도처에 우리의 기술과 자본으로 세워진 공장이 진출하는 등 괄목할만한 국제화 시대를 맞이하게 되었습니다."

"선대(고故 이병철 회장)가 경영했던 1987년 이전과 지금의 경영상황에는 엄청난 차이가 있다. 특히 선대까지는 기업경영이나 상품이 단순하면서도 하드적인 것이었다. 그러나 이제부터는 시스템화, 소프트화가 필요하며 세계적 변화의 흐름을 제대로 이해하고 대응해 나가야한다."

이건희 회장은 선대 때와는 달라진 경영상황에서 비추어 갈수록 치열해지는 기술전쟁에서 살아남으려면 우선 일본처럼 제품화, 기업화에 집중할 필요가 있고, 저열한 기술수준에 있는 우리의 현실에서는 무엇보다 시스템화, 소프트화가 중요하다고 주장한다.

1기당 1백10만 달러인 패트리어트 미사일도 하드웨어 가격은 20만 달러에 불과하고, 나머지 8~90만 달러는 모두 소프트웨어 값인 데서 드러나는 것처럼 소프트화를 통해 고부가가치를 창출하는 것만이 변화하는 상황에 대응할 수 있는 방법이라는 것이다.

# 231 '기회선점 형' 기업이라야

# 이익을 낼 수 있다

"기회경영과 전략경영이라는 개념도 내가 강조하는 부분이다. 단순히 1~2년 안에 얼마나 이윤을 내느냐 하는 시각으로는 기업이 제대로 될 수 없다. 5년 내지 10년 이상을 내다보고 기술투자부터 모든 것을 준비해가는 '기회선점 형'이 아니면 앞으로 존재는 하지만 이익은 내지 못하는 기업으로 전락하고 말 것이다. 돈 있고 땅 있다고 공장이 돌아가는 시대는 이미 지났다. 이제는 기업경영에 있어서 전략이 필수적인 요인으로 강조 되고 있다."

이 회장의 말대로 기회경영과 전략경영도 평소 그가 강조해온 개념이다. 이 두 가지 개념을 파악하기 위해서는 앞서 설명한 '업의 개념'을 명확히 파악해야 한다. 업의 개념이 변화되는 방향을 알아야 전략을 세울 수 있기 때문이다.

이 회장은 이 두 가지 개념을 다시 거론하면서 앞으로는 '기회선점 형' 기업이 아니면 '존재는 하지만 이익은 못 낸다.'고 강조하며 '전략경영'의 중요성을 다시 한 번 상기시켰다.

"기회경영의 관점에서 볼 때 국내의 인프라가 부족하여 국가경쟁력에 미치는 기회상실은 금액으로 환산할 수 없을 정도라는 점을 강조하고 싶다. 우리나라의 항만, 도로, 비행장과 같은 사회간접자본은 국제적인 수준에서 엄청나게 뒤져있는 … 4천만 인구가 하루에 1시간 손해 보면 절대 액은 말할 것도 없고 거기에서 발생하는 경제손실은 엄청난 것이다."

# 232 5~10년은 내다봐야
# 생존이 가능하다

"현재 한국기업의 현실을 살펴보면 진정한 ⋯ 위치 파악과 위기의식이 결여되어 있다고 생각한다. 우리 기업의 역사는 삼성이 55년⋯, 본격적인 기업 활동을 해온 것은⋯ 20~30년에 불과하다. 길게 봐야 30년인데 1백년, 2백년 된 외국의 대기업과 직접 경쟁할 준비태세가 부족하다. 또한 미래에 대한 예측과 대비가 미흡하다. 옛날에는 1~2년만 내다봐도 살아남을 수 있었지만, 이제는 5~10년을 내다봐야 생존이 가능한 시대다. 변화의 속도와 방향에 대한 이해가 생기면 현 위치에 대한 반성과 뼈저린 위기의식을 갖는 것이 당연한데, 이러한 인식이 부족하다."

이 회장의 '경영개혁론'이 '우리경제가 이대로는 안 된다.'는 절체절명의 위기의식에서 나온 것은 틀림없다. 이 회장이 오늘의 한국경제를 왜 위기로 진단하는지 그 주장의 근거다.

"기술의 중요성과 국제화, 정보화에 대한 이해도 아직 피부에 와 닿지 않는 것 같다. 기술력은 경제력과 직결되며 국력을 가늠하는 척도이다. 선진국의 기술이전 기피는 갈수록 심해지고 있다. 이 정도로 어려운 위치에 있는데, 머리와 말로는 정보화, 소프트화, 다양화를 생각할지 모르나 몸으로 실천하는 적극적 대응노력은 부족한 게 현실이다. 거기다가 구태의연한 사고방식 때문에 과감한 자기혁신 노력이 부족한 것 같다."

이 같은 이 회장의 위기의식은 1993년 2월 시작된 해외회의에서 15차례에 걸친 '의식개혁' 특강을 강행케 했고 인식의 전환을 불러일으켰다.

## 233 전략경영, 기회경영으로
## 기회선점 극대화하라

"VCR TV일체형이 불황하의 일본에서 히트라는데 그 이유와 팔리는 층은? '일체화라면 삼성'이라는 대명사를 만들어내도록 중형, 대형 등 구색을 다양하게 하여 국내 판매는 물론 수출확대 책을 강구하면 어떤가."

'전략경영'이란 경영자가 자사의 강점과 약점을 분명히 알고 경영기업과 산업의 추세 등 경영환경의 변화를 정확히 예측하여 경쟁에 이겨 나갈 수 있는 전략을 세워나가는 것이다.

"신 시장(전기 자동차, 환경관련 등) 대응 및 전사적 최고급 제품개발, 기회선점 계획 있는가? 전기로 움직이는 것을 그룹 내 어디선가 만들어내면 배터리 사업도 자극이 간다. 배터리 사업에 비중을 두고 깊이 들어가라. 골프 카트, 전기 스쿠터, 휠체어 등 그 용도는 무진장이다. 공장설계는 자동차로 타고 다닐 수 있게 하라."

기회경영이란 남들보다 먼저 사업기회를 포착하여 사업화시킴으로서 경쟁의 우위에 서는 것이다. 우리는 반도체와 같은 첨단사업을 하면서 비용만 따지다가 시장진출이 늦어져 엄청난 기회손실을 보았다. 또 전자사업을 하면서 좀 더 일찍 기술을 들여오고 사람을 키웠다면 기술에 투자한 비용과 인건비 등을 빼더라도 많은 이익을 보았을 것이다. 바로 이것이 우리가 '업의 개념'을 제대로 인식하지 못하고 경영을 해옴으로써 초래된 기회손실이다. 앞으로는 '업의 개념'을 정확히 파악하여, 기회선점을 극대화하고 기회상실을 최소화하는 수준 높은 경영을 해야 하겠다.

# 234 고부가가치화 된
# 과학기술의 개발이 중요하다

"한국은 자원이 없고, 인건비도 매년 상승하므로 기업의 제품개발도 고부가가치 쪽으로 신경을 써야 한다. 다소 물리적인 비교이긴 하지만 제품의 g당 가격을 비교해 볼 때 설탕은 채 1원도 못되지만 VTR은 19원, 무선전화기는 160원, 보잉 747기는 630원, 제일제당에서 생산하는 간염백신은 780원이고, 반도체 16메가 D램은 10만원이나 된다. 또 같은 제품이라도 고부가가치 정도에 따라 g당 가격은 천지차이인데 일반 PC는 g당 37원인데 반해 노트북PC는 710원, 고성능컴퓨터는 1,230원, 슈퍼컴은 2,100원이나 된다. 따라서 우리는 제품을 생산해도 더 비싼 값을 받을 수 있는 제품 개발에 노력해야하며, 그 바탕은 기술인 동시에 특히 소프트 기술임을 명심해야 한다."

이건희 회장은 고전적 개념의 기술개발 외에도 고부가가치화 된 과학기술 개발의 중요성을 강조한다.

이 회장의 재미있고 날카로운 분석은 소프트(고부가가치) 기술의 중요성을 잘 설명하고 있다.

"또한 매년 2조원 규모의 시설투자를 계속하여, 내일의 성장잠재력을 키우는 한편, 기술 중시의 경영방침을 실천에 옮겨, 마침내 반도체인 64메가를 세계 최초로 개발하는 쾌거를 올리기도 했습니다."

이 회장은 1993년 신년사에서 과학기술중시 방침에 따라 고부가가치 상품인 64메가 D램의 개발에 성공했음을 공식적으로 알렸다.

# 235 자립이 없는 자율경영은 무의미하다

"자율경영을 강조해온 지 5년이 됐지만 일부 회사는 아직도 자립이 없는 자율이 무의미하다는 것을 잘 모르고 있는 것 같다. 자유가 남에게 피해를 주는 자유가 되면 안 되듯이 그룹과 관계사에 부담을 주는 자율은 진정한 자율일 수 없다. 정부에서 추진되는 여러 정책에 능동적으로 대응해 나가는 차원에서도 회사별 자립경영체제 구축은 시급한 과제다."

"고효율의 견실경영으로 경쟁력을 강화…. 전략적인 사고와 기회선점의 진취적인 자세로 … 자원을 최대한 능률적으로 활용코자 하는 지혜와 결단이 … 요구되는 시점이다. … 21세기에도 초일류기업으로 전진을 계속할 수 있도록 사업구조를 다시 구축하는 데 올해 경영의 초점을 맞추고… 지난 해 이룩된 각종 대형 신규 사업을 조기 정상화하고 미래성장사업의 발굴을 통하여 사업구조를 고도화할 …. 각 사는 자발적인 경영혁신 운동을 지속하여 견실경영의 기초를 구축… 성장 잠재력이 있고 국익에 부합하는 부분을 제외한 만성적 적자사업은 과감히 정리해야겠다."

다음은 1992년 신년사 중 자율경영의 실천을 강조하는 내용의 일부다.

"1992년 올해의 가장 중요한 경영목표는 자율경영의 실천이 보다 능동적이고 지속적으로 추진되는 것이다. 나는 제 2창업 선언과 더불어 지난 4년간 자율경영의 정착을 줄기차게 강조해왔다. 그것은 오늘날과 같이 기업규모가 커지고 경영여건이 급변하는 상황에서는 자율경영의 확고한 정착과 실천만이 우리가 살아남는 길이라는 일념 때문이었다."

# 236 경영자는 모든 분야에 대해
# 스스로 바로 알아야한다

"과거에는 적당히 야합하며 경영을 해왔고, 도장이나 찍고 정부 관료를 만나고, 주말에 골프나 치면 70~80%는 커버돼왔던 게 사실이다. 그러나 이제는 전 세계를 상대로 해야 하는 시점이다. 미래에 살아남기 위해서는 경영자들이 모든 분야에 대해 스스로 알아야한다. 알되 바로 알아야 한다. 경영자도 간부도 이제 더 이상 과거의 처세로써는 존립할 수 없다. 한국에는 아직까지도 권위주의적인 사고로 그룹의 장이 군림하고 있는 경우가 있다. 이는 아직 기업의 생태를 제대로 이해하지 못해서 그러겠지만 극소수에 불과하리라 본다. 삼성그룹 내 사장에 대한 평가는 내 업무의 50%의 비중을 차지하는 중요한 일이다. 과거에는 사장에 대한 평가를 주로 외형이나 이익만을 가지고 했다. 외부여건에는 관계없이 이익만 따져서 평가하는 게 미국의 평가방식인데 재무제표를 근거로 아무리 기술투자를 하고 기업의 규모를 키워놓아도 적자가 나면 사장을 해고하고 만다. 일본에 손든 이유라 하겠다. 나는 이익이 나든 적자가 나든 기술투자를 제대로 하고 밑의 부하를 제대로 교육시키는 사장에게는 A를 준다. 또 이익이 나도 장기적으로 해야 할 일을 태만히 하고 교제만 적당히 하는 사장에게는 C를 주는 원칙을 철저히 고수하고 있다."

위는 이 회장이 강조하는 '신경영자 상'으로, '21세기의 경영자상'은 지금까지와는 달라져야한다는 것이 요점이다. 그는 '이제는 경영자관도 바꿔어야한다.'고 강조한다.

# 237 초일류기업으로 가는 전진을
## 늦추지 마라

"제2창업의 목표인 초일류기업으로 가는 우리의 전진을 늦추거나 되돌릴 수는 없다. 특히 새해에는 본격적인 경기회복을 기대하기 어려운 여건이기 때문에 더욱 더 사장의 역할이 강조된다. 내년에는 각자 분발해서 무엇인가 크게 달라진 모습을 보여주기 바라며 지난 5년간 그룹을 이끌어온 노고에 감사한다."

1988년 3월 2일 이건희 회장은 창립 50주년 기념사에서 제2창업을 선언하면서 구체적인 수행목표로 삼성을 '세계적인 초일류기업'으로 발전시켜나가겠다고 다음과 같이 선언한 바 있다.

"기업은 살아 숨 쉬는 인격체와 같습니다. 사람의 능력에는 한계가 있고 생명은 유한합니다. 그러나 기업은 사람에 의해 움직이면서 많은 능력을 거대하게 집결하고 독특한 인격을 형성하며 그 생명은 영원합니다. 삼성은 바로 우리들의 창의력과 개척정신에 의해 성장한 인격을 갖춘 거대한 생명체로서, 이 자리에 있는 우리들은 생명체의 중요한 세포요, 중요한 기관을 이루며 삼성을 이끌고 있습니다. … 본인은 거대한 생명체의 '위대한 내일'을 약속하는 제 2창업을 엄숙히 선언합니다. 그것은 삼성의 체질을 더욱 굳세게 다져 세계 초일류기업으로 키워나가고 국민의 사랑을 받으며 국민에게 봉사하는 삼성을 만들어나가자는 뜻입니다. 본인은 이제 제 2창업의 선언과 더불어 … 새 출발의 결의를 굳게 다짐하는 의미에서 바로 오늘을 새로운 창립기념의 날로 정하는 바입니다."

# 238 기술투자가
# 늪에서 빠져나가는 방법이다

"우리의 힘은 기술에서 나온다. 지금 우리는 경제전쟁에서 살아남기 위해, 세계의 초일류기업들과 맞서 싸우기 위해, 세계적 수준의 기술력을 스스로 확보해야하는 '혁명의 전환기'에 서 있다. '관리의 삼성'에서 '기술의 삼성'으로 인정받을 수 있어야한다."

위는 '제2창업선언'에서 천명한 '기술 중시의 경영'과 관련된 이건희 회장의 말이다. 이 회장은 국내 재벌그룹회장 가운데 가장 적극적인 기술관을 갖고 있다는 게 정평이다.

1993년 1월 전자수주계열사 등 제조업 분야의 업종별 사장단회의에서 이 회장은 기술의 중요성을 다음과 같이 재차 강조했다.

"지난 3년간 불경기가 왔기 때문에 경기 사이클 상 호경기가 올 것이다. 모든 자금과 인력을 기술투자에 집중토록 하라. 기술이 약하기 때문에 팔 상품이 없었고 구색도 안 맞았다. 호경기가 안와도 기술투자는 경영에 계속 남는 것이다. 기술투자는 언제 해도 해야 되는 것이고, 하면 할수록 좋은 것이니 이런 투자로 해서 활기를 되찾아보아라. 늪에서 빠져나가는 방법으로 시도해보도록 하라."

기술투자에 대한 이 회장의 마인드가 명확한 만큼 삼성의 연구개발 투자는 선진국 수준이다. 삼성의 연구개발 인력은 1993년 기준 1만3천여 명으로 5년 사이에 6배가 늘어난 규모이다. 이 회장은 "앞으로 3~4년 내에 연구개발 인력을 2만 명으로 확대해 나가겠다."며 적극적이다.

# 239 첨단제품일수록 부가가치가 높다

"요즘 첨단무기를 보면 소프트의 중요성이 잘 나타난다. 1기(基)당 110만 달러인 패트리어트 미사일의 하드웨어 가격은 20만 달러에 불과하고 나머지는 모두 소프트웨어 값이다. 부가가치가 높으니 자연히 그 가치는 더욱 높아진다."

"기술대국이라는 일본도 매년 60억 달러 이상의 기술료를 지불하고 있다(우리나라는 13억 달러). … 경제전쟁에 따라 선진국의 기술이전 기피가 더 심화되면서 기술료 급등현상은 더 심화될 것으로 전망하고 있다."

이 회장의 지론 가운데 고부가가치와 관련하여 관심을 끄는 게 '소프트웨어'다. 위는 고부가가치의 개념과 가치를 살펴보기 위해 이 회장의 특강 내용을 인용한 것이다.

이 회장은 기술의 중요성을 거론할 때 '첨단제품일수록 부가가치가 높다'는 것을 'g당 가격비교'로 설명한다.

이 회장이 '다소 물리적 비교'라는 전제를 두고 밝힌 주요품목별 g당 가격을 비교해보면 다음 표와 같다. 단위는 '원'이다.

| 설탕 | TV | VCR | 무선전화 | 보잉747 | 간염백신 | 16메가D램 | 퍼스컴 | 노트북 | 고성능컴퓨터 |
|---|---|---|---|---|---|---|---|---|---|
| 0.4 | 7.8 | 19 | 160 | 630 | 780 | 10만 | 37 | 710 | 1,230 |

이 회장은 특히 고부가가치에 대한 얘기가 나오면 건물설계 소프트웨어를 갖고 찾아온 일본 업자를 사기꾼 같다며 물리쳤던 과거의 뼈아픈 경험을 이야기하곤 하는데, 이것은 다음 장에서 자세히 이야기하자.

# 240 사기꾼 같은 업자(?)가
# 아직도 건재하다

"4년 전 일본의 한 업자가 10층짜리 건물을 빨리 설계할 수 있는 소프트웨어를 갖고 찾아온 적이 있다. 가격은 약 50억 원 정도로 이익은 50% 남겨서 팔 수 있고, 10군데만 팔아도 본전이고, 그 외는 이익과 직결되었다. 제3자의 소개로 일본과 한국에 동시에 팔자는 것이었는데 비서실에 검토하도록 하였다. 그 사람은 오퍼레이터로서 소프트를 담당하는 모 부장에게 연결시켰다. 4~5일 후 보고가 왔는데 사기꾼 같다고 했다. 그때 그렇다고 생각하고 몇 년이 지났다. 그런데, 사기꾼이라면 1~2년 지나면 형무소에 가야하는데 오히려 5~6억 엔짜리 아파트 몇 채를 샀다고 들었다. 사기꾼이 어떻게 그럴 수 있나 하고 좀 의아하게 생각했다. 그는 실제 일본의 건설회사에 이 소프트를 팔았다. 30~40군데 팔아서 이익도 내고 돈을 받아 아파트를 살 수 있었다. 일본같이 험악하고 생존경쟁이 치열한 나라에서…. 아파트를 살 수 있을 정도의 가치 있는 물건을 가지고 그렇게 보았으니…. 우리나라의 수준이 그 정도밖에 안 된다. 보물을 가지고 그렇게 보고 있으니. 그 이후 나는 쇼크를 받았다. 소프트를 가지고 장사하기에는 아직 멀었다. 그 이후 그 사람을 매년 한 번씩 추적하고 있는데 아직도 건재하다."

도쿄회의 특강 가운데 고부가가치화에 대해 강조한 내용의 일부로 이 회장의 뼈아픈 과거의 경험을 이야기하며 '소프트를 가지고 장사하기에는 아직 먼' 우리나라의 수준을 개탄하고 있다.

# 241 소량다품종이 질 경영의 예다

"일본 업체들은 공장뿐 아니라 식당도 소량다품종이다. 그냥 넘길 말이 아니다. 종업원의 복지후생을 위하여 식당메뉴를 20~50대에 맞추게 하고, 특히 자라나는 근로자를 위해 건강관리를 생각하는 총무부장이나 임원이 삼성에 얼마나 있겠는가? 메뉴도 다양하게 해주면서, 제품도 다양하게 만들라고 해야 한다. 삼성전자 식당에 가보면 밥 먹기 힘들다. 10분 먹는데 20~30분은 서서 기다려야한다. 식당에서 종업원의 영양가까지 연구해본 적 있는가? 우리는 제품도 다품종으로 만들지만 근로자들의 대우도 다품종으로 해준다는 의식이 있었는가?"

소량다품종은 질 경영의 한 예다.

단순한 기술로 대량생산을 해 원가를 줄여 이를 경쟁력의 수단으로 삼는 양의 경영은 다량소품종이다. 이러한 양의 경영은 가격에 의존하는 경쟁으로 특정분야의 '니치(틈새)' 시장밖에 파고들지 못한다.

그러나 질의 경영은 반대다. 소량으로 다품종을 생산, 가격이 아닌 품질경쟁력을 갖추는 것이다.

이 회장의 소량다품종 의지는 단순히 생산에만 국한되는 게 아니다. 사람관리에서부터 재무, 기획 등 모든 부문에 적용된다. 발상의 전환, 기존 관념의 탈피다.

일본의 한 식당을 본 뒤 이 회장이 사장단에게 지시한 위의 내용은 소량다품종에 대한 그의 강한 의지가 잘 드러난 대목이다.

# 242 적자를 두려워 마라

"6인치 TV 같은 것은 수지 안 맞는다고 내버릴 것이 아니라 소니처럼 끈질기게 갖고 가야한다. 어딘가에 요긴하게 꼭 쓰인다. 요긴하게 쓴 사람은 다음에 꼭 그 상표를 다시 찾게 된다. 6인치 TV 같이 작은 것, 특수한 것, 와이드 TV, 캠코더 같은 것은 적자가 나도 계속해야 하는 것이다. 자꾸 도전해야한다."

이 회장의 해외특강에서 인식과 발상의 전환은 특별한 관심을 끄는데, 그 한 예가 '건전한 적자와 실수를 두려워하지 않는 도전의식'이다.

LA 전자관련 사장단회의에서 이 회장은 이렇게 질타했다.

"다른 회사는 안 팔리면 어떡하나, 실수하면 어떡하나 하고 걱정해서 못하지만 우리는 실수해도 좋다고 하는데 왜 못 만드느냐."

적자를 두려워하지 말라면서 특히 '포기하지 말라.'고 강조하는 이 회장의 위와 같은 '적자론'은 그의 탄력적인 사고로 관심을 끈다.

그렇다고 모든 부분에서 적자가 나도 괜찮다는 뜻은 아니다. 이 회장은 '같은 적자라도 종류가 다른 것'이라며 일반 TV와 전자레인지 등의 적자는 고질병이니만치 용서가 안 된다고 말한다.

"VCR과 TV의 불량률이 3~6%라면 그것은 망조다. TV의 불량률은 언제까지 갈 것이냐. VCR에 비해 TV는 …. 고질병인 것이다. … 6%씩 불량나면서도 … 250억 이익이 났다면 … 2%로 내리면 얼마의 이익이 나는지 … 전자레인지가 6%, 5%로 3백만 대면 적자가 바로 답…."

# 243 먼저 개발해서
# 시장에 진출해야 이익 본다

"전자레인지는 내가 먼저 하자고 한 사업으로 그것이야말로 기회를 선점한 것으로 일본보다 앞섰던 것이다. 그런데 오히려 마쓰시타보다 더 많이 만들면서 앞서 가다가 뒤지고 있다. 300만대씩 만들면서 이익이 몇십억이라니 말이 안 된다. 한 개에 1달러씩만 남겨도 300만 달러 아닌가. 이것은 장사도 아니다. 자선사업 하는 것이다. 문 닫으라는 얘기다. 전자레인지의 부진은 지금 담당자의 잘못이 아니다. 그 전 사람이 잘못한 것이다. 처음은 잘 시작해놓고 이것을 끈질기게, 성의 있게, 차분하게 자기 것으로 챙기면서 개선 안하고 뿌리째 바꾸어버렸다. 처음부터 못해도 억울한 일인데 다 해놓은 것을 놓치니 정말 어리석고 억울한 일인 것이다. 이런 것은 아무 득도 없고, 누구한테나 손해되는 일이다. 또 어리석고 억울한 일이라는 것도 또 나밖에 모르고 있는 것 같다."

위는 1993년 들어 이 회장이 특별히 강조하는 '기회의 선점'에 대한 내용이다. 이는 '공격적 경영'과 여러 면에서 통하는 말로, 먼저 개발해서 시장에 진출하는 사람이 더 큰 이익을 본다는 뜻이다. 다음은 그 예다.

"우리나라의 종합화학 사업이 과잉투자라고 …. 일본의 이 분야에 대한 증설, 신설, 톤수를 조사해보면 … 삼성과 현대가 투자한 것을 알 수 있다. 일본이 왜 종합화학의 투자를 연기하고 중단했는지 …. 자동차는 일본이 선점한 것이고, 우리는 종합화학 분야를 선점한 것이다. 산업이란 해외도 보고 세계를 상대로 해야 한다. 어찌 국내시장만 보는가."

# 244 기회손실을 줄이는 최선책은
# 기술력이다

"일류이어야 한다. 일류만 되면 평소 노력으로도 이익은 5배나 된다. 1만평도 안 되는 부지에서 이익은 총 5천억~8천억 원이 난다. 최악이라도 3천억 원이다. 가전은 40만평에 3만 명이 500억 원 이익을 낸다. 반도체는 30만평이지만 공장은 10만평도 안 된다. 또 인원은 1만 명에 불과하다. 그나마 핵심인력 50~60명이 움직인다. 선점하면 이익이 난다. 문화생활하고, 일류, 가족 평생 보장되는데 왜 오그라져 서로 당기는가? CAM/CAD해서 다시 손으로 한다. 시간 더 걸린다. 이는 90미터 뛰다 원점으로 돌아와 다시 골인하는 것 같다. 시간이 더 걸린다."

반도체는 승패의 관건이 누가 먼저 개발하는가에 달려있는데, 기회의 선점은 승리며 후발은 곧 패배다. 위는 삼성의 반도체가 기회를 선점하여 일본과의 가격차가 적어 제값을 받은 덕분에 그룹을 '먹여 살릴' 만큼 이익을 낸다는 이 회장의 말이다. 기회를 선점한다는 것은 '기회손실을 줄인다.'는 뜻이다. 기회손실을 줄이는 최선책이자 가장 현실적인 방법은 기술력이다. 반도체는 짧게는 3~5년, 길게는 5~7년 내에 완벽하게 국산화하거나 기술자립을 못하면 90년대 후반에는 포기할 수밖에 없다는 게 일반적인 지적이다. 다음은 이 회장의 기술개발에 대한 아이디어다.

"시판 중인 가습기를 배 이상짜리도 개발하라. 급수를 … 수도꼭지에 직접 연결시키고, 화장실처럼 … 부유기구를 띄워 항상 수량이 자동조절 되도록 개량할 것. 이런 경우 허가도 출원하고 장악할 것."

# 245 LCD표준화의 의미는
# 기회선점이다

"LCD가 PC에서 TV로 영역을 확대하면서 적어도 앞으로 10년 동안 초고속 성장을 할 겁니다. 지금까지 그래왔듯이 '삼성이 만들면 표준이 된다.'는 점을 명심해서 대형화 못지않게 휴대폰을 포함해 모바일용 소형 제품에 더욱 신경을 써주세요."

삼성전자사장단은 2002년 말 호텔신라에서 송년모임을 가졌다.

이 행사는 그 동안 고생한 사장단에게 그룹총수로서 이 회장이 한턱내는 자리였는데, 와인이 몇 순배 돌고나서 그는 초박막액정표시장치(TFT-LCD) 얘기를 위와 같이 꺼냈다.

이 회장이 꺼낸 이 얘기는 LCD 투자전략을 대대적으로 수정하는 출발점이 되었다. 삼성전자는 이상완 사장 주도로 당초 검토했던 32인치 6세대 라인을 전면 백지화하는 대신 64인치 7세대라인 가동을 앞당기고, 11~12인치 1, 2라인은 3~4인치 소형 LCD 생산라인으로 전환시키기로 했다.

그날 언급한 '삼성이 만들면 표준이 된다.'는 이 회장의 말에는 '기회를 선점하라'는 의미가 내포되어있다. 이 회장은 신 경영선언 때부터 기회선점을 줄곧 강조해왔는데, LCD사업의 기회선점에 대한 이 회장의 집착은 신 경영선언 훨씬 전인 1990년 말, 샤프, NEC 등이 'LCD사업을 반도체에서 하는 것이 옳은가, 별도 사업부에서 추진하는 것이 유리한가.'하는 고민에 빠진 것을 보고 이미 싹을 틔웠다.

# 246 나무다리라도
# 남보다 먼저 건너야한다

"공장의 생산직 사원이 잠깐 실수해서 불량품이 발생하는 것은 아무것도 아니지만 경영자가 기회를 상실하면 회사 흥망이 좌우된다."

삼성은 반도체호황으로 여력이 생긴 자금을 1995년 이후 LCD에 집중 투입했다. 일본 업체들이 11인치 2세대에 치중하는 동안 삼성전자는 12인치 3세대로 바로 치고 나갔다. 관련 일본 업체들이 12인치를 표준으로 선택함으로써 삼성은 11인치에 힘을 쏟던 일본 업체들을 젖히고 앞장서 나가게 되었다. 도시바 등 노트북 PC업체들이 삼성의 손을 들어주어 큰 힘을 받은 LCD사업, 12인치는 '위험한 선택'이라는 일반적인 평가에도 불구하고, 1997년까지 적자를 기록하다 IMF를 맞아 빛을 내기 시작했다. 일본 업체들이 투자를 늦추자 자연 공급이 달렸고, LCD의 가격이 치솟은 것이다. 삼성전자는 1999년부터 2000년까지의 누적적자 3천억 원을 충당하고도 1조원의 이익을 더 내며 일본 업체들을 추월했다.

이 회장은 LCD업의 특성을 '시간산업'이라고 규정하는데, 이는 기회를 놓치면 엄청난 손실이 발생하고 이를 만회하려면 엄청난 시간이 필요하다는 게 그의 경영철학의 뼈대이다. 이 같은 '기회손실'에 대한 이 회장의 지적은 여러 차례 있었고, 위와 같이 줄곧 강조했다.

반도체, LCD 등 삼성의 월드베스트제품은 기존의 '돌다리도 두드리면서 건넌다.'는 삼성의 문화 대신 '나무다리라도 있으면 남보다 먼저 뛰어서 건너가야 한다.'는 이 회장의 뉴프런티어정신이 낳은 산물이다.

# 247 5~10년 후에 무엇을 해먹고 살 것인지를 고민하라

"LCD는 삼성전자로 이관합니다. 대신 삼성전관은 3~4년 내에 브라운관시장 점유율을 25%로 늘려 명실상부한 1위를 달성하세요. LCD사업은 프런티어정신이 있어야합니다. 삼성전관은 농업적 근면성은 있으나 창의적인 사업을 할 수 있는 문화가 아닙니다. LCD는 반도체공장과 흡사하기 때문에 단순히 디스플레이의 하나라고 해서 삼성전관에 맡겨놓아서는 안 됩니다. 대규모투자가 수반되는데 삼성전관은 투자여력도 없어 …."

1991년 2월 이 회장이 일본에서 귀국하자마자 비서실에서는 LCD사업을 삼성전관이 계속 맡을지, 삼성전자로 옮길지를 안건으로 상정했다. 안건으로 상정된 LCD사업은 이 회장이 직접 나서 삼성전자 이관으로 결론을 내리고 이를 위와 같이 명확히 정리했다.

삼성전자로 이관된 LCD사업은 PC용11인치생산1라인에서 40~50%에 이르는 높은 불량률에다 도시바, 샤프 등 선진업체들이 가격을 후려쳐대는 견제로 휘청거렸다. 삼성전자는 1994년부터 본격적으로 사업을 추진, 1995년 양산체제가 시작되면서 높은 불량률에다 매년 수백억 원대의 적자가 이어져 LCD사업이 지지부진하자 이 회장은 "5~10년 후에 무엇을 해서 먹고 살 것인지를 고민하라"는 화두를 던지고, LCD사업을 앞장서서 미래수종 사업에 포함시켰다. 이 회장이 직접 나서서 LCD사업을 미래수종 사업에 포함시키고 삼성전자에 힘을 실어준 것은 삼성전자 내부에서조차 잘못 시작한 게 아니냐는 불만이 터져 나온 와중이었다.

# 248 21세기는 브랜드 경쟁의 시대다

"다가올 21세기는 브랜드가 경쟁의 핵심이 되는 소프트웨어경쟁의 시대 인데, 사장들이 앉아서 광고카피나 고치고 있어서야 어디 될 말입니까? 브랜드나 광고는 전문적인 분야입니다. 전문가에게 맡겨 삼성의 이미지를 높일 전략을 짜도록 하세요."

'브랜드를 키워야 세계시장에서 살아남는다.'는 이건희 회장의 지시는 삼성제품이 세계시장에서 선전하는 계기가 됐다. 삼성이 중저가의 제품을 파는 회사라는 이미지에서 벗어나 '첨단 디지털기업'이라 인식되기 시작 한 것은 1996년 이 회장이 IOC위원에 선정되면서부터다.

1996년 8월 14일 이 회장의 'IOC위원 선정 축하연'이 호텔신라에서 있 었다. 그런데 축하연의 주인공인 이 회장은 그리 밝아 보이지 않는 표정 으로 위와 같이 말했다.

애틀랜타올림픽을 참관한 이 회장이 현장에서 본 삼성의 이미지는 작고 초라하기 그지없었던 터라 단단히 벼른 듯했다. 축하연은 한순간에 수뇌 부를 대상으로 하는 '브랜드특강'으로 바뀌어버렸다.

이 회장은 애틀랜타로 떠나기 전, 비서실에 'C+수준의 삼성 이미지를 2000년까지 A-수준으로 올리기 위한 방안을 강구하라'고 지시했었다. 이때부터 그룹차원의 브랜드전략이 수립되기 시작했다. 앵글로색슨 족이 달군 인두로 가축에 낙인 하듯 전 세계에 삼성이란 이름을 올림픽 마케 팅전략으로 아로새기자고 한 것이 바로 이 때였다.

# 249 디자인부터 아이덴티티가 없으면 개발 않은 것만 못하다

"디자인에서부터 삼성의 아이덴티티가 없으면 개발하지 않은 것만 못해요. 신 기종을 만들더라도 온·오프 같은 주요 키들은 원래 위치를 유지해야 소비자들이 불편해하지 않아요. TV나 컴퓨터, 그리고 오디오 등은 통합 리모컨처럼 그룹별로 디자인을 통합해야 아이덴티티를 높일 수 있습니다."

2002년 10월 31일 한남동 자택에서 CD를 사용하기 위해 '라디오카세트CD플레이어'를 찾은 이 회장은 소비자로서 여러 모로 살폈고 버튼조작이 불편하다고 느꼈다.

특히 디자인에도 '삼성의 혼'이 담겨져 있지 않다고 판단하고, 담당자인 진대제 삼성전자사장과 안태호 블루테크대표를 불러 토론회를 열었다. 이 디자인 연구 토론 자리에서 이 회장은 라디오카세트CD플레이어의 기능과 디자인상의 문제점을 하나하나 조목조목 지적했다.

이 '라디오카세트CD플레이어 사건'은 이 회장이 오래전부터 중시해온 디자인을 많은 경영자들이 여전히 제대로 인식하지 못하고 있음을 대변해주는 사례다. '정체성' 즉 '혼'은 이 회장이 디자인혁명을 주장하면서 내세운 모토다. 그런데 일부 제품이 자신의 철학을 여전히 제대로 담아내지 못하고 있었기 때문에 이 회장의 불만은 컸다.

2001년 11월 13일 이 회장은 후쿠다 고문과 삼성전자 경영진들을 승지원으로 불러 삼성 디자인개혁을 위한 서곡을 연주하기 시작했다.

# 250 디자이너의 창의성은
# 존중돼야한다

"어렵사리 뽑아온 인력들을 왜 제대로 활용하지 못하는가? 국제화된 디자이너를 양성하라고 했더니 저렇게 억누르면 경쟁력 있는 디자이너가 어떻게 나오겠나? 무슨 일이 있었는지 당장 알아보라."

삼성의 디자인혁신을 위한 급선무는 우선 각사 최고경영자들의 디자인마인드 제고, 디자인인력 확보, 확보한 인력들이 제대로 일을 할 수 있는 분위기 조성 등이었다. 그러나 실행과정에서 디자이너와 엔지니어 간에 영역다툼이 벌어져 얼굴을 붉히는 일 등 불미스러운 일이 일어난 게 한두 가지가 아니었다.

이런 와중에 삼성의 디자인 역사에서 '디자이너의 창의성은 존중돼야한다.'는 원칙을 정착시키게 하는 계기가 된 사건이 발생했다.

삼성은 산업디자인인력 육성을 위해 1996년 외국인 교수 5명을 채용해 IDS(Innovative Design lab of Samsung)를 설립했다. 초대원장으로 임명된 관리전문가는 디자인마인드가 부족한 나머지 운영과정에서 외국인 교수들을 '관리'하려했고, 교수들은 창의성을 꺾는다고 반발하면서 알력이 불거졌다. 참다못한 교수들은 '디자인을 모르는 원장이 교과과정에 일일이 간섭하여 학습 분위기를 저해한다. 이런 분위기에서는 도저히 못하겠다. 이럴 거면 우리를 왜 뽑았느냐? 차라리 미국으로 돌아가겠다.'는 요지의 장문의 서신을 이 회장에게 보냈고, 이를 읽고 난 이 회장은 비서실장에게 전화를 걸어 위와 같이 '당장 알아보라'고 지시했다.

# 251 21세기 기업경영의 최대 승부처는 디자인이다

"디자인 조직은 너무 배타적이다. 특정 대학 출신끼리 밀어주고 끌어주는 바람에 타 대학 출신들은 설 자리가 없다. 학벌이나 따지고 앉아 있으니 무슨 창의성이 나오겠나?"

1995년 10월말 삼성 최고경영자들의 게시판에 이런 '회장의 특별지시'가 뜨자, 비서실과 주요 계열사 등은 벌집을 쑤셔놓은 듯했다. 당시 이 회장은 외부인사와 점심식사를 하면서 디자인조직의 문제점을 자세하게 들었다고 한다. 그는 디자인혁신 없이는 질경영이 이루어질 수 없다고 판단하고, 급기야 1996년 신년사에서 "21세기 기업경영에서는 디자인과 같은 소프트웨어 경쟁력이 최대 승부처"라고 선언하기에 이른다. 비서실은 디자인전담임원을 두고 디자인이념을 정립하고 디자인상을 제정하는 등 이 회장의 디자인경영철학을 뒷받침하기 위한 후속조치들을 내놓았다.

"소나나 벤츠는 멀리서 봐도 소나나 벤츠임을 알 수 있는데 삼성제품은 모방만 하다 보니 삼성만의 아이덴티티가 없다."

이 회장은 우연히 석굴암 관련 자료들을 접하고 석굴암에 녹아있는 동양적인 미와 서양의 합리적인 과학성과 참배객의 입장을 배려한 설계, 석조의 부식을 막기 위해 불상주변 밑바닥에 물을 흐르게 한 조상들의 지혜에 큰 감명을 받고 삼성이 당연히 배워야할 점이라고 생각했다. 늘 아이덴티티가 없음을 지적해온 이 회장이 던진 '석굴암'이라는 화두는 삼성 디자인의 정체성을 발굴해낸다는 뜻에서 더욱 의미가 깊다.

# 252 기본을 등한시하지 마라

"우리는 기본을 매우 등한시하는 경향이 있습니다. 유행하는 색깔을 쫓다보니 … 기본색상을 무시합니다. 골프웨어는 바지, 티셔츠, 재킷의 색상이 어울려야합니다. 그런데 소비자 입장에서 한번 살펴보세요. 티셔츠, 바지, 재킷을 장롱 속에 제각각 보관하는 경우가 허다합니다. 라운드를 앞두고 … 옷을 찾느라 시간을 허비하고 또 못 찾으면 짜증을 내며 …. 이럴 때 화이트나 블랙 등 기본색상 제품이 … 있으면 얼마나 좋겠습니까. 기본색상은 아무 색깔의 옷이나 받쳐 입을 수 있지 않겠습니까?"

이건희 회장은 골프브랜드 '아스트라'에 특별한 관심을 갖고 있다. 제일모직 최고경영자들은 1996년부터 봄, 가을 1년에 두 차례씩 열리는 '아스트라 품평회'라는 시험대에 오른다.

품평회는 이 회장이 직접 주재하는데, 2003년 봄에도 어김없이 열렸다. 5월 22일 승지원에서 열린 품평회에서 '기본'을 중시하라는 이 회장의 훈시에 참석자들은 고개를 끄덕였다. 디자이너들에게는 장이기질이 있어 고집이 매우 센데다가 유행만 좇다보니 기본을 소홀히 하는 경우가 있다는 점을 지적하고, 이어 진열된 남성복 티셔츠에 대해서도 이렇게 품평했다.

"디자인과 소재가 마음에 듭니다. 잘 만들었어요. 그런데 이 디자인과 소재를 바탕으로 만든 비슷한 유의 여성복은 없나요? 이 소재와 디자인을 여성복에도 적용할 수 있는지를 검토해보는 게 어떻습니까? 동일한 소재로 옷을 만들다보면 재료비가 절약되는 1석2조의 효과가 있습니다."

# 253 일류소재로 삼류제품을 만들다니

"일류소재를 들여다가 삼류제품을 만들다니! 이렇게 하려면 당장 사업을 접으시오. 문제는 디자인인데 디자이너들이 현장을 모른 채 상품을 만드니 삼류 소리를 듣는 겁니다."

1996년 5월 이 회장이 아스트라 담당자들을 회장실로 불러놓고 작심한 듯 이렇게 입을 열자, 참석자들은 매우 당혹해했다.

이 회장은 아스트라 상품기획자와 디자이너들을 안양컨트리클럽에 입소시키라고 비서실에 지시했다. 개발자들과 디자이너 20여 명 중 대부분은 골프채를 처음 잡아보았는데, 골프를 직접 체험해보기 위해 보름동안 골프만 쳤다. 이 회장의 의도는 골프웨어의 소재나 색상, 기능을 직접 골프를 체험해보면서 고민하고 체득하라는 것이었다.

1996년 10월 이 회장은 아스트라 가을 품평회를 안양CC에서 주재하면서 다음과 같이 선진제품을 벤치마킹하라고 지시했다.

"유럽의 부호들이 즐겨 찾는 … '드간(Degannd)'이라는 매장이 있습니다. 거기 가서 초일류제품이 뭔지를 보세요. 아스트라가 선진제품과 무엇이 다른지, … 부족한 부분이 한두 가지가 아니란 걸 알게 될 겁니다."

아스트라 담당자들은 품평회가 끝나자마자 유럽 출장길에 올라, 드간, 던힐, 마스터스 등 선진 골프웨어매장을 둘러보면서 벤치마킹 대상이 될 것 같으면 모조리 쓸어 담다시피 했다. 이들의 이런 '싹쓸이' 쇼핑은 매장 직원들의 눈을 휘둥그레지게 만들었다는 후문까지 만들어냈다.

# 254 일하는 사람들의 생각을 바꿔라

"내가 변화를 강조한 게 언제인데 아직도 제대로 안 되고 있다. 일하는 사람들의 생각이 변하지 않고 있다. 다른 삼성 제품들은 세계 1위 브랜드를 향해 진격하고 있는데 아스트라는 국내 1위조차 못하고 있다."

이회장과 부인 홍 여사는 아스트라의 디자이너이자 상품개발팀원이라고 해도 손색이 없다. 이들 부부는 해외출장을 갈 때마다 의류매장에 들러 선진제품을 구입해 원대연 사장에게 전달해준다. 홍 여사는 2002년 일본 출장길에 산 '선 캡'을 건넸고, 제일모직은 이를 즉각 벤치마킹해 귀 부분까지 햇빛을 막을 수 있게 새로운 선 캡으로 만들어 2002년 여름부터 출시해 좋은 반응을 얻었다.

이 회장은 자신의 이런 노력에도 아스트라가 '제자리걸음'을 하고 있는 현실이 내심 불만이었던지, 2002년 10월 열린 품평회에서 아스트라의 현황보고가 끝나자 위와 같은 질책을 쏟아냈다.

이 회장의 이런 질책은 아스트라에 대한 특별한 관심에서 비롯되었다는 것은 말할 것도 없다. 이 회장은 아스트라가 후원한 박세리 선수가 미국 LPGA US오픈에서 1998년 우승했을 때 누구보다 기뻐했다. 박 선수가 귀국하자 그는 특별보너스까지 두둑이 내놓았다.

아스트라는 국내 1위와 세계 톱 브랜드가 되기 위해 지금도 힘찬 행진을 계속하고 있으며, 실무진은 신 경영 정신을 실천하고 아스트라의 목표를 이루려고 매진하고 있다.

# 255 삼성의 강점은 '한 방향으로 나가는 조직의 힘'이다

"집합하라면 임원들이 바로 다 모일 수 있는 조직의 힘이야. 오늘 만난 P회장도 회장되고 가장 큰 희망이 전 임원이 빠짐없이 한자리에 모여 보는 것이라고 하더군. 한 자리에 모여야 총체적인 방향도 논의하고 현안도 의논할 수 있지."

1990년 초 유럽을 방문한 이 회장이 독일 지멘스그룹 회장과 면담을 마치고 나오던 중, 수행 중이던 양해경 삼성물산 프랑크푸르트지사장에게 불쑥 "삼성의 강점이 뭐라고 생각하나?"라고 물었다.

양 부사장이 '인재, 관리능력, 기술개발……'등의 말을 꺼내자 이 회장은 영 아니라는 표정을 지으면서 위와 같이 말했다. 당시 이 회장이 꼽은 삼성의 강점은 '한 방향으로 나가는 조직의 힘'이었다.

"이런 힘이 있을 때 우리가 일류 대열로 가는 기회를 잡지 않으면 삼류에서 벗어날 수 없어요. 앞으로 다양한 목소리가 복합적으로 나타나는 시대가 곧 올 겁니다. 그때는 일류가 되고 싶어도 될 수 없어요."

이 회장은 1990년대 초반의 국민소득 1만 달러가 목표였던 국가, 사회적 환경을 도약할 수 있는 가장 좋은 시기로 판단했다. 신 경영이 무엇보다 돋보이는 점은 '1990년대 초 세계일류기업'이라는 진화의 시점과 방향을 제때에 제대로 잡았다는 것이다.

이 회장은 2003년 6월 신 경영선언 10주년을 기념하는 자리에서 신 경영 2기를 선언하며 '가장 존경받는 기업'이라는 새로운 방향을 설정했다.

# 256 스포츠마케팅으로
# 브랜드 가치를 up시켜라

"본인이 원하는 대로 다 해줘라. 책임은 내가 진다."

삼성의 올림픽 마케팅 준비과정은 치밀했다. 이 회장이 삼성승마 단을 창단하기 전인 1988년 '국제승마연맹 삼성국제승마대회' 후원계약을 맺을 것을 지시하면서 승마는 스포츠마케팅의 효시가 되었다.

중후진국을 타깃으로 9년간 후원을 맡았던 국제승마연맹, 삼성국제승마대회를 끝내고 영국, 독일, 프랑스 등의 국가대항전인 '삼성 Nations Cup' 후원을 1997년에 시작하면서 타깃을 선진시장으로 바꿨다. '삼성'이란 브랜드를 세계 톱의 자리에 올려놓기 위해 선진시장 정면 돌파로 전략을 수정한 것이다.

대표적인 삼성의 스포츠마케팅은 스포츠스타 육성이다. 대표 격인 '박세리' 선수를 1995년부터 후원에 나서 고3 때인 1996년 계약금 8억, 연봉 1억 원이라는 파격조건으로 정식계약을 맺었다. 박세리는 스폰서십 계약을 한지 2년도 안 된 1998년부터 삼성브랜드의 로고가 찍힌 모자를 쓰고 미국 LPGA에서 우승을 하며 대박을 터뜨리기 시작했다.

이 회장은 1990년대 중반부터 좋은 골퍼를 기르면 국가엔 명예, 개인에겐 부와 영광, 스폰서인 기업엔 브랜드가치제고로 연결된다는 점을 강조해왔다. 협상이 난항을 겪을 때마다 "본인이 원하는 대로 다 해줘라. 책임은 내가 진다."면서 독려한데다가 승수에 따라 옵션을 붙이고, 가족의 경제기반을 마련하고, 스태프를 지원하는 실무차원까지 생각해 제시했다.

# 257 애니콜 신화의 8할은
# 올림픽마케팅이었다

"삼성의 이미지를 점프 업 하는 계기를 만들기 위해 코카콜라나 IBM같은 회사가 어떻게 올림픽스폰서를 하는지 알아보라."

이 회장이 이런 지시를 하면서 IOC와의 협상이 시작됐다. IOC측에서는 백색가전 부문을 제안했다.

당시 TOP(The Olympic Partners)를 하기 위한 최저 후원금은 4,500만 달러였고, 거래선 초청행사, 광고 등으로 마케팅 효과를 내려면 그 3배 이상이 들었다. TOP참여는 비용도 만만찮은 데다 가전으로는 첨단기술력을 표현하기도 어려웠다. 게다가 이미 모토롤라가 IOC와 통신 분야 스폰서십 계약을 위한 협상 중이었다.

그러나 이 회장은 미래 산업인 통신부문으로 협상할 것을 협상 팀에 강력히 지시했다.

1996년 애니콜은 국내에서는 1위였지만 세계무대에는 명함도 못 내밀 수준이었으나 TOP참여를 계기로 그룹의 마케팅 자원을 휴대폰으로 집중하기 시작했다. 1998년 나가노 동계올림픽부터 삼성은 모토롤라를 제치고 TOP로 참여했다. 후원은 물론 올림픽 무선기술을 모두 책임져야했다. 그룹 차원의 마케팅 역량뿐 아니라 R&D 등 기술적 공략이 애니콜에 집중됐다. 1998년 세계 9위이던 삼성 휴대폰은 2003년 3위까지 올라섰다. 2003년 휴대폰 수출물량은 1998년의 18배에 이를 것으로 전망되면서, '애니콜신화의 80%는 올림픽 마케팅'이라고 할 정도로 성공적이었다.

# 258 메모리 사업은
# 우리 페이스대로 나갑시다

"황 사장, 도시바의 제의를 어떻게 생각해요?"

2001년 8월초, 도시바의 제의를 놓고 두 달간 고심하던 이 회장이 먼저 황창규 삼성전자 메모리사업부 총괄사장에게 물었다.

"낸드(NAND)플래시는 우리 회사가 수종 사업으로 키워온 핵심프로젝트입니다. 도시바의 제의를 신중히 검토했습니다만, 독자적으로 추진하는 것이 바람직하다고 봅니다."

"경쟁사에 비해 가격이나 기술수준은 어떻습니까?"

"지금은 조금 뒤지지만 수년 안에 따라잡을 수 있습니다."

"도시바의 견제에 대한 대책은 있습니까?"

"나름대로 방안이 있습니다. 추후에 자세하게 보고 드리겠습니다."

"도시바가 기분 나쁘지 않게 정중히 거절하고 우리 페이스대로 갑시다."

낸드플래시 메모리기술 관련 원천기술특허를 보유한 도시바는 2001년 6월 낸드플래시 메모리사업에 승부수를 걸고 D램 사업을 정리하면서 삼성전자와 기술 및 자본협력을 포함한 광범위 제휴를 추진키로 하고 삼성 측에 극비의 제안을 했다. 당시 낸드플래시 메모리시장 점유율은 도시바가 단연 선두로 45%, 삼성전자는 2위로 26%였다. 도시바가 삼성전자와 제휴를 추진한 데는 두 가지 포석이 깔려있었는데, 첫째는 삼성전자의 막대한 현금유동성을 활용하고, 둘째는 복병인 삼성전자를 자기 페이스로 끌어들여 미래의 경쟁자를 사전에 통제하겠다는 것이었다.

# 259 차별화된 상품으로 승부하라

"우리 반도체가 10년 후 뭘 먹고 살 것인지 진지하게 고민해봐야 합니다. 시장이 불확실한 일반 D램 비중은 줄이고 차별화된 상품으로 승부하지 않으면 사업성을 확보할 수 없습니다. 양보다는 질로 승부할 수 있어야합니다."

이 회장은 1997년 초 전자관련 사장단모임에서 이렇게 말했다. 그동안 그는 메모리사업에 대해 고민하면서 차별화할 것을 강조해왔다.

이후 삼성전자는 이 회장의 지시로 메모리사업 차별화와 비메모리 강화라는 두 축을 중심으로 수종 사업을 발굴해왔다. 이런 노력은 2000년대에 들어서 결실로 나타나기 시작, 2002년 메모리사업 총 매출액 71억 달러 중 낸드 플래시나 모바일용 메모리 제품들이 65%를 차지했다.

이 회장은 2001년 도시바의 제휴제의를 놓고 두 달 동안 고심을 거듭해오다, 일본 오쿠라 호텔 인근 샤브샤브음식점 자쿠로에서 삼성의 핵심 수뇌부와 가진 '자쿠로 회동'에서 독자적으로 사업을 추진하는 것이 바람직하다는 결론을 내리고 사업부서장인 황 사장을 직접 불러 최종적으로 그의 의견을 들어보고 앞의 258항목과 같이 결정했었다.

이 회장은 고민 끝에 일본으로 날아가 도시바의 제휴제의 배경에 대한 정보를 수집 분석한 후, 도시바로 들어가느냐, 시장을 독자적으로 개척해 도시바의 벽을 뛰어넘을 것이냐 하는 중대한 결정을 하는 자리에서, 독자노선으로 정하고 차별화된 상품으로 승부해 성공을 이끌어냈다.

# 260 월드베스트가 돼야
# 생존할 수 있다

"반도체뿐 아니라 삼성이 생산하는 다른 제품들도 월드베스트가 돼야 생존할 수 있다."

이렇게 역설해 온 이 회장의 신 경영은 제품과 서비스의 월드베스트가 핵심라고 해도 지나친 말은 아니다. 이 회장은 신 경영추진 당시인 1993년 이미 해외매장에서 삼성제품의 현주소를 확인하고 1등 제품만이 살아남을 수 있다며 월드베스트전략을 마련하라고 지시한 적이 있다.

삼성은 1등 제품이 아니면 경쟁에서 이길 수 없다는 이 회장의 철학에 따라 각 분야에서 사업부별로 한 개의 월드베스트상품을 만드는 작업에 착수했다. 그래서 선정된 제품에 대한 기술로드맵 작성, 선진업체 벤치마킹, 기술격차를 극복하기 위한 연구개발투자전략 등을 기본으로 선진제품 비교전시를 시작했고, 비서실 감사팀에서는 매년 매분기마다 로드맵 달성정도를 체크하면서 연말 사장단평가 자료로 활용하고 있다.

당시 화제를 불러일으킨 양복지 '란스미어'는 제일모직이 키운 월드베스트제품이다. '란스미어 130'은 1994년 제일모직이 개발했는데, 양모 1그램으로 130미터의 실을 뽑은 것이다. 이 회장은 이 양복지로 직접 양복을 해 입었고, 잭 웰치 제너럴 일렉트릭회장 등 주요인사에게 선물하기도 했다. "해외 양복 명가에 납품을 추진하라."는 이 회장의 지시에 따라 제일모직은 영국 헤롯백화점과 이탈리아, 미국 등 선진 백화점에서 대대적인 홍보를 겸한 전시회도 가졌다.

# 261 혁명과 혁신은 한 글자 차이

"뭐라고, 혁명! 모든 것을 다 부정하는 혁명적인 방법 말인가? 정 팀장, 이제까지 옆에서 도대체 뭘 봤나? 말이 된다고 생각해?"

1992년 말에서 1993년 초 사이 이건희 회장의 얼굴에는 늘 불안감이 있었다고 한다. 이대로 가다간 그룹이 삼류, 사류 기업으로 전락하게 되고 마지막에는 이름마저 없어지지 않을까 늘 노심초사했단다.

그만큼 혼자 고민하는 시간도 많던 어느 날, 한 행사장으로 향하는 이 회장을 수행하던 정준명 비서팀장이 이 회장에게 '혁명적인 방법'을 사용하라고 권하자 그는 버럭 화를 내며 위와 같이 말했다.

정 팀장은 말을 주워 담으려고 다급한 마음에 '취소하겠습니다.' 했다.

"취소라니? 취소 가지곤 안 돼. 정 팀장 머릿속에 있는 그런 생각들을 완전히 버리게."

이 회장이 그처럼 화를 낸 적이 정 사장의 기억 속에는 없다. 이 회장은 화를 내면서도 정 팀장에게 혁신과 개혁이 혁명과 다르지만 왜 모두 '혁(革)'자가 들어가는지 공부해보라는 숙제를 던졌고, 얼마 후 정 사장은 'revolution(혁명)'이란 말에서 'r'을 빼면 'evolution(진화)'가 되니 '삼성은 지금 신 경영으로 진화하고 있다'는 답을 찾았다고 한다.

신 경영은 세계경제와 경영환경의 변화 속에서 살아남기 위한 변화를 체험하는 과정이었고 이를 통해 진화하고 격변하는 경제와 경영 환경의 변화 속에서도 살아남았다는 뜻으로 해석할 수 있겠다.

# 262 복합화, 차별화, 시스템화 된 제품을 만들어라

"세계 최대시장인 미국시장에서 우리 상품이 얼마나 천덕꾸러기가 되어 있는지 직접 확인하라. 단순 조립이나 싸구려 수출은 이미 벽에 부딪쳤고, 복합화, 시스템화, 차별화된 제품을 만들지 않으면 우리는 단번에 삼류기업으로 전락할 것이다. 이대로 주저앉을 것 같아 진땀이 난다. 마지막으로 다시 한 번 기회를 주겠다."

1993년 2월 18일 LA센추리프라자호텔은 12시30분부터 저녁 8시55분까지, 8시간 이상 팽팽한 긴장감에 휩싸여있었다. 회장호출로 국내에서 급히 날아온 김광호 삼성전자사장, 이대원 삼성항공사장 등, 그룹 전자부문 사장단과 임원 23명이 참석한 가운데 '전자부문 수출상품 현지비교평가회'가 그 자리에서 열렸다.

평소 노출을 꺼리며 칩거하다시피 해온 이건희 회장의 갑작스런 호출만으로도 참석자들은 몹시 긴장했다. 그런데 이 회장의 호된 질책과 강한 진노로 분위기는 얼어붙었다. 회의도중 '해명성' 보고를 하던 삼성 미주전자의 H이사가 이 회장의 호통을 듣고 퇴장당하는 사태까지 빚어졌다. H이사는 수출실적부진의 원인을 설명하던 중 타 계열사의 책임도 적지 않다는 뉘앙스의 발언을 했다. 그 대목이 이 회장의 심기를 건드렸다. 이 회장은 '잘못을 알고 바로 잡으려는 것은 절대 문제 삼지 않지만, 책임을 남에게 떠넘기는 것만은 용납하지 않는' 대쪽 같은 성격이었다.

이 같은 이건희 회장의 열변과 강경발언은 LA회의로만 끝나지 않았다.

# 263 복합화는 곧 국가경쟁력이다

"앞으로는 모든 것이 종합화, 시스템화하는 경향이 있습니다. 단순시스템으로는 성공할 수 없고, 미래지향의 복합시스템으로 가야합니다. 당장 TV만 하더라도 거기에는 특수유리 제조기술, 반도체 기술, 오디오 기술이 종합되어 하나의 시스템으로 나타나고 있습니다. 건설업이라 하더라도 단순히 아파트만 지어서는 안 되고 아파트에 부엌을 설계하고 가구와 가전제품까지 붙이고 화장실에는 건강 체크를 위한 센서를 붙여주어야 합니다."

복합화의 전형적 형태가 공간의 복합화인데, 인간의 일상생활에 필요한 여러 시설을 한 곳에 집중시켜 이동에 따른 시공간적인 낭비요소와 중복 투자를 예방해 시설 상호간 상승작용의 효율을 얻어 극대화하는 것이다.

이건희 회장은 21세기에 대응하기 위해서는 이러한 복합개념을 행정, 도시, 기업, 산업, 복지 등 모든 분야에 도입하여 사회구조 자체가 상호 유기적으로 작용해 효율을 창출할 수 있어야한다고 말한다. 복합화가 모든 경제단위에 확산되면 이것이 국가경쟁력이고, 행정과 모든 산업이 기회선점의 효율을 올릴 수 있게 된다고 강조한다.

복합화에는 기업 내 경영자원(input), 경영시스템(process), 상품 및 사업(output)을 상호 결합하는 미시적 복합경영과, 복합의 개념을 국가단위로까지 확대하여 인간이 생각할 수 있는 모든 요소를 결합해 시너지효과를 증폭시킴으로써 인류의 행복을 증진시키는 거시적인 복합경영이 있다.

# 264 공간 복합화로
# 시간을 벌면 곧 돈이다

"복합화 중에서 내가 가장 먼저 추진해보려는 것이 빌딩의 복합화이다. 이를테면 빌딩의 복합화는 건물을 초대형화 하고 한 빌딩 안에 사무실, 회의실, 주거 공간, 운동시설, 호텔, 의료시설, 교육시설, 백화점, 슈퍼를 복합 운영하는 것이다. 그래서 복합빌딩이다. … 100층 이상 초고층 빌딩은 국력과 기술력의 상징이다. … 삼성의 기술력은 대단하다. 세계가 인정하고 있다. 이런 기술력으로 우리 건물을 우리가 짓자는 것이다. 여기에 4등분해서 25%는 아파트, 25%는 사무실, 또 25%는 상품개발 및 설계 실, 나머지 25%는 쇼핑센터, 호텔, 스포츠센터, 주차장 등 몽땅 한 건물에 수용한다는 것이다. 다시 말해 누워있는 동네를 하늘에 세워놓자는 것이다. 누워있는 동네에서는 자동차 타고 전철 타고 이동해야 하지만 세워놓으면 전부 초고속 엘리베이터로 이동할 수 있다. 그러면 40초 이내에 빌딩의 어느 곳이든지 갈 수 있다. 이것이 100층짜리 빌딩에서의 기본적인 복합개념이다. 다시 말하면 빌딩 하나가 작은 도시가 될 수 있도록 만들자는 것이다."

이건희 회장이 얘기하는 공간 복합화의 예이다.

"생활을 편리하게 하여 여기서 빙빙 돌게 해야 한다. 옥상에는 헬리콥터 착륙장을 만들어 거기서 왔다 갔다 하고, 헬리콥터로 이동해야한다. 두 시간, 세 시간이 걸릴 것을 30분에 왔다 갔다 하게 해야 한다. 시간이 곧 돈이다."

# 265 도로를 만들어주면서 차를 팔아라

"삼성이 미래 산업을 하기 위해서는 장시간의 기획, 준비와 막대한 자금, 다양한 기술과 노하우, 복잡한 생산, 유통, 판매 개념이 필요하고 이것들이 전부 전문화되어야 한다. 상상을 해보라. 자동차를 파는 회사는 단지 자동차만 파는 게 아니고 도로를 만들어주면서 차를 판다는 발상을 가져야 한다. 마찬가지다. 배를 팔아야 할 때도 항구와 그에 맞는 도로, 차량, 선적장치까지도 생각해야 한다는 발상을 가져라."

이건희 회장은 삼성이 미래 산업을 하기 위해서는 장시간의 기획과 준비가 필요하고 이것들이 전부 전문화되어야한다고 지적한다.

"앞으로 CAD/CAM이나 로봇을 이용해서 99% 자동화되면 물건은 모두 로봇이 생산해주게 된다. 그러면 우리는 무엇을 해야 하는가. 우리는 삶의 질을 추구하는 업을 수행해야 한다. 그게 정보산업이고 데이터산업이고 시스템산업 아닌가. 인간의 힘이나 기업의 힘은 유한하며 한계가 있다. 하지만 소프트산업, 시스템산업, 인간의 질을 위한 산업은 하나 더하기 하나가 둘이 아니고 만, 십만, 백만, 천만, 억이 된다. 이것이 바로 미래 산업이고 부가가치산업인 것이다."

이 회장이 얘기하는 초일류기업이란 초일류상품을 만들어내는 기업이다. 현재의 위기상황을 극복하고 국제경쟁에서 살아남을 수 있는 지름길은 초일류상품의 개발과 생산이다. 삼성은 초일류상품의 개념을 명품, 히트상품, 차세대 상품으로 정리한다.

# 266 자율경영과 복합화로 일류가 되자

"세계의 일류국가, 일류사회를 보라. 전부가 자율이다. 그리고 정부가 자율정책이다. 자신이 발상을 하고 연구하고, 긍정적으로 자신의 책임 하에 실행하고 책임감이 있으니 사고가 발생되어도 수습하고 분석한다. 분석하려니 확인하게 되고, 확인하면 주의를 줘야하는데, 일이 이렇게 되면 또 판단을 해야 하고, 그 결과에 대해 평가를 해줘야 한다. 이것이 바로 '자율경영'이다."

이 회장의 이야기는 자율경영과 복합화 문제로 연결된다. 현재 세계 유수의 기업들이 허덕이고 있는 이유는 '권위주의'와 '위기의식의 결여', '단일 업종 위주로 사업을 한 결과'라고 지적하며 '복합화론'을 펼쳐나갔다.

"…미래 업종은 우주공학, 의료, 에너지산업 등 첨단 분야이다. 자동차나 전자산업도 자꾸 기계, 레이저디스크 등으로 복합화해야 한다. 단품의 상품은 이제는 팔지도 못한다.… 건설업과 전자산업은 합쳐져야 한다."

아파트 하나만 달랑 지어가지고는 팔리지 않는다는 이 회장의 주장에는 다분히 일리가 있다.

"전자와 건설의 노하우를… 결합하여 복합적으로 아파트를 지어야한다. 아파트는 시멘트, 철근, 위생기구, 부엌가구, 전자제품, 전선, 전화, 컴퓨터가 결합될 수 있는 개념이다. 그러면 전자, 중공업, 건설 등이 합쳐질 수도 있다. … 한 그룹 내에서 이 세 가지 업종을 가지고 있으면 상대적으로 경쟁력이 생겨서 유리하다. 이것도 일종의 '복합화' 개념이다."

# 267 복합화에는 영역제한이 없다

"100층이든 80층이든 51층에 24시간 활용할 수 있는 회의실을 만들어 놓았다 치자. 이 빌딩에 기획에서 디자인, 설계, 판매, 등 각 조직담당자들이 모두 입주해있다면 필요시 40초면 이 회의실에 다 모일 수 있다."

국제시장 선점을 위해서는 자연적인 시장개척보다 여러 가지 상업적 조건을 결합시킨 형태 즉, 복합화가 필요하다. 이 회장의 독특한 논리 중 하나인 복합화의 개념을 이해하기 위해 다음에 대한 답을 찾아보자.

'좋은 제품을 만들기 위해서는 모든 분야의 담당자들이 수시로 한 자리에 모여야 ….' '제품별 공장이 여기저기 산재해 있어 다른 공장에 한 번 다녀오면 하루가 다 지나가….' '점심을 먹으러가든, 슈퍼를 가든 한 번 움직이면 몇 십 분에서 1시간 이상씩 걸려야….'

이 회장이 주장하는 복합빌딩, 복합병원, 복합공장, 사람의 복합화, 도시 복합화 등에는 영역제한이 없기 때문에 위의 문제를 해결할 수 있단다.

"지금 수원의 전자를 한 번 보자. 서울 강북에서 1,000명, 강남에서 1,000명, 수원근교에서 몇 만 몇 천 명, 이 사람들이 아침에 한시간반가량은 버스로 털털거리면서 통근한다. 그리고 공장은 산재되어 있어서 공장에서 다른 공장에 한 번 가려고 해도 10분 내지 15분이 소모된다. 하루에 공장 몇 군데를 돌면 몇 시간, 실제 일하는 시간은 서너 시간이다. 이런 불합리한 일이 어디에 있는가? 이런 공장을 전부 하나로 합쳐지어라. 그러면 복합화 하는 게 어떤 결과를 가져올 것인가?"

# 268 병원, 슈퍼, … 도시, 해외 복합화

"… 병원을 짓는 것이다. …. 슈퍼마켓을 지어라. 슈퍼가 뭐냐? 생산, 소비를 잇는 것이다. 농민, 소비자, 삼성, 인류를 위한 것이다. … 호텔도 짓고, 빌딩도 짓고, 레저시설도 넣고, 어린이 동산도 넣고, 한 사람이 합치게 하면 명동 같은 땅이 된다. 여기에 학교도 넣고, 좋고 편리한 백화점도 넣고, 호텔도 넣는다. … 슈퍼, 백화점에서 문제는 농산물이다. 우선 벼농사를 보자. … 우리는 제품평가 회사를 만들어 … 양질의 제품을 만드는 데서 조달, 슈퍼에서 팔면 '삼성슈퍼'는 모두 믿고 찾는다. … 병원 1~2만 평에 병실, 슈퍼, 간호학교, 주차장, 수영장, 공부방, 양로원 넣고, 초중고, 유아원으로 집단거주 시킨다. … 삼성병원은 간호학교에서 양성된 인력이 전문 간호해준다. … 대형빌딩에 엘리베이터 설치하면 40초정도로 해결된다. 요즘은 분속 600미터짜리가 있다. 40초면 1~100층까지 관리한다. 한 건물이라기보다 한 단지 내에 두라. 엘리베이터의 기본은 전력이다. 전력은 자가발전, 이는 열 병합이다. … 삼성인 양성을 하자. 자기 생각+α로 더 잘 키워줄 텐데 뭐 하러 과외공부 시키겠는가. '삼성인' 교육받은 사람은 면접 볼 필요도 없게 만드는 게 교육복합화다. … 여기 독일 도시를 봐라. 어디든지 주거지역, 상업지역, 공업지역, 교육지역을 만들어 한 도시, 한 도시를 만든다. … 경쟁력이 올라간다. … 이것을 유기적으로 과천도 연결해라. 컴퓨터로 연결하고 관리해라. … 구라파에 생산기지를 복합화하자는 것이다.…"(프랑크푸르트회의 중 복합화 내용요약)

# 269 기다리지 않는 병원을 만들어라

"삼성서울병원은 건설 과정에서부터 검진센터, 생명과학 연구소, 의사실, 안과 등의 기능이 복합적으로 들어가야 한다. 동시에 동선관리에 각별히 신경 쓰라. 이렇게 복합화 함으로써 환자들이 기다리지 않는 병원, 보호자가 필요 없는 병원을 만들라. 또 지하를 깊이 파서 지하공간을 적극 활용해야하며 지하에서 근무하는 직원들을 위해 햇빛이 스며들 수 있는 방안을 연구하도록 하라."

국제경쟁력을 높이는 이 회장의 복합화철학은 시설 및 단지, 제품, 인재개발 등 곳곳에 녹아들면서 삼성 신 경영의 핵심이 됐다.

위는 병원복합화의 예로, 이 회장의 지대한 관심 속에서 1995년 삼성서울병원이라는 이름으로 개원한 후 태평양지역 미대통령전용병원으로 지정됐다. 미대통령 경호실이 사전에 실태조사를 벌인 것은 물론이다.

이 회장은 복합화 개념이 철저히 적용되고 있는 용인노블카운티의 노년층의 휴양소이자 중풍 및 치매환자의 요양공간인 너싱 홈을 구석구석 둘러본 후 화장실과 거실의 턱을 없애고 삼성서울병원과 협조해 효율적으로 운영하라고 지시했다. 또 어린이집, 문화 및 예술 공간을 함께 구비해 입주자, 지역주민, 어린이 등이 함께 어울리는 복합공간으로 조성하도록 했다. 안성일대에 추진 중인 장묘사업 '청록원 프로젝트'도 장묘시설은 물론 휴양, 문화 공간, 농촌체험관, 주말농장 등을 복합화 차원에서 두루 갖추도록 했다.

# 270 옆으로 넓히지 말고 위로 높이면 경쟁력이다

"빌딩을 옆으로 넓히지 말고 위로 높이자. 좁은 국토를 효율적으로 이용해야한다. 한 곳에 모든 임직원이 모여 산다면 40초 만에 모일 수 있다. 이게 바로 경쟁력이다. 물류비용이 줄고 경영스피드가 제고된다. 교통 체증도 없어진다. 이게 바로 복합화다."

이 회장은 1993년 9월 초 이학수 비서실 차장에게 '관리본부장들이 일본의 복합화 시설을 둘러보는 프로그램을 마련하라.'고 지시했다.

이 회장의 지시에 따라 20여 명의 관리본부장들은 후쿠오카 돔, 최신식 인텔리전트 빌딩인 NEC 본사, 큐슈지역 호텔, 미야자키 현 복합휴양지 시가이야 등의 복합시설물을 둘러보았다. 관리본부장들은 회사 살림살이를 맡고 있는 자신들에게 한 달씩이나 왜 일본출장을 제의했는지 의아해했으나 일본 북쪽에서 남쪽까지 모조리 훑다보니 이해하게 됐다고 한다.

이 회장이 지시한 이 프로그램은 여러 가지 메시지를 담고 있는데, 가장 큰 성과는 당시에는 생소했던 주상복합건물, 축구장, 리조트, 호텔은 물론 일본 문화시설을 둘러보면서 우리의 현주소를 깨닫게 된 것이었다.

이 회장은 1993년 3~8월에 열었던 해외회의에서부터 복합화를 강조해왔다. 이 회장이 '복합화 시찰단'을 일본에 보낸 것은 자신의 복합화 철학을 삼성의 핵심인 관리본부장들이 깨달을 수 있도록 하기 위해서였다. 변화를 두려워하는 관리본부장들에게 변화의 중요성을 일깨우게 하려는 의도도 함께 깔려있었다고 볼 수 있다.

# 271 복합화의 장점은
# 한두 가지가 아니다

"구라파에 생산기지를 복합화하자는 것이다. 그러면 저 옆에 포르투갈, … 그 옆에 터키 이걸 생각해봐라. 비행장 있고, 바닷가 있고 공사하기 쉬운 암벽에 찾아서 200만 내지 300만 평 땅을 내주고, 그 중에 3만 명 우리가 고용하는 데 1만5천명은 그쪽 사람 쓰겠다고 요청해라. … 대신 부지를 요청해라. 여기에 숙소도 우리가 짓고 학교도 이 안에 만든다. 그 옆에 비행장은 좀 사용해야 되겠다. 조선소 만드니까 항만은 우리 마음대로 한다."

이 회장의 복합화 철학은 해외공단개발에도 담겨있다. 말레이시아 셀렘방은 삼성전자, 삼성SDI, 삼성코닝 등 관계사가 복합화개념을 도입하여 개발한 삼성의 첫 번째 해외공단으로 물류비 절감, 교육, 채용, 정보공유 등 다방면에서 상당한 시너지효과를 얻고 있다고 한다.

중국 사업에도 철저한 복합화 전략이 스며있는데, 삼성의 중국 생산법인은 모두 27개로 전자(VCR, TV, 전화기)의 가전제품, SDI(브라운관), 전기(부품), 테크윈(카메라)의 공장 등 11개 법인이 있는 텐진, 반도체 및 LCD모듈, 노트북PC, 백색가전 공장이 가동 중인 쑤저우, SDI(브라운관), 코닝(유리), 전기(부품), 전자(오디오, CDMA) 공장이 붙어있는 광동 등 3개 지역을 중심으로 포진해있다.

이형도 중국 삼성 회장은 '인력확보와 물류, 현지 정부와의 업무추진 등 복합화의 장점은 한두 가지가 아니라고 할 수 있다.'고 분석했다.

# 272 테크노 MBA제도는
# 인재복합화다

"이공계 인력육성을 그렇게도 강조했는데 아직 시행되지 않고 있습니까? 과학기술원(KAIST)과 협의하세요. 중국이 몰려오고 있어요. 중국 지도부의 70%는 이공계 출신입니다."

이 회장의 복합화철학은 인재육성에도 녹아있는데, 1995년 '테크노MBA제도' 도입을 지시하면서 그는 비서실장에게 이렇게 말했다.

테크노MBA제도는 이공계인력들이 미래에 최고경영자가 되기 위해서는 기술뿐 아니라 경영도 알아야한다는 이 회장의 'T자 형 인재론'에 따라 도입된 것으로 저변에는 인재복합화 철학이 깔려있다.

이 회장은 선발된 인원의 인사자료를 직접 챙겨보면서 면면을 검토했을 정도로 관심이 높았으나 제도의 도입은 쉽지 않았다.

1990년대 초부터 테크노MBA제도 도입을 서두르라고 지시했는데도 당시 최고경영자들은 막대한 예산을 들여 일 잘하는 전문 인력을 2년간 해외에 내보내는 것을 흔쾌히 받아들이지 않고 실시를 미뤄왔던 것이다.

이 회장은 해외회의에서도 인재의 복합화를 여러 번 강조했다.

"기초적으로 갖춘 교육과 상식은 기초실력이고, 거기에 각기 전문이 적어도 7개 이상 있다. 설계, 구매, 생산, 디자인, 회로설계, 금형설계, 판매, A/S, 경영관리, 기획, 벌써 열 가지 아닌가? 이 열한두 명이 자주 모여야 한다." "복수적인 두뇌가, … 열 사람 정도가 모여서, 자기 전문분야의 상황을 한데 모아서, 정보와 지식과 설계 기술력을 한데 모아 …"

# 273 도곡동 타워팰리스는
# 실패한 복합화다

"아까운 자식 하나 잃었다."

도곡동 프로젝트가 사실상 무산됐던 1998년 이 회장은 이 말을 몇 번씩이나 되뇌었다고 한다.

이 회장이 구상한 복합화의 꿈은 태평로 금융, 서초동 패션, 도곡동 IT 등 삼성 계열사들을 3대 축으로 연결시키는 복합단지로, 이 유기적 연결의 핵심은 도곡동 IT단지였으나 사실 실현되지 못했다.

이 회장은 1993년 말 비서실장에게 21세기 동북아시대를 대표하는 고품위의 세계적인 복합단지를 건설해야한다는 생각을 밝혔다. 이에 따라 1994년 결성된 신 경영 추진 팀은 부지물색에 들어갔다. 이 회장의 복합화철학을 뒷받침하기 위해 서울시가 추진 중이던 도곡동 체비지 매각에 참여, 부지 총 2만2,714평을 평당 2,700만원, 총 6,226억 원에 사들였다.

이 회장은 이곳에 삼성 임직원들을 대부분 입주시켜 엘리베이터를 타면 30초 만에 회의가 이뤄질 수 있도록 직주일체형 공간으로 구상했다.

신 경영 추진 팀은 미국 'SOM'을 설계전문업체로 선정하는 등 본격적인 준비에 들어갔으나 주민들의 반대와 IMF라는 위기상황이 닥쳐, 프로젝트는 주상복합건물로 변경되었다. 이 회장도 따라 꿈을 접어야했다.

그래도 그는 타워팰리스를 건설하면서 "분양하더라도 우리 것이라는 신념으로 지어라"며 삼성의 혼이 들어가야 한다고 역설, 복합화개념이 녹아 있긴 하지만, 당초 구상했던 복합화와는 거리가 멀다는 평가를 받았다.

# 274 복합화는 경영철학의 핵심이다

"옛날에는 기술이나 경영 장벽이 하나같이 쉬웠고 행정부와 전 국민이 위기의식과 헝그리정신을 가지고 눈을 반짝했는데, 요즘은 전부 어려워졌는데도 모두 잘 되겠지, … 안이한 생각을 하고 있다. …잘못 밀고 나가면 그런 업종 가지고는 턱도 없고 모든 제품이 복합화, 시스템화, 차별화되지 않으면 팔기도 어렵지만 팔수도 없다." "우리나라 국민들 중에 자신이 지금 쓰고 있는 치약, 비누가 몸에 좋은지 알고 있는 사람이 얼마나 되는가. …. 모른다. 우리는 제품평가 회사를 만들어 양심적 철학이 있는 기업제품을 조달해서 판매한다. 양질의 제품을 만드는 데서 조달, 슈퍼에서 팔면 '삼성 슈퍼'는 모두 믿고 찾는다. 그러면 제조업체들은 납품하려고 열심히 만든다. 신세계보다 백배 잘 팔 수 있다."

위는 1993년 LA와 프랑크푸르트회의에서 장시간에 걸쳐 밝힌 이 회장의 복합화에 대한 특강내용 중 제품복합화에 관한 내용이다.

삼성전자가 2002년부터 비전으로 설정한 '기술융복합화를 통한 컨버전스'라는 표어는 이 회장이 1980년대 후반부터 강조했던 제품복합화의 새로운 형태다. 대표적인 복합 상품들로는 DVD Combo, 카메라 폰, 공기청정기 내장 에어컨, 디지털카메라 내장 캠코더 같은 것들이 있다.

이 회장 경영철학의 핵심인 복합화는 제품의 질 제고는 물론 비용절감, 물류비용 감소, 교통체증 해소, 경영스피드 제고, 임직원 유대감 향상 등 1석5조의 효과가 있다.

# 275 소니 TV도 봐야지
# 왜 삼성 TV만 보느냐

"집에 어떤 TV가 있습니까?"

"삼성 전자 제품입니다."

"소니TV도 봐야지 왜 삼성TV만 봅니까!"

2002년 4월 19일 이 회장은 창조관에 마련된 임시 전시장의 디지털미디어 관 홈시어터코너에서 사장단이 지켜보는 가운데 삼성과 소니제품을 직접 체험했다. TV+비디오+오디오라 할 수 있는 홈시어터는 영화관에서 영화를 보는 것 같은 효과를 가정에서도 낼 수 있는 첨단전자복합 상품이다. 삼성 오디오의 음질은 형편없었고, 스크린의 화질도 선명치 못했다.

그리고 복잡한 리모컨을 단순화시키라고 지시했는데도 아직 개발이 되지 않은 상태였다. 이 회장은 2001년 9.11테러 발생 직후 미국 소비자들이 외출을 꺼리면서 홈시어터 시장이 급팽창할 것으로 예상하고 이미 홈시어터 개발을 지시했었다.

삼성전자는 이 회장의 지시에 따라 부랴부랴 소니를 겨냥한 홈시어터 개발 TF를 결성하고, 2002년에는 지시대로 단순화시킨 새로운 리모컨을 개발했다.

이 회장의 비교전시 경영은 최고경영자들에게도 그대로 전파되었다.

1990년대 초 이 회장은 임원들에게 위와 같은 질문을 던졌고, 임원들이 하나같이 '삼성제품'이라고 대답하자, 그는 위와 같이 말하며 상대 회사의 제품과 비교하지 않으면 우리 것이 발전할 수 없다고 나무랐다.

# 276 군사문화의 잔재는
# 도덕불감증의 원인이다

"나의 개혁정책은 3~6공화국에서는 불가능했다. 마침 새 정권이 개혁을 추진하고 있다. 나는 여기에 편승하자는 것이다. 나의 개혁과 정부의 개혁은 큰 차이가 있다. 종류와 차원이 다르다. 나의 개혁은 인류, 한국, 삼성 임직원, 가족, 자손이 영원히 잘 살자는 것이다. 정부의 그것은 5년간의 개혁으로 그 종류가 다르다."

이건희 회장은 해외회의에서 군사문화의 병폐를 신랄하게 비판했다. 특히 군사문화의 잔재를 '도덕적 불감증'과 연계시켜 비판한다.

"변해야 한다. 옳은 것과 그른 것, 좋고 나쁜 것을 사실대로 말해야 한다. 이것이 1류의 기초다. 우리는 옳고 그른 것이 서로 얽혀있다. 우리보다 인구나 국토가 2분의 1에서 4분의 1에 불과한 대만, 싱가포르가 우리보다 잘사는 이유가 뭐냐? 우리는 독재, 군사문화 때문에 더 못산다."

다음은 1993년 7월 오사카에서 열린 특강 내용 중 일부다.

"우수한 인재가 회사에 입사한지 5~10년 내에 도덕적으로 불감증에 걸린다. 지난 30여 년간 단순한 사고로 지도자 없이 살아왔다. 삼성은 말할 것도 없다. 우리는 나쁜 것을 나쁘다고 말 못하고, 좋은 것을 좋다고 칭찬하지 못하고 살아왔다. 제대로 비판하지 못했다. 공부해도 1류가 될까 말까한 세상에서 나쁜 것을 나쁘다고 지적하면 싸움이 되고 좋은 것을 좋다고 지적하면 아첨이 된다. 특히 권력 앞에서는 못하는 것을 거꾸로 잘한다고 칭찬해왔다. 이런 풍토에서 민주사회가 어떻게 되겠는가."

301

# 277 정경유착은
# 경제를 50년 뒷걸음질 치게 했다

"1997년이 H그룹의 전성기였다. 그때는 남이 수주해놓은 것을 뺏어올 정도로 힘이 있었다. 3공화국이 그 그룹에게 그런 힘을 준 것이다. 3공, 5공 시절의 이런 세태가 H그룹, D그룹 등을 오히려 무력하게 만들어서 오늘날 이 기업들이 구조, 사고방식, 상도덕, 인간성을 타락시키고 돈이면 다 된다는 사회악적 요소를 만들어낸 … . 그릇된 특혜를 등에 업고 … 국가의 대사를 쥐고 흔들어 국가, 국민의 안보를 위태롭게 한 것은 물론 엄청난 국가적 기회손실을 초래하였다. 이렇게 … 수단, 방법을 가리지 않고 해내면 된다는 풍토가 3, 5공 때 조성되고 6공 때 심화되었다."

1993년 1월 13일 이 회장은 수주계열사장단 만찬회의를 주재하면서 지난 정권의 정경유착과 그 피해에 대해서 그 나름대로 확고한 신념을 갖고 있음을 토로했다. 무려 5시간40분간 계속된 이 날 회의에서 이 회장은 기업에 대한 정권의 그릇된 특혜가 어떤 결과를 초래하는지 위와 같이 말했다. 개혁 드라이브와 관련해서 국내의 한 신문과 일본에서 가진 인터뷰에서 '과거 역대 정치권력에 대해서는 어떻게 평가하는가.'라는 질문에 대한 답변에도 정치권에 대한 불신이 잘 나타나있다.

"'싹쓸이' 문화가 가장 큰 문제였다. 특히 1979년의 12.12와 이후의 국보위는 우리 정치를 1백년 후퇴시켰고 경제를 50년 뒷걸음질 치게 만들었다고 생각한다. 그래서 이번만큼은 과거문제에 대해 너무 집착하지 말고 백지 위에서 재설계하는 입장이었으면 좋겠다는 생각이다."

# 278 소프트적, 경제적 합방 안하려면 정치에 눈을 떠라

"한일합방 때의 이완용이 결코 좋은 사람은 아니다. 그러나 역사가나 언론이 말하는 것처럼 '죽일 놈'은 아니다. 그를 두둔하려는 것은 결코 아니다. 이완용이 아니면 김완용, 박완용이 나올 정치 상황이었다. 정치가 썩었다. 국력이 제로였다. 12년 전쯤 한일합방 당시의 국력을 계산하라고 비서실에 지시한 적이 있다. 경작면적 기준으로 했는데 약 900억 원이 나왔다. 삼성의 가장 작은 회사만도 못하다. 나라가 망하지 않을 수 없었다. 정치책임이다. 국력이 약하니 세금 안내고 병력 안 키워 일본에 합병된 것이다. 바로 정치 잘못 때문이다. 그런데 이런 역사평가를 제대로 못하는 게 우리민족이다. 왜냐. 학교교육 잘못이다. 유치원, 탁아소, 초등학교에서 국가, 민족, 국력, 도덕, 인간의 삶, 이런 교육이 안 돼 있다. 우리는 일본을 욕하지만 현재 생산력 면에서 세계최대의 나라다. 이대로 조금 있으면 우리 기업은 1류, 행정은 1.5류, 정치는 2.5류가 될 것으로 생각한다면 이는 큰 착각이다. 이대로 가면 3~4류다. 이완용 때보다 더 비참한 생활을 할 가능성도 있다. 우리는 오그라들고 일본은 더 발전하여 금세기를 넘긴다면 몇 십 년 전 한일합방이 '하드적 합방'이고, 이때는 '소프트적, 경제적 합방'이 될 게 뻔하다. 눈을 떠야한다."

정치가 역사에 어떻게 작용하는지에 대한 그의 인식과 이 시대의 우리에게 주는 경고의 메시지가 잘 나타나있다. 이런 이회장의 일본관은 부친처럼 지나치게 일본을 미화한다는 비판의 원인이 되기도 한다.

# 279 정치 불안은 역사를 후퇴시켰다

"임진왜란 직전의 한반도는 조선이라는 국가형태, 일본은 '부락'이었다. 한마디로 문명 대 비 문명이었다. 불과 400년 전의 일이다. 게다가 우리는 언어를 발명한 '뛰어난' 민족이다. 그러나 우리는 정치적 배경과 제도가 나빠지면서 쇠락의 길을 걸었다."

이 회장의 역사관은 역사를 경제적 시각에서 분석하는 경제관이다. 또 그는 초등학교와 대학교를 다니고 기업경영에서 일정한 관계를 맺은 일본과의 비교를 통해 우리 역사와 현실을 분석하곤 한다.

위는 그의 경제적 역사관을 뒷받침하는 오사카회의의 강연내용이다.

"정치적 불행이 우리 역사를 후퇴시키고 경제를 낙후시켰다. 과거 역사만이 아니다. 4.19 직전 삼성그룹의 재산은 일본 미츠이보다 훨씬 많았다. 그러나 지금은 미츠이의 몇 십 분의 1에 불과하다. … 잘사는 나라일수록 어린이 교육이 잘 돼 있으며, 기록문화가 발달돼 있고, 삼림이 울창하다. 나무는 '150년~200년을 내다보는 장기투자'이며 '정치안정과 경제적 여유의 산물'이다. 당장이 불안한데 누가 100~200년 뒤를 내다보겠는가. … 정치 불안은 명령을 받는 데 익숙한 풍토를 조성, 결국 국제화와 다양화를 제한하면서 역사를 후퇴시켰다. 6.25, 5.16, 유신, 국보위, 5.17, 등 '오그라지는 일'이 많았다."

그의 경제인다운 역사관에서 나타나는 핵심내용은 '정치적 불행이 우리 역사를 후퇴시키고 경제를 낙후시켰다'는 것이다.

# 280 경제력 집중 억제 정책이
# 우리 산업을 후퇴시켰다

"업종전문화를 실시하면 인센티브를 준다고 하나 외국에서는 이것이 당연하고, 특히 기업규제 면에서 볼 때 삼성그룹 전체가 일본 마쓰시타의 가전부문과 비슷하고 도요타 자동차의 절반수준이다."

규제성격이 강한 업종전문화 정책에 대한 그의 인식은 부정적이다. 위와 같이 규모 확대도 필요하다고 강조하며, "주력기업 제도나 경제력 집중 억제정책 등이 우리 산업을 20~30년 후퇴시켰다."고 주장한다. 프랑크푸르트와 오사카회의에서 한 발언을 통해 규제에 대한 그의 생각을 보자.

"홍콩, 싱가포르, 스위스는 규제가 없고, 개인 기밀 보장되고 영세중립국이다. 마약범, 파렴치범만 잡는다. 형무소가 텅텅 비어있다. 나라 잘되고 수억 달러 부자가 수백 명이다. 한국 부자는 나와 … 5~10명에 불과하다. 서울시보다 작은 홍콩에 수백 명 부자가 있는데 한국은 어찌된 것인가. 개인, 법인, 국가, 집단 이기주의와 규제 때문이다. 그 결과는 무엇인가. 모두 손해 보는 것이다."

"… 삼성을 보자. 상품 수는 수천가지, 계열사는 30여 개… 국제경쟁력이 있…는 제품은 … D램 메모리 하나다. 나머지는 모두 1.5~2.5류다. … 시장개방은 필연적이다. 완전히 열어야 하는 시대가 … 금세기말이 될 것이다. 이런 데서 문어발이나 재벌이 무슨 의미가 있는가. 마쓰시타, 소니, GE, GM이 오는데 경제력 집중, 상호지급보증, 전문경영인 등이 뭐냐. 제일 싸고 좋은 제품을 빨리 만드는 기업을 빨리 만들어야 한다."

# 281 자식교육도 못시키면서
# 누구를 교육 시키겠는가

"나는 1979년 전자에서, 1985~1986년 중공업, 항공에서 지금 얘기의 80%를 했다. 그런데 왜 안 되느냐? 도덕적 불감증 때문이다. 인간성이 나쁘고 도덕성이 나쁘다는 게 아니라 '불감증'이라는 뜻이다. '너부터 해! 나는 빠져도 돼.'는 불감증의 예다. 서류보고 시 똑 같은 서류가 과장에서 사장까지 올라간다. 사업부장들은 설계, 금형, 부품, 운반, 단가, g당 부가가치 등을 아는가? 내가 매년 떠들었다. 향후 21세기에 대비해 자식교육은 제대로 시키는가? 아동심리학은 공부했는가? 나는 했다. 자식교육 못 시키면서 누구를 교육시키고 지도하는가? 정신부터 뜯어고쳐라!"

'도덕적 불감증'이라는 단어는 이 회장의 개혁론을 이해하는 데 매우 중요하다. 프랑크푸르트, 런던, 오사카, 후쿠오카 등 해외회의 때마다 그는 이 말을 강조했다. 다음은 오사카에서 한 말이다.

"비서실은 조선 500년과 같다. 회장과의 사이에 담장이나 쌓고, 비서실은 중앙집권적 조직의 폐해를 보여주었다. 조선시대 이퇴계가 길 만들고 소 키우자고 했다. 다른 사람들이 중국이 쳐들어오는 것 도와주는 것이라고 반대했다. 오그라질 피해망상과 방어의식이다. 퇴계의 사상이 그대로 일본으로 건너갔다. 조선과 일본에는 모두 사농공상이 있다. 그러나 일본의 '사'는 공부 외에 일하고 현실을 안다. 그러나 우리의 사는 공부만 했다. 천자문부터 한자나 쓰고, 무슨 물정을 알겠는가. 이것은 지금도 마찬가지다."

# 282 개인, 집단이기주의라는
# 벽을 허물어라

"부품 샘플 하나 가져와도 주먹으로 거머쥐고 가져오고, 부품 하나 들고 다니는 데도 전표가 5~6개씩 붙고, 며칠 걸리고, 드라이버 1천 원짜리 하나 사는 데 도장을 대여섯 개씩 찍고, 도장 찍은 부장, 이사, 상무, 관리담당이 그것을 보고도 불합리하다고 생각하지도 않는다. 모두들 도덕 불감증에 걸려있는 상태다."

삼성그룹의 총수가 진단하는 삼성의 문제점은, 모두 '마음의 문'을 닫고 '도덕적 불감증'에 걸려 무엇이 잘못인지조차 알지 못하는 것이란다.

'이건희 개혁론'의 핵심은 삼성이 위기를 극복하고 2000년대 세계초일류 기업에 진입하고, 이를 통해 살아남기 위해서는 뒷다리를 잡지 않는 개혁이 필요한데, 그러려면 개인, 집단이기주의라는 벽을 허물어야 한단다.

삼성전자의 경쟁업체인 금성사는 1993년 5월 CDG(콤팩트디스크그래픽)TV를 개발 판매했다. 이 제품의 원리는 기존 25인치 컬러TV에 CDG덱을 채용해 별도의 장치 없이 CD 및 CDG를 재생하는 방식으로 기존의 오디오와 비디오 기술을 복합한 것이다. 이 제품의 핵심은 오디오와 비디오의 결합이다. 그러려면 오디오사업부와 비디오사업부가 머리를 맞대야 하고, AV복합제품이지만 생산과 판매는 한 사업부가 맡아야하기 때문에 어느 한 쪽은 양보해야 한다. 금성사는 한 쪽이 희생하며 양보했기에 AV복합제품을 개발해 판매할 수 있었다. 그러나 삼성은 서로 희생하겠다고 나서지 않는 사업부간 이기주의 때문에 AV제품이 못나왔다.

# 283 싹쓸이는 국가발전을 후퇴시켰다

"'싹쓸이' 문화가 가장 큰 문제였다고 봅니다. 특히 79년의 12.12와 이후의 국보위는 정치를 1백년 후퇴시켰고, 경제를 50년 뒷걸음질 치게 만들었다고 생각합니다. 그래서 이번만큼은 과거 문제에 대해 너무 집착하지 말고 백지 위에서 재설계하는 입장이었으면 좋겠다는 생각입니다. 삼성그룹에서도 올해 말까지 지금까지의 문제점을 모두 들추되 문제 삼지는 않기로 했습니다."

1993년 8월 4일 일본에서 가진 국내 모 일간지와의 인터뷰에서 '과거 역대 정치권력에 대해서는 어떻게 평가합니까?'라는 질문에 이 회장은 "사람 하나 키우는데 30년이 걸리는데 싹쓸이가 뭐냐?"며 위와 같이 싹쓸이문화에 대해 공박하는 대답을 했다.

이 회장은 군사문화가 우리 역사와 국가의 발전을 후퇴시켰다는 견해를 가지고 있다. 그는 특히 누가 정권을 잡느냐에 따라 사람을 사그리 물갈이 하고, 쳐내고, 자기 측근을 이곳저곳에 심어놓는 군사문화의 잔재인 '싹쓸이'에 대해 매우 부정적이다.

한편 이 회장은 '인간존중, 평생직장은 나의 인생관이기도 하다'고 강조하며 '인간을 존중한다.'고 자주 밝혔다.

그가 회장취임 후 '삼성을 떠난 사람은 다시 불러들이지 않는다.'는 기존의 철칙을 과감히 깨뜨리고 롯데월드사장이던 경주현 부회장을 영입한 것도 이 같은 인간존중의 신념을 보여준 예라 할 수 있다.

# 284 '정치는 4류, 기업은 2류' 발언으로 압박을 받았다

"행정규제, 권위의식이 없어지지 않으면 21세기에 한국이 일류국가가 될 수 없다. 우리나라는 정치는 4류, 관료·행정조직 3류, 기업은 2류다."

1995년 4월 13일 중국 베이징 댜오위타이 국빈관에서 국내언론사 베이징주재 특파원과의 오찬을 겸한 기자간담회 자리에서 이 회장은 이런 요지의 발언 즉 '북경발언'을 했다.

톈진에서의 일정이 바뀌는 바람에 가진 기자간담회는 전날 가졌던 장쩌민 중국주석과 리펑총리와의 면담 등에 관한 질문과 대답을 주고받으며 분위기가 좋았다. 그 자리에서 이 회장은 나라가 잘 되려면 국민, 정부, 기업이 삼위일체가 돼 다 같이 노력해야한다는 점을 강조하는 맥락에서 4류, 3류 발언을 했고, 참석자들도 공감하며 고개를 끄덕였다.

그러나 청와대는 정부를 비판하는 내용이라며 진상파악에 나섰다.

이전까지 YS정부와 삼성의 관계는 이 회장의 신 경영선언에 자극받은 문정수민자당사무총장이 삼성에 사무국요원 교육을 부탁하고, 최형우 내무장관과 전국도지사 등 고위관료들까지도 대여섯 차례 삼성연수원에서 교육을 받을 정도로 긴밀했으나, 북경발언은 파문을 일으키며 삼성의 신 경영 추진 방향에도 영향을 미칠 만큼 모든 것을 바꾸어놓았다.

청와대고위관계자는 '삼성이 연이 닿는 인사를 총동원해 대통령의 공식·비공식 핵심라인과 접촉, 이 회장 발언의 진의를 해명했던 것으로 알고 있다. 그러나 청와대 측 반응은 싸늘했다.'고 말했다.

# 285 부상자 치료와 사망자 수습에 최선을 다하라

"부상자에 대한 치료 및 위문과 사망자 수습에 최선을 다하라. 구속된 임직원에 대해 사장단이 조를 짜서 면회하고 가족을 안심시키라."

이건희 회장은 건설계열사사장단을 만날 때마다 '안전'이라는 말을 빼놓지 않고 한다. 사장단이 '부실', '인명사고'에 대해 노이로제에 걸릴 만큼 이 회장이 안전을 강조하는 이유는 구포열차사고 때문이다.

구포역 무궁화호열차전복사고는 1993년 3월 28일 17시29분에 경부선하행선 구포역인근 삼성종합건설 시공구간에서 작업을 하던 하청업체가 안전을 무시하고 열차운행선의 노반 밑을 관통하는 지하전력 구를 설치하기 위한 발파작업을 사전협의 없이 시행함으로써 일으킨 사고로, 총 4량이 탈선·전복되어, 78명의 사망자와 198명의 부상자가 발생하고, 열차운행이 1일13시간30분 동안 불통된 대형 사고였다. 이 외에도 시설물피해액 총 30억6천만 원, 법률위반과징금 2,550만원, 6개월 영업정지, 사장구속이라는 참담한 결과를 초래했다.

사고가 발생한 날 임원진에서 처음에는 고의가 아니라 정말 몰라서 '우리는 책임이 없다'고 보고했으나, 사흘 뒤 남정우 사장이 책임을 져야한다고 보고하자 이 회장은 허위보고에 대한 질책 없이 "부상자에 대한 치료 및 위문과 사망자수습에 최선을 다하고, 구속된 임직원에 대해 사장단이 조를 짜서 면회하고 가족을 안심시키라."는 몇 가지 지시를 내렸다.

그 후 그는 인명사고와 부실 엄단이라는 지상명령을 '품질'로 이어갔다.

# 286 인명피해는 죄악이다

"부정이나 동일한 사고를 근절할 대책을 마련하지 못할 것으로 판단되면 문을 닫아도 된다. 건설에서 2,000억~3,000억 원 이익 나는 것이 중요한 게 아니다. 인명피해의 초래는 죄악이다."

1993년부터 실질적으로 시작된 삼성 신 경영 개혁의 출발은 '윤리'였다. 도덕성이 결여된 기업에서 좋은 물건이 나올 수도 없고 나와도 반갑지 않다는 이 회장의 신념은 신 경영개혁 출발당시 '도덕불감증'이라는 단어를 가장 많이 쏟아내게 만들었다. 인간본연의 질을 찾아야 비로소 제대로 된 경영의 질, 상품의 질이 나온다는 의미에서, 이 회장은 우선 도덕불감증을 치료해야한다고 주장하고, 이를 위해서는 인간미, 도덕성, 예의범절, 에티켓이라는 '삼성헌법'을 준수해야 한다고 힘주어 수차례 말했다.

그는 인명사고에 대해서는 특히 더 민감하게 반응했다. 2001년 삼성물산이 시공하던 충북 제천 인근의 5번 국도를 가로지르는 고가도로의 상판이 무너지는 사고가 났다. 다행히 인명피해는 없었지만 사고 직후 비상이 걸린 삼성에선 삼성물산에 감사를 나간다고 이 회장에게 보고했다. 이 회장은 경영진단 팀의 보고를 받고 위와 같이 '문을 닫아도 된다.'고 할 만큼 강력하게 대책을 마련하라고 지시했다.

삼성은 곧바로 200여 곳의 공사현장을 일제 점검하고, 현장인력을 모두 불러 교육하고, 사고원인 파악과 대책마련에 들어갔다. 지금도 회사차원의 현장점검 작업은 이루어지고 있다.

# 287 골프의 룰과 에티켓을 알려주라

"골프라는 운동은 유일하게 심판이 없다. 자기가 심판이며, 자율경영이다. 스무 살 넘은 사람을 붙잡아놓고 인간이 되라, 뭐가 되라고 교육하는 것보다 골프의 룰과 에티켓을 알려주면 된다."

그는 소문난 영화광에 비디오 광이다. 일본에서 초등학교를 다닐 때 수요일과 토요일 오후, 일요일과 휴일에는 거의 극장에 가서 살았다고 한다. 당시 일본의 삼류극장은 하루 여덟 편의 영화를 상영했는데, 그는 샌드위치로 점심을 때우며 밤 10시까지 영화를 보곤 했단다. 그렇게 해서 3년 동안 그가 본 영화가 1천2백~1천3백 편에 달했다 한다.

그는 단순히 비디오를 즐기는 것이 아니다. 비디오를 통해서 배우고 연구하며, 새로운 정보를 얻고 세계를 읽기도 한다. 따라서 전문기사가 국내방송은 물론 미국, 일본, 영국의 방송 가운데서 회장이 관심을 가질만한 프로그램을 집중적으로 녹화한다. 그가 좋아하는 골프도 주로 혼자 치는 걸 즐기지만, 게임에서 지면 녹화테이프를 틀어놓고 패인을 분석하기도 하고, 골프의 갖가지 원리를 탐구하기도 한다. 비디오를 통해 연구까지 하는 골프에 관한 그의 지식은 상당한 수준으로 알려져 있다.

"모든 길은 경영으로 통한다. 어떤 것도 무심코 넘어가는 법이 없다."는 그는 이런 것들이 모두 기업경영이나 상품제조에 많은 도움이 된다고 강조한다. 그는 강연도중에 골프에 관한 얘기를 자주 꺼냈는데 이것이 그 유명한 '골프론'이다.

# 288 스무 살 넘은 사람은
# 골프의 룰과 에티켓을 가르쳐라

"삼성의 사장, 전무를 모두 국제사회에 내놓으면 2류다. 가정교사를 대든 과외공부를 하든, 국어, 영어는 대학교 때까지 마스터해야한다. 럭비와 골프는 우리 민족에게 정말 필요한 운동이다."

이 회장은 '21세기를 대비해 그에 맞는 자질과 능력을 키워야한다.'며 임직원들에게 21세기형의 국제적인 사람이 되려면 문제의 근본을 파고드는 자세를 견지하고 어학 등 국제경쟁력 있는 전문능력을 지속적으로 배양하여 다양한 체험과 지식을 쌓아야한다고 강조했다. '골프는 곧 자율경영'이니 '스무 살 넘은 사람을 붙잡아놓고 인간이 되라, 뭐가 되라 교육하는 것보다 골프의 룰과 에티켓을 가르치라'며 특유의 '골프론'을 폈다.

"골프는 전 사회가 필요로 한다. 여기서 프로도 나온다. 자기가 심판이다. 골프를 철저히 가르치려면 룰을 지켜야 되고 남이 보든 안 보든 '공노터치' 원칙을 지켜야한다. 자기가 컨트롤해야한다. 이렇게 되면 회사생활에서 재료가 되고 교육이 되고, 후천적 도덕교육과 인간교육과 헌법을 지키고자 하는 새 교육이 된다."

이 '골프권장 론'에는 '골프야말로 룰과 에티켓을 기본으로 하는 운동'이라는 이 회장 특유의 골프관이 깔려있다. 그의 지론은 골프는 유일하게 심판이 없으며 룰이 5백 개가 넘고 수백 가지의 에티켓이 있으므로, 스스로 심판이 되어 자율정신을 배울 수 있다는 것으로, 평소 그가 부르짖던 '자율경영'의 기본을 이 골프를 통해 찾고자 하는 것이다.

# 289 골프는
# 도덕성과 합리성의 교본이다

"골프는 사치성으로 규정돼 있다. 골프처럼 인류 화, 국제화 된 스포츠도 없다. 왜냐. 골프는 '룰 북'이다. 에티켓이다. 이 룰은 바로 법이다. 에티켓은 인간성과 도덕성을 알려준다. 운동도 되고 법정신도 알려주는 게 바로 골프다. … 한국, 일본에서는 … 왜곡되었다. 부자들이 … 내기 골프를 치기 때문이다. 부의 상징이 돼버렸다. 골프를 제대로 하는 사람은 1천 명에 하나 정도다. 아니 한국에는 나밖에 없다. 왜냐. 나는 대학 골프부에서 공부했다. 룰 제대로 안 지키면 쫓겨난다. 학점도 못 딴다. 시험도 보았다. … 골프를 쳤지만 룰 제대로 지키는 사람은 별로 없었다. 안 된다. 앞으로는 룰, 에티켓을 지켜야한다. 원칙적인 '노터치'다. … 직·반장까지 룰, 에티켓을 배워야한다. 룰, 에티켓 시험도 볼 …. 골프 치고 싶은 사람은 모두 쳐라. … 전 공장에 연습장 만들고, 골프채도 국산화해서 가르쳐라. 골프는 역학, 원심력의 원리를 이용해서 … 배트와 티샷이 있다. 장타와 정확도를 필요로 한다. … 기업의 미크로와 마이크로다. 골프 제대로 배우려면 헌법, 사회질서, 예의범절을 제대로 배우게 된다."

'KH스타일'에서 관심 있게 지켜봐야할 대목은 KH 경영론의 핵심인 합리성의 추구다. '회사, 국가, 인류를 위해 누구도 손해 보지 않는 일을 한다.'는 것인데, '누구도 손해 보지 않는 일'은 상도의나 인간적으로 아무런 문제가 없다. 그의 합리성과 도덕성은 프랑크푸르트회의에서 피력한 '골프론'을 보면 쉽게 이해할 수 있다.

## 290 혼자서만 개발하려는 것은
## 애사심이 아니다

"왜 혼자만 개발하려고 하는가. 이것은 애사심이 아니다. 우리 실력으로 안 되면 결국 언젠가는 같은 기술을 또 도입해야 한다. 골프와 비교하면 혼자 연습하다가도 도저히 100타를 못 넘기고 결국 프로한테 배우러가는 것과 마찬가지다."

이건희 회장의 경영철학에서 빼놓을 수 없는 키워드는 '골프'다. 그는 골프에서는 룰과 에티켓과 자율, 야구에서는 스타플레이어와 캐처의 정신, 럭비에서는 투지를 배워야한다는 생각을 갖고 있다.

이 회장은 1993년 오쿠라호텔에서 가진 도쿄회의 도중 신 경영정신을 골프에 빗대 다음과 같이 강조했다.

"드라이버가 250야드 나가는 사람이 10야드 더 내려면 근육이나 손목의 힘, 그리고 목 힘이 달라져야한다. 아이언을 처음 치는 사람이 50야드 내려면 아주 쉽지만, 150야드에서 160야드로 10야드 더 보내기란 제로에서 100야드 보내는 것보다 더 힘들다."

이 말은 경영에서 기업이나 개인이 한계를 극복하려면 총체적인 개혁이 이루어져야한다는 말이다. 그는 프로골퍼들이 슬럼프에 빠지면 잡는 법부터 시작하는 것도 과거에 대한 부정 없이는 개선도 없기 때문이라고 했다. 또 스윙할 때 힘을 빼라고 강조하는 것은 '유연한 조직'이 성공한다는 의미와 통한다.

위는 이 회장이 벤치마킹의 중요성을 골프에 비유해 한 이야기다.

# 291 '청기와장수'의 아들은
## 청개구리여야 옳았다

"왜 장점을 활용하려고 하지 않는가? 장점을 더 보강할 수 있는 데이터를 왜 안 모으는가? 생 데이터를 남겨보라. 말하는 것들을 전부 기록으로 남겨 보존하라. 삼성의 역사이고, 비서실의 역사이며 각 팀 역사가 되고 재산이 된다. 각 조직에서 사고를 낸 것, 잘한 것, 불편한 것 등 정리되지 않고 모양이 좋지 않아도 생 정보 그대로 남겨놓아야 한다."

우리나라 국민들 속에 은연중에 흐르고 있는 정보나 노하우의 독점욕과 그로인해 발생되는 폐해를 사원들에게 강조할 때 삼성은 흔히 다음과 같은 '청기와장수론'으로 설명한다.

'옛날에 청기와를 만들어 파는 상인이 살았다. 이 청기와는 보통기와보다 훨씬 단단한데다 빛깔이 고운 특출한 기와였다. 요즘말로 고부가가치 첨단제품이었기 때문에 청기와장수는 제법 짭짤한 재미를 볼 수 있었다. 그런데 이 재미를 혼자서 독점해야겠다는 욕심에 독특한 제로기술이나 노하우를 아무에게도 알려주지 않고 심지어는 자기 자식에게도 물려주지 않았기 때문에 이 청기와의 맥은 당대에서 끊겨버리고 말았다.'

현대는 지식과 정보의 사회이고 미래 사회의 힘은 지식과 정보로부터 나오는 만큼 삼성의 정보마인드는 남다르다. 우리 사회는 '청기와 장수'의 근성이 아직도 남아있어 기술과 지식의 축적을 방해하고 있다는 기본 인식 때문에 삼성은 '모든 사원의 정보수집 요원 화'는 현실이라는 말을 들을 만큼 정보의 공유와 기록에 관해서는 유별나게 강조하고 있다.

# 292 실수, 실패가 재산이다

"개인의 실수, 실패가 재산이다. 집안을 꾸려가고, 인생을 살아나가고, 회사를 조직해서 운영해 나가는 데는 실수가 재산이라는 개념을 가져라. 이것을 다 모아 가지고 사례로 기록하여 앞으로 같은 실수는 되풀이하지 말아야 한다. 1975년에 삼성물산이 저지른 것과 똑같은 실수를 80년대에 전자에서 한다. 전자에서 했나 했더니 전관에서 또 그대로 하고 그것을 또 다른 회사에서 한다. 이게 뭔가?"

"지점장에서 전무, 이사, 상무 모두가 인수인계할 때 책이 한 권 인계될 정도가 되어야하는데, 그냥 왔다가 그냥 가버린다. 자신이 만났던 사람도 소개시켜주고, 실패, 성공사례도 남겨야하는 등 인수인계할 내용이 참으로 많을 텐데도 그냥 말 몇 마디로, 명함으로, 책상과 주소만 바꿔버린 뒤 비행기타고 날아가면 그만이란 생각이 팽배해있다. 자기부터 변해야한다. 기록문화가 정착되지 않아서 모든 부문에서 우리는 단절의 연속이요, 남이 언젠가 했던 일, 더구나 해서 실패했던 일을 쉬쉬하고 감추기 때문에, 모르고 또 그 일을 하게 된다. 이것이 얼마나 큰 낭비인가?"

"모든 실수와 실패의 사례를 기록하고 우리 민족의 장단점, 스페인의 장단점, 포르투갈의 장단점, 이것을 한 곳에 모아보라."

이 회장은 우리나라에 기록문화가 없음을 개탄하며 기록의 중요성을 이렇게 여러 가지 말로 주장하며 삼성 가족들을 설득한다.

# 293 보고서는 쓰지 마라

"20명 데려다 놓고 내가 한 시간 이야기하고 나서 무슨 이야기 했느냐 물으면 대답이 다 다르다. 직접 목소리와 표정을 듣고 봐야한다. 녹음기와 비디오라는 좋은 도구가 있는데도 사람들이 잘 사용하질 않는다."

"앞으로 회의내용을 녹음해서 보고서로 삼아라. 녹음된 테이프를 보고서로 대신하고, 보고를 위한 보고서를 쓰지 말도록 하라. 일단은 보고서 쓰는 일을 중지하라. 서로 책임회피를 위한 협의나 도장 찍기 하지 말고, 감사에 대비한답시고 도장 견적 만들지 말라."

삼성은 이 회장의 지시로 보고서를 녹음된 테이프로 대신한다. 보고를 위한 보고서 쓰는 관행을 깨뜨리기 위해 이 회장은 보고서 쓰는 일을 중단시켰단다. 대신 회의내용을 녹음하여 보고서로 삼으란다.

이 회장이 또 신경 쓰고 있는 것은 정보의 상하교류이다. 이를 위해 사원 각자에게 그룹이 어디로 향하고 있고 어디로 간다는 것을 알려준다는 방침을 정해놓았다. 각 개인들이 자기 전문분야에서 접할 수 있는 모든 정보 통로를 밑에서부터 열어놓는다는 것이다. 이렇게 종횡으로 정보가 교류되는 것이 곧 경쟁력을 강화하는 길이라고 이 회장은 믿는다.

"각자 회의할 때는 이상하게 기록하지 말고 이걸로 녹음하라. 이것이 삼성의 '자'다. 땅 사고, 행사할 때고, 기록할 때 사진도 찍지만 VTR로 다 찍어 놓아라. 당분간 삼성의 자를 이것으로 한다. 정보교류가 있어야 되는데 말로 전하니 안 되더라."

## 294 기록을 개인 주머니에 넣으면
## 휴지조각 된다

"소위 기록하는 문화가 없다. 우리나라 고려 이후 800년간, 조선 초기 등 기록문화가 없다. 따라서 이때의 기록은 전부 보물이다. 일본의 천황은 1,000~1,500년 전의 문서를 가지고 있다. 우리는 산 것이든 죽은 것이든 과거의 기록만이라도 가지고 있는 집단이 어디에 있는가? 신라시대 탑에서 나온 종이에다 글씨를 써놓은 것 유일본이 우리에게 있다. 당연히 국보이다. 700~800년 전의 기록이면 보물이다. 역사가 일본보다 찬란하다고 하면서… 내놓을 만한 것이 없다. 불국사, 안압지 등 돌멩이 정도밖에 없다. 이웃 나라나 유럽 등에 가보면, 몇 년 전에 누가 지었는지 기록해놓고 있다. 기록을 중시하지 않는 국민이고 또 개인 주머니에 넣는데, 이렇게 되면 휴지조각이 된다. 비서실 각 팀들의 기록을 보면 형편없다. 내가 몇 년 전에 누구를 만났다고 하자. 그 사람에 대한 것을 찾으면, 5분 이내에 그것을 가지고 와야 하는데, 30~40분이 걸린다. 이것이 안 된다. 특히 종합상사는 정보가 생명인데, 기록이 없다. 있어도 3~5분 이내에 찾아내야 하는데 이러한 노하우가 없으니 이것이 되나?"

이건희 회장이 1993년 3월 도쿄회의에서 한 말이다.

'기록문화'를 특별히 강조하는 이 회장은 기록에 대한 특별한 관심을 갖고 있다. 그의 기록관은 과거를 알고 현재를 미래에 알리자는 단순한 게 아니다. 그가 가진 남다른 기록관은 '실수를 되풀이하지 말자' '낭비하지 말자'로 이어진다.

# 295 기록문화가 없어
## 실패를 감추면 낭비다

"우리나라는 기록문화가 너무 없다. 우리 회사는 더 없고, 지점장에서 전무, 상무, 이사 모두가 인수인계할 때 책이 한 권 인계될 정도가 되어야 하는데 그냥 왔다가 그냥 가버린다. 자신이 만났던 사람도 소개시켜주고 실패, 성공 사례도 남겨야하는 등 인수인계할 내용이 얼마나 많은가? 그런데도 그냥 말 몇 마디로, 명함으로, 책상과 주소만 바꿔버린 후 비행기 타고 날아가면 그만이란 생각이 팽배해 있다. 자기부터 변해야 한다. 기록문화가 정착되지 않아서 모든 부문에서 우리는 단절의 연속이요, 남이 언젠가 했던 일, 더구나 실패했던 일을 쉬쉬하고 감추기 때문에 모르고 또 그 일을 하게 된다. 이것이 얼마나 큰 낭비인가?"

이 회장의 말처럼 인수인계할 때 책 한 권정도가 되는 많은 내용의 기록을 넘겨줘야 하는데 그렇지 않은 게 우리의 현실이다. 실패와 성공사례는 물론 관련 인사의 소개, 거래처의 장단점 등 넘겨주어야 할 내용이 얼마나 많은가? 그런데도 그냥 왔다가 그냥 가버리는 현실을 이 회장은 개탄한다.

전임자가 했던 일을 똑 같이 되풀이한다면 이것만큼 큰 낭비도 또 없을 것이다. 전임자가 했던 실수를 그대로 답습해보고 성공을 이끌어내야 한다면 실수를 하는 데 드는 비용과 시간을 그만큼 또 써야 하니 이게 낭비가 아닌가! 그런 만큼 실패도 기록하여 감추지 않으면 결국 회사의 이익이 된다는 게 이 회장의 생각이다.

# 296 생 데이터는 예측을 가능케 한다

"최근에 있었던 국민당과 현대그룹이 관련된 일련의 사건들을 일지형식으로 정리하라. 그리고 기록 조직 표를 만들어서 구속자, 수배중인 사람 등을 모두 표시해 보아라. 그리고 이 사건이 기업과 산업정책에 미칠 영향을 조사, 분석해보라."

이 회장은 생 데이터를 강조한다. 생 데이터는 기업경영에 있어 영향을 미치는 사안에 대하여 이 시각 현재 일어나고 있는 일을 그대로 기록하는 것으로 다음 상황의 예측을 가능케 한다는 게 이 회장의 생각이다.

위는 1993년 1월 초 한 사장단회의에서 이 회장이 기록문화와 관련해 관계계열사 사장, 임원들에게 지시한 내용이다.

정리된 일지(기록)을 기본으로 이를 기업과 산업정책에 미칠 영향과 대응책까지 연결시키라는 이 회장의 지시에는 그의 기록관이 잘 나타나있다.

경영자가 아닌 일반인들이 뉴스를 보고 기록을 하거나 그 기록을 정리하여 분석까지 해본다는 것은 상상도 못하는 일이다. 그저 지나가는 뉴스거리나 흘러듣는 정보에 지나지 않는다.

그러나 이 회장은 '기업과 산업정책에 미칠 영향을 조사, 분석해보라.'고 지시했다. 여기서 이 회장의 지도력과 혜안을 볼 수 있다. 이처럼 기록을 하고 분석을 해보면 다음 상황까지 시뮬레이션해 볼 수 있다는 데까지 이 회장의 생각은 가 있다.

# 297 기록이 역사이며 재산이다

"이런 역사, 데이터, 조직력이 강해야 상대적으로 우위이기 때문에 전부 이렇게 모이고 그룹을 만들고 조직을 만들고 하는 것이 아닌가? 기본의 경쟁력이란 게 무엇이냐? 기본적인 약속, 기본적인 데이터를 활용해서 상대우위로 갈 수 있기 때문에 무슨 그룹이고 삼성 아닌가? 그러면 왜 자기 장점을 활용하려고 하지 않는가? 장점을 더 보강할 수 있는 데이터를 왜 안 모으는가? 생 데이터를 남겨보라. 내가 지금 말하는 것들을 전부 기록으로 남겨 보존하라. 이게 삼성의 역사이고, 비서실의 역사이며, 각 팀 역사가 되고 재산이 된다. 각 조직에서 사고를 낸 것, 잘한 것, 불편한 것 등을 정리하고 모양이 좋지 않아도 생 정보 그대로 남겨놓아야 한다. 앞으로 경영자가 바뀌고 관리자가 바뀌고 담당자가 무수히 바뀔 것이다. 바뀐 사람이 와서 전에는 어떻게 했나 보려면 아무 데이터도 남아있지 않은 게 우리 현실이다."

생 데이터에 관한 이 회장의 생각을 표현한 말이다.

1993년 7월 삼성전자직원의 금성사창원냉장고공장 '침입'사건이 발생했을 때 삼성은 삼성전자 내에 상황실을 설치하고 창원 현장에 간부사원을 파견하는 한편 이 사건과 관련된 내용을 시간 단위로 모두 기록했다고 한다. 산업스파이 사건으로 관심을 끌었으나 금성사측이 고소를 취하함에 따라 사건은 일단락되었지만, 삼성전자가 이 기록을 근거로 각종 대책을 마련한 것은 물론이다.

# 298 실수와 실패를
# 기록하지 않는 것은 '망조'다

"과거 수십 년 동안 삼성전자, 삼성물산 등은 매년 같은 실수를 되풀이하고 있다. 실수를 하면 기록하라. 그리고 그 원인을 분석하라. 나는 지난 1978년부터 같은 이야기를 했다. 그런데도 아직 안 고쳐지고 있다."

1993년 7월 중순 일본에서 열린 특강에서도 이 회장은 100여 명의 임직원들을 향해 '실수의 기록'을 외쳤다.

실수와 실패의 원인을 찾아 대책을 세우고 이를 기록하면 똑같은 실수나 실패를 되풀이하지 않아도 된다는 게 이 회장의 생각이다. 295항에서도 이야기했듯이 전임자가 했던 실수를 또 그대로 해보아야 한다면 실수를 하는 데 드는 비용과 시간낭비가 얼마나 크겠는가! 기록된 실수나 실패를 거치지 않는다면 결국 그보다 더 큰 이익이 생긴다는 말이다.

"개인의 실수, 실패가 재산이다. 집안을 꾸려가고, 인생을 살아가고, 회사를 조직해서 운영해 나가는 데는 실수가 재산이다. 이것을 다 모아가지고 이것을 케이스로 기록하여 앞으로 이런 실수는 되풀이하지 말아야 한다. '이런 것은 실수를 되풀이했으나 이와 비슷한 것은 앞으로 거쳐 가지 말자.' 하면 삼성그룹에 실수라는 것이 생길 수 없다. 처음 발상을 해서 처음 해보는 것은 얼마든지 실수를 하라. 그것은 재산이 된다. 그런데 1975년에 삼성물산이 했던 것과 똑같은 실수를 1980년대에 전자에서 한다. 삼성전자에서 했나 했더니 삼성전관에서 또 그대로 하고, 전관에서 했나 했더니 또 다른 회사에서 한다. 이게 뭔가?"

# 299 똑 같은 실수를 하는 것도
## '망조'다

"그룹 내 실수한 기록, 노하우조차도 좌우로 연결되지 않는 것이 우리 민족인지, 삼성그룹인지 모르겠다. 합리적으로 회사 업에 따라, 규모에 따라 국제화하는 단계가 다 있다. 마침 물산이라는 것은 나가야 되니까 먼저 나갔고, 전자는 1970년에 탄생해 내수하다가 이제 국제화하니 7~8년 후에 똑 같은 실수를 전자에서 한다. 이것이 망조다. 똑 같은 실수를 같은 회사에서 하는 것은 말할 것도 없고, 같은 전자에서 오디오 사업부에서 한 실수를 타 사업부에서 그대로 하고 있다. 이것도 망조다."

개인의 실수나 실패에 대한 기록은 결과적으로 재산이 된다는 것이 이 회장의 생각이다. 처음 하는 일이 다 성공하기만 한다면야 이 보다 더 좋을 수는 없겠지만 장담할 수는 없지 않은가!

이 회장은 "같은 실수를 되풀이 하는 것은 멍청이다."라며 기록을 강조한다. 그는 이 같은 멍청한 일을 방치하는 것은 인간성 상실과 도덕적 불감증이며, 뒷다리 잡는 것이라 표현한다.

같은 회사에 있으면서 자신의 실수를 동료나 상사, 부하가 되풀이하는 것을 그냥 바라보는 것이 정상적인 행동은 아니라는 것이다. 멍청이라 불릴 만큼 멍청한 짓 즉, 개인은 물론 부서, 사업부, 회사까지 모두 손해보는 그야말로 멍청한 행동이라는 말이다.

이 회장은 위와 같이 '망조'라는 강한 표현까지 동원하며 실수를 기록하지 않는 관행을 질타한다.

# 300 정보공유하면 이익이 3배다

"정보의 상하교류가 중요하다. 각자에게 모니터를 다 줘라. 삼성그룹이 어디로 향하고 있고 어디로 간다 하는 것은 다 주라! 밑에서부터, 알 만한 사람은 자기 전문분야 다 가르쳐주어라. 앞으로 더 유연하게 더 자주 모일 수 있는 것이 이제 경쟁력과 직결되고, 물론 경영과 기술이 국제수준에 올라있다는 전제에서, 같이 올라가 있으면 같은 장소에 있는 게 훨씬 유리하다. 훨씬 정도가 아니다. 차원이 다르다."

이 회장은 실수를 되풀이하는 잘못, 낭비를 벗어나는 방법은 실수의 기록과 함께 이 기록을 공유하는 것이라고 한다. 단순히 기록으로만 그치고 말면 그것은 글자의 나열에 지나지 않을 것이다. 또 기록을 개인 주머니에 넣으면 휴지조각밖에 더 되겠는가.

"정보 공유화가 필요하다. 이것만 제대로 되면 매출과 이익은 지금보다 3배 이상 간단히 늘릴 수 있다"

이 회장은 정보를 기록하는 것만큼 공유하는 것도 중요하다고 강조한다. 위는 실수의 기록, 실패의 기록을 공유하여 다시 되풀이되지 않게 하면 효율이 그만큼 크다는 이 회장의 특강 내용이다.

이 회장은 또 이렇게도 지적하며 정보공유를 강조한다.

"정보의 공유가 이루어지면 '회사, 그룹은 하나'라는 공동체의식을 가져올 수 있고, 이는 또 부서, 회사 간 벽을 허무는 계기가 될 수 있다. 사업부제는 편의상 만든 것이다. 싸우라는 조직이 아니다. 그룹은 하나다."

# 301 삼성의 '자는 녹음기와 VTR이다'

"각자 회의할 때는 이상하게 기록하지 말고, 이걸로 녹음하라. 이것이 삼성의 '자'다. 땅 사고, 행사할 때고, 기록할 때 사진도 찍지만 VTR로 다 찍어 놓으라. 당분간 삼성의 자를 이것으로 한다. 정보교류가 있어야 하는데 말로 전하니 안 되더라. 20명 데려다놓고 내가 1시간 이야기하고 무슨 얘기했느냐 물으면 대답이 다 다르다. 직접 목소리 표정을 듣고 봐야한다. 이런 좋은 도구가 있는데도 사람들이 잘 안 쓴다."

삼성은 '녹음 문화의 표준화' 시행에 나섰다. 1993년 7월 7일 사장단회의에서 각사는 사내보고서를 모두 없애고, 회의록은 디지털 오디오 테이프(DAT) 녹음기로 대체하도록 했다. 특히, 모든 결재는 회의를 통해 내리도록 했다.

이 회장은 사장단의 이 같은 결정에 앞서 다음과 같은 지시도 했다.

"앞으로는 회의 내용을 녹음해서 보고서로 삼으라. 보고를 위한 보고서를 쓰지 말고, 일단 일체의 보고서 작성을 중단하라. 서로 책임회피를 위한 협의나 도장 찍기 하지 말고, 감사에 대비한답시고 도장 견적 만들지 말라."

이 회장은 회의 문화의 개혁을 시도한다. 모이는 데서 의의를 찾는 즉, '담배나 피우고 잡담이나 하는 회의'를 바꾸겠다는 것이다.

이 회장이 위와 같이 말한 이유는, '정보교류가 있어야 하는데 글보다는 말이, 말보다는 목소리, 표정을 보고 듣는 게 효과적'이기 때문이다.

# 302 사회여론을 자발적으로 선도하라

"앞으로 내가 지시하는 모든 것은 녹음하라."

이 회장의 지시에 따라 1993년부터 비서 팀에 걸려오는 모든 전화통화 내용은 녹음된다. 이 회장은 신 경영을 선포한 후 추진하면서 이렇게 말했다. 이는 이 회장 특유의 '홍보철학'에서 비롯된 것으로 개혁을 '한 방향'으로 추진하겠다는 그의 의지를 단적으로 보여주었다.

그는 1987년 회장취임 이후 추진하려던 변화와 개혁이 제대로 이루어지지 않은 것은 조직 내 커뮤니케이션에 문제가 있기 때문이라고 판단했다. 그러면서 "손가락을 보지 말고 달을 보라."고 여러 차례 임직원을 질타했다.

이 회장은 1994년 신임임원교육에서 "회장의 지시가 12시간 이내에 과장급까지 전달되고, 현장의 목소리가 24시간 이내에 회장까지 전달되도록 내부 커뮤니케이션시스템을 구축해야한다."며 사내 커뮤니케이션의 중요성을 강조했다.

또한 이 회장은 "맡은 분야에서 자기 이익만이 아닌, 국가전체의 이익을 내는 방안을 생각하고, 사회여론을 자발적으로 선도하라."고 삼성 경영진에게 주문해왔다.

그의 우국충정에서 비롯된 이공계인재육성, 천재육성, 여성인력 육성, 2만 달러 돌파 등은 사회적 이슈가 되었고, 커뮤니케이션과 여론을 중시하는 이 회장은 홍보가 기업의 생사여탈권을 쥐고 있다고 주장한다.

# 303 낮은 데가 5m면
# 댐의 높이는 5m다

"10개 공정 가운데 6개 공정을 자동화해놓고 '60%자동화 됐다'고 보고하는 임원이 있는데 이것은 자동화 율이 0%다. 댐의 높이가 10m로 일정하게 유지되어야지 한 군데만 5m로 낮아져도 그 댐의 높이는 5m다."

1993년 신 경영 선언 당시 이 회장은 정보화를 통한 생산 공정 혁신(Process Innovation) 작업을 개혁의 핵심으로 여겼다. 반도체, 액정표시장치(LCD)등 타이밍이 기업의 사활을 좌우하는 상황에서는 스피드경영이 생명이며, 이를 위해서는 정보인프라가 조속히 구축돼야한다고 판단했다.

이 회장은 앞으로는 컴퓨터의 이용여부가 기업의 성패를 좌우하게 될 것이므로 CAD/CAM 등을 활용한 수주→설계→생산·공정관리→재고관리→출고로 이어지는 과정을 종합적이고 유기적으로 컴퓨터를 통해 관리해야한다는 지론을 가지고 있었다.

이 회장은 이미 1991년 비서실 임원들과의 오찬석상에서 종합적인 정보인프라를 구축할 필요가 있다고 강조했지만, 관련자들은 이를 제대로 추진하지 못했다.

그는 1993년 신 경영 추진 과정에서 여러 차례에 걸쳐 정보인프라를 구축하라는 자신의 지시사항이 제대로 이행되지 않고 있다며 위와 같이 경영진을 질타했다. 정보화가 여러 방면에서 동시에 추진되지 않을 경우 '정보의 병목현상' 즉 '정보의 정체현상'이 생긴다는 점을 그 특유의 방식인 비유를 통해 댐 높이를 차용하며 설명한 것이다.

# 304 '홍보의 예술화'에 투자하라

"더욱이 최근 들어 정부마저도 사회여론에 따라 여러 가지 규제를 강화하고 있는 현실을 직시해야 할 것입니다. 따라서 각사는 이제 스스로 서지 못하면 도태되고 만다는 새로운 각오로 경영 각 분야의 합리화를 서둘러 '자립경영'의 기반을 공고히 해나가야 할 것입니다. 첨단 경영시대의 승리자가 되기 위해서는 남보다 앞서는 정보력과 '기업안보' 차원의 홍보력 강화가 필수 요건임을 인식해야 합니다."

1993년 신년사의 일부다.

이 회장은 LA회의나 동경회의 등을 개최하기에 앞서 이를 적극 홍보하라는 지시를 내렸다. 이 회장은 우리 기업들이 홍보에 눈을 뜨기 이전부터 홍보의 중요성을 인식하고, '홍보의 예술화'를 강조하며 과감하게 투자해왔다.

삼성의 홍보력은 이미 정평이 나 있는데, 이는 '홍보는 투자'라는 지론에 따라 '선견(先見)홍보' 또는 '선제홍보'를 강조한 이 회장의 관심과 지원 덕이었다. 이 회장이 재계인사로서는 보기 드물게 '스타'화되고, 삼성의 인기가 갈수록 높아지는 것은 분명 뛰어난 홍보력에 힘입은 것이다.

홍콩 경제전문지 〈아시안 비즈니스〉는 1993년 6월호에서 이 회장이 어려운 기업환경을 슬기롭게 극복한 가장 존경받는 기업인으로 선정됐다고 발표했다. 또 이 회장은 중소기업들로부터 최고의 인기를 한 몸에 받는 '고마운 재벌총수'로 떠오르며 주목을 끌었다.

# 305 시대의 변화를 앞서가는
## 선견홍보를 하라

"코카콜라의 광고대상은 주로 다섯 살 내외의 어린이들인데 이들은 10년, 20년 후에 주요고객이 되기 때문이다. 이처럼 장기적 안목에서 기업의 뿌리를 내려야하고, 앞서가는 홍보가 필요하다."

선견홍보란 시대의 변화를 앞서가는 홍보를 의미한다고 이건희 회장은 강조한다. 프로야구 출범당시 삼성이, '어린이에게 꿈을 주는 삼성 라이온스'를 캐치프레이즈로 내건 것도 이 회장의 이런 생각을 반영한 것이다. '어린이에게 꿈을 주어야한다.'고 믿는 만큼 이건희 회장의 시선은 미래에 초점이 맞춰져있다. 그리고 맨 앞에서 뛰었다.

"몇 푼 더 벌자고 이러는 게 아니다. 나는 재산도 있을 만큼 충분히 있고, 고상한 생활을 영위할 줄도 안다. 단지 내 주변의 종업원부터 시작해서 내 고향 내 나라가 좋아지는 데 어떤 역할을 하여 나름대로의 보람을 찾자고 나선 것이다."

그는 이미 자손들까지 먹고 살만큼 충분한 돈이 있기 때문에 몇 백억 더 버는 게 별 의미가 없다고 자신의 심경을 이렇게 고백했다.

1993년 3월 22일 있었던 '제2창업 5주년 기념사'의 마지막 대목이다.

"삼성이 초일류기업이 되는 날 모든 열매와 보람은 함께 땀 흘린 임직원들과 협력업체가 골고루 나누어 가지게 될 것임을 다시 한 번 약속합니다. 먼 훗날 삼성의 역사에서 여러분과 내가 함께 이 시대를 빛낸 주인공으로 기록될 수 있기를 간절히 기대합니다."

# 306 정보력과 홍보력 비용은
# 지출이 아니다

"첨단경영의 승리자가 되기 위해서는 남보다 앞서는 정보력과 '기업안보' 차원의 홍보력 강화가 필수요건이다. 이를 위한 비용은 지출이 아니라 선행투자다."(1993년 신년사) "정보는 필요한 때에 적절하게 만들어져야 '산 정보'인 것이다. … 입체적으로 보면 달라 보이고 융통성도 있게 된다. 가만히 앉아서 정보를 기다려서는 안 된다. 각 사의 문제점, 비서실의 문제점을 내가 찾아서 갖고 오라 하고 지적해준다. 그때서야 … 고치게 된다. 이것이 가치 있는 정보며 산정보다. 정보는 필요한 것, 아주 긴요한 것은 100점짜리다. …. 정보도 질이 요구되고 타이밍이 요구되고 있다. 이제는 전문지식, 지혜 차원의 정보가 필요하다. … 이제는 전문지식, 산지식이면 누구나 알 수 있고, 쉽게 이해할 수 있는 지식이 중요한 것이다."(1993년 LA회의) "지나간 정보는 쓰레기고, 살아있는 정보가 참 정보다. 이것은 바로 돈과 직결된다. 평소에 사소한 정보라도 축적하고, 또 축적한 사람이 컴퓨터에 넣어 한 곳에 집결시키고, 정보공유도 하고, 아무리 사소한 정보라도 모으면 큰 정보가 된다…. 우리나라의 정보수준은 낮다. 소위 기록하는 문화가 없다. 고려 이후 … 기록문화가 없다. 기록을 중시하지 않는 국민이고, 또 그것을 개인 주머니에 넣는다. 이것은 휴지조각이다. 비서실 각 팀들의 기록을 보면 형편없다.… 종합상사는 정보가 생명인데 기록이 없다. 있어도… 노하우가 없다."(3월 도쿄회의)

이 회장은 남다른 정보관을 가지고 정보의 중요성과 '투자'를 강조한다.

# 307 경영자는
# 종합예술가가 되어야한다

"경영자는 종합예술가가 되어야 한다. 자율경영을 할 수 있는 경영능력은 마치 지혜를 깨우치듯 경영자 자신이 스스로를 채찍질해서 부단히 노력하고 많이 배우고 눈도 넓히고 했을 때 비로소 길러질 수 있다는 것을 명심해야한다."

이 회장은 자율경영을 제대로 하려면 경영자들은 종합예술가로서의 경영능력을 길러야하는데, 이 경영능력은 지혜를 깨우치는 것처럼 스스로 부단히 노력하여 깨우쳐야한다는 생각을 갖고 있다.

또 그는 "자율 경영이 되기 위해서는 알아야한다."는 지론을 가지고 있다. 즉 자율경영을 하려면 '지행용훈평'할 줄 아는 능력을 가진 경영자가 되어야한다는 것이다.

"힘을 가지면 책임이 따른다. 따라서 힘을 가지려면 많이 알아야한다. 누차 하는 얘기지만 경영자는 알아야하고, 할 줄 알아야하고, 지도할 줄 알아야하고, 시킬 줄 알아야하고, 평가할 줄 알아야한다. 이것이 전제가 되어야 자율경영이 된다."

이건희 식 자율경영론의 또 다른 근원은 바로 '실패불문 론'이다. 즉, 열심히 일을 하다 실패한 것에 대해서는 책임을 묻지 않겠다는 것이다.

다음의 지적은 그의 경영론의 주요핵심인 실패의 기록에 관한 것이다.

"성공은 부채다. 그러나 실패는 자산이다. 실패한 기록을 남겨 같은 실수가 되풀이되지 않아야한다."

# 308 인사를 전략적 차원에서

"… 다수의 의견과 조직을 우선하고, 책임경영과 공존공영의 원칙을 철저히 지켜 사업보국, 인재제일, 합리추구의 경영이념을 실현해 나갈 것입니다. … 미래지향적이고 도전적인 경영을 통해… 세계적인 초일류기업으로 성장시킬 것입니다. 이를 위해 첨단 기술 분야를 더욱 넓히고, 해외사업의 활성화로 그룹의 국제화를 가속시킬 것이며, 새로운 기술개발과 신경영기법의 도입 또한 적극 추진해 나갈 것입니다. 다음으로 인재를 더욱 아끼고, 키우는데 모든 힘을 기울이겠습니다. 개성과 창의를 존중하고 국가와 사회가 필요로 하는 인재를 교육시키며, 그들에게 최선의 인간관계와 최고의 능률이 보장되도록 제도적인 뒷받침을 다해 …. 특히 … 신상필벌과 … 공정한 인사의 영원불변… 밝혀두는 바…."

"회장이나 사장은 전략적 차원에서 임명한다."는 이 회장의 이런 논리에 따라 전략적 차원의 인사가 1991년 말부터 이루어졌다. 바로 이 회장 친정체제의 구축과정이다.

이건희 회장은 1991년 말 신현확 삼성물산회장, 조우동 삼성중공업회장, 박태원 삼성생명고문 등 원로들을 퇴진시켰다. 이어 1992년에는 최관식 삼성중공업회장과 강진구 삼성전자회장이 물러났다. 조직개편도 단행되었다. 이러한 인사가 있기 전인 1990년 12월에는 13년이라는 최장수 기록을 세운 소병해 비서실장을 전격 사퇴시켰다. 그리고 1991년에는 삼성그룹에서 전주제지(지금의 한솔제지)와 신세계백화점을 분리했다.

# 309 기술개발과 인력양성에 투자하라

"우선 신경을 바짝 써야 할 것은 생산 시스템이다. 어떻게 양질의 물건을 만드느냐 하는 생산개념부터 중요하지만 발명을 어떻게 하느냐, 발명자부터 어떻게 끌어 모으는가도 중요하다. … 발명가라고 하는 것은 10만 명에 한 명 나온다. 10만 명에 하나…은 4천만 인구에서는 한계가 있다. 미국이나 일본에서 데려오면 … 비싸다. 그렇지만 중국에는 머리 좋고 일거리 없는 사람들이 아주 흔하다. 소련에는 인공위성 날리고도 자기 밥 못 찾아먹는 사람들이 많다. … 인공위성 날리고 핵잠수함 만든 사람들 얼마든지 데려올 수 있다. 이런 사람들을 데려오자는 것이다."

이 회장은 진정한 의미의 국제화를 위해서는 기술경쟁력 확보가 필수적이라는 신념을 갖고 있다. 이런 신념 아래 전략제품의 신중한 선정과 관련기술개발에 대한 과감한 투자는 물론, 지속적인 경영혁신 및 우수한 인력의 확보와 양성에 투자를 계속하고 있다. 또 연구개발의 국제화 추세에 부응하여 해외에서도 현지의 학계나 연구기관 등을 활용하여 제품개발력을 확충하고 있다. 주로 미국과 일본에서 가전, 컴퓨터, 정보통신, 반도체 등의 전자산업과 정밀유리, 세라믹과 같은 소재산업 분야를 집중 연구개발하고 있다.

산호세에 위치한 삼성전자 미국 PC연구소는 자체 연구진과 실리콘밸리에 있는 관련업체와의 소프트웨어 협조를 통해 펜PC를 개발하는데 성공했다. 이를 토대로 차세대 컴퓨터 개발에 박차를 가하는 중이다.

# 310 샌드위치 위기는
# 교육제도 때문이다

"(한국 경제가 중국과 일본 사이에 끼여 고생하는) 샌드위치 상황이 더 심해지고 있다."

이건희 회장은 2007년 6월 1일 호암 상 시상식에서 '샌드위치 위기에서 벗어날 가능성이 보이는가?'라는 기자들의 질문에 이 같이 대답했다. 현재의 획일적인 교육이 기업에 필요한 인재를 충분히 공급하지 못한다는 내용의 말을 하며 교육제도를 그 원인으로 지목했다. '샌드위치 위기론'은 2007년 초 전국경제인연합회 회장단회의에서 "중국은 쫓아오고 일본은 앞서가는 상황에서 한국은 샌드위치 신세"라며 처음 제기했다. 또 같은 해 3월 '2007 투명사회협약 대국민보고대회'에서는 "삼성뿐 아니라 우리나라 전체가 정신 차리지 않으면 4~5년…6년 뒤 아주 혼란스러워 질 것"이라고도 했다.

이 회장은 평소 "한 명의 천재가 10만 명을 먹여 살린다"는 '천재부국론'을 갖고 있다. 삼성이 파격적인 보상체제를 운영하는 것도 이 회장의 이 같은 인재론 때문이다. 고도의 기술력과 획기적인 창조성을 지닌 인재가 아니고서는 현재의 샌드위치 위기를 극복할 수 없다. 하지만 현재의 획일적인 교육제도로는 인재에 대한 기업의 요구를 도저히 맞출 수 없다는 것이 이 회장의 시각이다. 이 회장은 "인재를 천재로 키워야 하는데 그게 안 된다." "기업은 (인재육성을) 항상 하고 있다."고 학교가 담당해야할 교육을 기업이 맡고 있는 현실을 비판했다.

# 311 해외교육의 목표는
# 초일류기업으로 살아남는 것

"LA, 도쿄회의는 우리의 VCR, TV, 냉장고 등 가전제품이 세계시장에서 얼마나 천대받고 국제경쟁력이 뒤졌나 하는 것을 눈으로 직접 보여주고 정신을 차리게 하려는 의도였습니다. 그 후 프랑크푸르트로 가는 비행기 안에서 일본인 고문이 쓴 보고서를 읽고 나 자신부터 얼마나 모르고 있었나를 깨달았습니다. 근본적으로 이제까지의 양위주의 경영에서 질 위주로 가지 않으면 안 되겠다는 생각을 했습니다. 그래야만 21세기 초일류기업으로 살아남을 수 있다는 생각에서 전 임원과 부·차장급들을 대상으로 해외교육을 하게 됐습니다."

한 일간신문과의 인터뷰 중에 기자가 이런 질문을 했다.

'이 회장께서는 LA, 도쿄, 프랑크푸르트, 오사카 등 일련의 해외 경영회의를 통해 재계에 큰 반향을 불러일으키고 있습니다. 이 회장이 궁극적으로 지향하는 목표는 무엇입니까?'

위는 이 질문에 대해 이 회장이 답한 내용이다.

이 회장에게 질의 경영을 도입, 추진해야겠다는 의지를 굳히게 한 것은 '일본인 고문이 쓴 보고서'였다. '지금까지의 생각과 관행으로는 안 된다. 모든 것을 바꿔야한다'는 자각을 이 회장에게 하게 한 바로 그 〈후쿠다 보고서〉. 이 보고서를 쓴 장본인은 일본에서 대학을 나와 미국에서 대학원을 마친 산업디자이너로 삼성전자의 디자인센터에서 통신부문의 디자인 고문으로 일해 온 후쿠다 타미오였다.

# 312 이대로는 이길 수 없다

"나는 평생 동안 낙관적이고 긍정적으로 살아왔다. 웬만한 실수나 수십, 수백억 원의 손해에도 까딱하지 않았다. 그러나 이번에는 몹시 치밀어 올랐다. 왜냐. 지금까지 사장들, 비서실장, 비서실 팀장들이 모두 나를 속였기 때문이다. 집안에 병균이 들어왔는데 5년간, 10년간 나를 속여 왔다. 소위 '측근'들이 이 정도라면 나머지 사람들은 어느 정도이겠느냐."

후쿠다는 그동안 나름대로 열심히 일했지만, 일하는 과정에서 그만큼 많은 장애를 경험했다고 한다. 이 회장에게 직접 전달한 '보고서'에서는 '삼성이 이래서는 안 된다.'는 것을 조목조목 비판하고 대책을 제시했다.

그는 2~3년간 담당사업부장에게 의견서를 세 차례 내고, 개선방안을 10회 이상 제시했으나 번번이 좌절을 맛봤단다. 후쿠다는 '삼성전자가 이대로 가면 세계유수업체들과의 경쟁에서 결코 이길 수 없다.'며 삼성전자의 디자인분야는 물론 갖가지 문제점을 지적한 보고서를 이 회장에게 전달했다. 이 회장은 이 보고서를 프랑크푸르트 행 비행기 속에서 별다른 생각 없이 보았단다. '일본인들은 자신이 몸담고 있는 회사가 잘못될 경우 자신의 이력에 큰 흠집이 나는 것으로 인식하는 프로근성이 있다.'며 후쿠다 고문의 보고서를 가능한 행위로 받아들이는 듯싶었다. 이 회장은 "그 보고서에는 만화 같은 일이 적혀있었다."며 위와 같이 말했다.

외국인 고문이 보고서를 회장에게까지 올렸다는 것은 삼성의 문제점과 삼성 인들과의 부조화를 크게 노출시킨 것이라 볼 수 있다.

# 313 쓸데없는 체면 때문에
## 마찰이 생긴다

"회사 내에 개인주의 집단 이기주의가 만연해 남의 뒷다리나 잡기도 하고 또 사내에 도덕적 인간관계는 결여된 채 자만과 안일에 빠져있었죠. 저도 금년 초인 지난 2월부터 이 같은 삼성의 분위기를 깰 방도를 모색하고 있었는데, 6월 초 한 일본인 고문의 보고서를 직접 받아보고는 참을 수가 없었습니다. … 기술자의 체면이 그렇게 중요한 것인지 모르겠습니다. 저 혼자 붙들고 몇 년씩 허송하면서 기술을 사오라고 해도 필요한 기술 안사와요. 기술이 모자라 고문을 데려다줘도 고문 얘기는 도대체 듣질 않습니다. 냉장고 기술이 뭐 대단한 게 있습니까? 보고 배울 수 있는 기술, 그건 기술이 아닙니다. 그런 단순 기술은 이제 못써먹어요. 비싼 값에라도 기술을 사와서 개량하면 비싼 게 결코 아닙니다. 남이 다 개발해놓은 기술에 어렵게 매달릴 필요가 없어요. 100만 달러에 안 팔면 300만 달러주고 사오면 돼요. 일본도 1989년까지만 해도 로열티 받는 것보다는 사오는 기술비가 더 들었어요."

삼성 기술자나 생산 분야 임직원들이 고문을 제대로 활용하지 않고, 이 과정에서 마찰이 생기는 요인을 이 회장은 '기술자들의 쓸데없는 체면' 때문이라고 지적했다.

1993년 8월 4일 도쿄에서 국내 언론사들과 가진 인터뷰에서 이 회장은 '금성사 창원공장 침입사건'을 들며 이에 대한 자신의 생각을 위와 같이 밝혔다.

# 314 이제는 외국 고문들을
# 적극적으로 활용할 때다

"일본 고문들을 이제는 제대로 활용할 때가 되었다. 그동안엔 서로 상충되는 점도 있었고, 서로 분위기에 익숙하지 못해 다소 잡음도 있었다. 대우도 사별로 자발적으로 향상되었으며, '우리 편(동료)'으로 만들어 활용을 극대화할 답을 낼 때가 되었다. 고문과의 과거 관계가 -5℃에서 지금은 0℃이다. 앞으로는 영상 5~10℃가 되어야한다."

이 회장은 1993년 2월 LA에서 열린 전자관련 사장단 임원회의에서도 일본인 고문들을 적극 활용할 것을 위와 같이 촉구했다.

"전자의 나쁜 습관은 배타적이고 폐쇄적인 것이다. '기술제휴해라, 합작해라' 했는데도 말 안 들었다. 자체 개발하면 3~5년 걸리고 돈도 5억 들지만, 기술제휴하면 1년 만에 개발되고 돈도 1억밖에 안 들고 6개월 만에 본전 뽑게 되는데도 말을 안 듣고 안 했다. 그래서 일본 기술자 소개해서 보내주었더니 싸우고 배타하고 결점만 잡아내 쫓아버리는 짓을 했다. 이제는 데려오려고 해도 못 데려온다. 1급 기술자가 뭐 답답해서 오겠느냐? 말만 잘하면 기술 제휴하던 시절에 잘 했으면 지금 삼성전자는 돈방석에 앉았을 것이다. 50만 평에서 몇 만 명이 일하면서도 몇 백억 이익내고 있으니 말이 안 된다. 자선사업 하는 것이 더 낫다. 수원단지에 종합운동장 세우고 삼성 스케이트장 만들고 어떤 회사처럼 삼성월드 만들면 돈도 더 벌고 삼성 PR도 될 수 있다."

# 315 잘못된 태도는 과감히 버려라

"나는 자기보다 잘났든 못났든 남의 충고를 안 받아들이려는 사람을 가장 싫어한다. 외국인 기술자를 확보하기도 어려운데, 기껏 데려온 뒤에도 '다 안다'는 식의 태도로 배척하는 현실은 지양돼야한다."

삼성그룹의 연구개발 투자는 총매출규모의 5%선으로 선진국수준을 유지하고 있고, 1992년 삼성의 연구개발 인력은 1만3천여 명이고 이 중 박사학위 소지자가 4백여 명에 이름에도, 이 회장은 연구 인력의 확보에 가장 큰 애로를 느낀다며, "앞으로 3~4년 내에 연구개발 인력을 2만 명으로 확대해나가겠다."고 강조했다.

그러면서 선진기술 수용에 대한 임직원들의 태도가 몹시 못마땅하다고 위와 같이 말한다. 연이은 특강에서도 단골메뉴였던 〈후쿠다보고서〉 파문 역시 그 원인이 국내기술진과의 갈등이었던 만큼, 이 회장은 특히 일본 고문들과 국내 기술자간의 잦은 마찰에 크게 신경을 쓰고 있다.

"기술자들은 다른 사람으로부터 배우려는 데 매우 인색하다. 잘못된 태도는 과감히 버려라."

"필요한 기술, 노하우가 있으면 돈에 구애받지 말고 도입하여 배우라. 남의 발명기술을 사는 것은 많아야 매출액의 1%선에 불과하다."

기술개발과 관련하여 이 회장이 위와 같이 요구하고 다그치는 이런 말들은 기술에 대한 그의 강한 집착을 보여준다.

# 316 나는 가장 악인이 되어야 한다

"인사관리는 사람관리다. 그런데 왜 인사팀들은 매일 규정집만 찾는가? 고지식하다. 연공서열이 뭐 그리 중요한가?"

1993년 6월 오사카회의에서 이 회장이 한 말이다.

'이건희 개혁'은 인사제도에도 예외가 없다. '인사가 만사'라는 지론을 가지고 있는 이 회장은 어느 분야보다 인사제도에 높은 관심을 가지고 있다. 인사에 관한한 그는 그만큼 집중적이고 매우 과감하다.

위는 '사람'을 찾아 분석, 맞는 자리에 배치하지 못하고 '규정집'에 얽매여있다고 질타하는 내용이다.

같은 해 3월 도쿄회의에서는 다음과 같이 훨씬 강도 높은 발언을 했다.

"일본 종합상사 수준에서 7~8년, 물산은 5년 가지고도 일급 세일즈맨이 되지 못한다. 그동안 인사팀들, 인사팀장은 사무, 서기 노릇만 했다. … 현실타협이다. … 근무태만이다. 소량다품종 공장에 다 가능하게 해야 한다. 회사의 인사, 총무 등의 힘을 합쳐야 진정한 힘이 나온다. 공장장이 아무리 떠들어봐야 안 된다. 인사팀에 기술, 문과 각 1명의 비율로 종합적인 산 인사를 하라고 … 말했는데, 아무도 내 말을 안 들었다. … 전에는 일반론자이지만 후계자시절부터 강조해왔다. 독신자 파견제도는 회장 되고도 안 되고, 1989년 사장단회의에서 고함을 지르고, 싫은 조치를 해야 했다. 평생을 여기에 있는 사람을 인사조치하여야 움직이는 여러분들인가? 나는 한국에서 가장 악인이 되어야한다. 이것이 회장인가?"

# 317 신입사원 연수시간을
## 2년으로 늘려라

"옛날에는 수습을 6개월이나 1년씩 하다가 현업에 배치했는데, 요사이는 형식적으로 되었다. 진짜 대학생이 졸업하여 제대로 일하려면 6개월 가지고 어림도 없다. 신입사원 연수시간을 최소 2년으로 늘리는 방안을 검토하고 교육 강도도 높여야한다. 대신 수습기간을 마치면 대우를 잘 해주는 방법을 강구하라."

이 회장은 도쿄회의에서 신입사원 채용 후의 교육에도 개혁이 필요함을 역설하고 위와 같이 지시했다.

또 이 회장은 후쿠오카회의에서 이에 대한 체계적인 방법을 다음과 같이 제시하기도 했다.

"지금까지의 평가방법을 보면 ABCD로 매기고 분기별로 체크했다. 그것도 돌려가며 A를 주고, D주고 전부 헛일만 했다. 오그라질 일이다. 인간평가를 어떻게 4/4분기에 하느냐. 평가를 최소 입사 후 10년 뒤에 해야 한다. 이때 근무형태는 어떻게 될까. 우선 입사 후 만 3년 동안은 계열회사를 지정하지 않고 그냥 사원으로 할 것이다. 월급은 최소한도로 준다. 그리고 3년 동안 기술, 설계, 생산, 판매, 구매 등에서 철저한 훈련을 시킨다. 이렇게 할 것이다. 이 훈련이 끝나면 50%든 100%든 크게 올려준다. 다른 기업들과의 형평성 문제가 제기되면 모든 임직원에게 자동차 한 대씩을 제공하면 된다. 자식이 학교 가든, 마누라가 미장원 가든 모든 돈을 회사에서 지불해주면 되는 것 아닌가."

# 318 인간적이고 도덕성을 갖춘 사람이
# 교육의 최우선 목표다

◇ 선친께서는 신입사원 뽑을 때 꼭 직접 면접을 보고, 관상까지 보기도 했다는데……

"그때는 신입사원이 1년에 1천 명 정도 들어올 때입니다. 그러나 요새는 4~5천 명입니다. 직접 면접은 물리적으로 불가능합니다."

◇ 채용스타일은 어떤지요?

"별다른 것 없습니다만 '기술계통은 대학 3학년 때 결정하라.'는 것입니다. 삼성전자는 전자, 전기에서, 중공업은 기계과에서 데려오면 됩니다. 생활비를 모두 대주고 장학금, 책값도 모두 지급하는 겁니다. 단 동·하계 방학동안 두 차례씩 회사에 나와 대선배들에게 지도를 받도록 하는 것입니다. 이론과 다른 현실을 체험시키는 거죠. 그런 다음 4학년이 되면 구체적으로 졸업논문 제목을 정해주는 것입니다. 그냥 뽑아 2년 훈련시킨 사원보다 낫다는 게 나의 생각입니다. 효율도 좋고요."

이 회장은 신입사원채용과 교육의 최우선 목표는 '참 삼성인의 양성'이 되어야한다고 강조한다. 그 핵심은 기본에 충실한 사람 즉 인간적이고 도덕성을 갖춘 사람이다. 위는 이와 관련한 한 인터뷰의 내용 일부이다.

그런데 이 회장은 프랑크푸르트회의에서 실제 채용 시기를 앞당겨야한다고 자신의 생각을 다음과 같이 밝혔다.

"현재 대졸채용 시점이 문과는 졸업, 이과는 3학년부터다. 이를 앞당겨라. 앞으로 대학교 1년이나 고3 때부터 아니 고1 때부터 키워야한다."

# 319 간접부서 인력을
# 절반으로 축소하라

"만드는 사람, 디자인하는 사람, 기획하는 사람, 품질담당, 구매 당당 등은 좀 빠듯하다 싶을 정도로 두고 모두 판매나 사후 서비스팀으로 전환시키도록 하라. 그래야 소비자가 무엇을 원하고 우리 제품이 어디에 있으며 우리 위치가 어디인지를 알게 된다."

1993년 3월에 이 회장이 내린 지시 내용이다.

이에 대해 삼성그룹 사장단회의는 다음과 같이 의결했다.

'현 인력 기준으로 간접부서 인력을 절반으로 축소한다. 줄인 인력은 현장, 판매, 서비스, 어학연수 등에 활용한다. 단 그 시기는 6개월 단위로 순환시키도록 한다.'

이 회장은 이에 앞서 한 특강에서 간접부서 인력감축에 대한 그의 의지를 이렇게 나타냈었다.

"내 생각 같아서는 현재의 간접부서 인력 중 70%를 감축, 해외연수, 국내 대학 위탁교육 등 모두 재교육시키고 싶다. 그러나 너무 과격하다 싶어 참고 있다."

삼성그룹이 이를 추진한 것은 1992년부터인데, 바로 '간접인력 감축계획'이다. 감축이란 사전적인 의미로는 '줄인다.'는 뜻이지만 여기서는 대상 인력을 삼성 밖으로 쫓아낸다는 뜻은 아니다. 좀 더 정확하게 표현하자면 전체적인 고용인원을 줄이는 것이 아니라, 간접부서의 인력을 줄이는 대신 생산, 판매관련 부서는 늘리는 간접인력의 재배치라 하겠다.

# 320 5%가 핵이다

"모든 악, 인류를 변화시킨 큰 사건의 핵심에는 2명이 핵이다. 많아야 5~10명이다. 1~2명이 망칠 수도 있다. 강요하지 않는다. 뛰기 싫으면 앉아 있어라. 차라리 잡지마라. 한 방향으로 왜 가지 않는가? 누가 손해냐. 모두 손해다. 삼성그룹 임직원, 재계전체, 한국 국민 모두의 손해다 누구도 이로운 게 없다." "삼성의 15만 명의 10%가 핵심인원이고, 주요 계열사의 직·반장 합치면 20%가 1류로 가자고 하면 1.5류는 당연하고 조금 더 노력하면 특류가 왜 안 되겠느냐."

이 회장은 "어느 집단, 사회, 국가든 구성원의 10~20%가 한쪽으로 가면 1류가 되고, 그 이상이면 특류도 가능하다. 따라서 70~80%의 1류 인재를 거느린 삼성은 1류, 특류가 당연한데 왜 안 되느냐."고 끝임없이 자문한 끝에 "5%가 핵이다."라는 '5% 핵심 론'을 이끌어냈다.

어느 집단이든 일 안하고 거저먹겠다는 비율은 5%, 또 열심히 노력하는 사람 5%는 있게 마련이고, 이 중 어느 쪽이 잘 되느냐에 따라 나머지의 방향이 결정된다. 노력하는 쪽 5%가 잘 되면 거저먹겠다는 사람 5% 외에는 모두 잘 되고, 노력한 쪽으로 이끌 수 있다. 거저먹겠다는 5%를 골라내고 노력하는 5%를 밀어주면 회사는 양 순환으로 간다는 순환론을 확신하는 이 회장은 '5% 핵심 론'에 대한 집착이 매우 강하다.

"거저먹겠다는 5%가 기업, 나라 망친다. 난… 이 5%를 집어내겠다. 잘하려는 사람 5%는 적극 밀어주겠다. 거저먹으려는 5%는 절대 안 된다."

# 321 비서실장 교체는
# 인적청산의 신호탄이었다

"삼성의 문제점과 그룹 운영방안에 대해서 얘기해주세요."

"삼성이 많은 계열사를 거느리고 있기 때문에, 전자, 중화학, 서비스, 금융 등 소 그룹화 하는 게 효과적일 것으로 판단됩니다."

"비서실장을 맡아주세요."

"저는 삼성 공채가 아니기 때문에 그룹 내에 기반이 없습니다. 전자 등 주력 계열사사장을 맡은 적도 없습니다."

"회장인 내가 지원하겠소. 질경영이 정착될 수 있도록 이끌어주시오."

1993년 10월 중순 어느 날 오전 10시쯤 현명관 사장은 회장님이 한남동 자택에서 보자고 하신다는 비서팀장의 전화를 받고 1시간 정도 독대했다. 이 회장이 먼저 삼성의 문제점과 그룹 운영방안에 대해서 얘기해달라고 주문했고, 현 사장은 특유의 차분한 어조로 보고했다. 면담한 지 30여분 뒤 비서실장을 맡아달라는 이 회장의 말에 당황한 현 사장은 공채가 아니라 곤란하다는 뜻을 정중히 밝혔으나 이 회장은 물러서지 않으며 거듭 요청했다. 결국 현 사장은 이를 수락, 20만 삼성 인을 이끄는 키잡이이자 비서실장으로 변신했다.

현명관 비서실장체제는 공채가 아닌 외부수혈 인물이라는 점에서 당시에는 엄청난 사건이었던 만큼 인적청산의 신호탄으로 해석된 것은 당연한 일이었다.

현 사장도 그것이 비서실장 '면접시험' 자리라는 건 나중에 알았단다.

# 322 미래는 'I자형 인재'가 아니라 'T자형 인재'가 통한다

"처음 7.4제라는 파격적인 출퇴근 제도를 실시했을 때 일리 있는 반대에 부딪히면서 사실 나도 흔들렸다."

신 경영 선언 4년째인 1997년 이 회장은 한 인터뷰에서 이렇게 밝혔다. 하지만 그는 모든 사람이 한 가지 전문분야에만 정통한 'I자형인재'보다는 전문분야는 물론 다른 분야까지 폭넓게 알고 있는 'T자형 인재'가 돼 주기를 바라는 마음에서 본래의 취지대로 강행했다.

그가 T자형 인재를 강조하는 이유는 진정 기업에 필요한 인재는 입체적인 사고와 종합적인 안목을 가진 사람이라는 것을 뼈저리게 실감했기 때문이었다. 반도체사업을 시작할 당시 미국에서 박사학위를 받은 사람들을 큰돈 들여서 잔뜩 데려다 임원자리에 앉혔는데, 그들은 자기 분야의 스페셜리스트일 뿐 정작 임원에게 가장 필요한 종합적인 안목을 가진 경영능력이 부족했다.

7.4제는 미래는 I자형인재보다는 T자형인재가 인정받는 시대가 될 것으로 내다보고 자기계발의 시간을 늘려주어 'T자형인재'를 양성하겠다는 이 회장의 인재육성철학이 바탕에 깔려있다.

7.4제는 4시 퇴근 이후 직원들이 뭔가를 하면 입체적인 사고가 가능해 회사업무 향상에도 도움이 될 것이라는 이 회장의 판단이 맞아들어 가면서, 어떠한 경영환경 속에서도 연간 조 단위 이상의 수익을 올릴 수 있는 경영시스템을 창출하는 정신적인 버팀목이 되었다는 평가를 받았다.

# 323 인재 키우기가 실적보다 중요하다

"10년 안에 중국을 꺾으려면 자질 있는 어린 우수선수를 찾아야한다."

이 회장은 1978년 제일모직 여자탁구 단 창단 때 이미 이런 말을 하며 스포츠 방면에서의 '천재 키우기'를 강조했다.

그 무렵 제일모직 탁구 단 감독 박성인은 꿈나무를 찾아 전국을 돌아다니고 있었다. 그때 전북 익산에서 당시 여중 2년생이던 양영자 선수를 발견했다. 양영자 선수는 1983년에 도쿄 세계선수권대회에서 2위를 차지했다. 이 회장은 도쿄에 가서 직접 경기를 보고나서 이런 말을 했다.

"세계 정상이 되기 위해선 유럽의 힘과 중국의 속공을 통합한 제5의 전형이 필요하겠다."

그리고 셰이크핸드와 팬 홀더를 혼합한 형태의 라켓을 제시했다. 이 회장이 제시한 새로운 형태의 라켓을 들고 훈련한 양 선수는 10년 뒤인 1988년 서울올림픽에서 금메달을 땄다.

또 이 회장은 고교시절 레슬링을 한 경험을 바탕으로 1980년대 중반 대한레슬링협회장을 맡았다. 직책을 맡자마자 교통사고로 거의 죽을 뻔했다가, 재활에 1년 반 만에 성공한 뒤 유럽챔피언을 여섯 차례나 지낸 헝가리의 전설적인 영웅 "챠바 헤게뒤시를 코치로 영입하라"고 지시했다.

이 회장은 협회장이 된 뒤 경기력 향상을 위해 헝가리 등지에서 전지훈련을 시작하게 했고, 일본과 러시아의 일류 코치들을 영입하는 등 과감한 외부수혈을 단행했다.

# 324 스포츠에서의 인재 확보는
# 기업경영의 그것과 다르다

"금메달을 원했다면 세계일류선수를 돈으로 사서 귀화시켰을 것입니다. 그렇게 메달을 따는 것보다 저는 여러분이 우리나라에 선진 승마문화, 인프라를 확산하는 역할을 했으면 합니다."

이 회장은 스포츠 인재들과 평소 인간적인 친분을 두텁게 쌓은 것으로 알려져 있다. 1980년대 중반 이 회장은 유럽 출장길에 유능한 선수가 있으면 아무리 시골이라도 꼭 찾아가 만나곤 했다. 그때 일정을 강행해 가며 만난 사람이 크림케, 쇼케 뮐러 같은 승마선수들이었다.

크림케는 올림픽 5관왕으로 88올림픽 때 자신의 애마를 한국 선수에게 빌려주었고, 쇼케 뮐러는 한국 선수를 독일로 불러 2년 반 동안 전지훈련을 시켜, 2003년 6월 한국이 자력으로 올림픽 승마 첫 출전권을 따내는데 일조했다. 이 회장이 먼 시골구석까지 찾아다니면서 장기간 교류해 온 이런 인물들이 한국의 위상 제고에 10여년 뒤 기여한 것은 이회장의 폭넓은 인간관계 덕분이었다.

그러나 이 회장은 기업에선 외국인도 주전으로 기용하지만 스포츠에선 감독, 코치 등 기술전수자 역할에만 한정하면서, 스포츠에서의 인재확보는 기업경영의 그것과는 다르다는 것을 보여주었다. 1987년 이 회장은 안양 승마장으로 선수들을 찾아가 위와 같이 말했다. 당장 눈앞의 실적보다는 미래의 결실을 위한 인재 키우기에 중점을 둔 그의 신념을 드러낸 말로, 현재의 금메달보다는 승마문화의 확산을 염원한다는 뜻이다.

# 325 미래 수종사업의 열쇠는
## 핵심인력이다

"앞으로 나 자신의 업무 절반이상을 핵심인력확보에 둘 겁니다. 핵심인재를 몇 명이나 뽑았고 이를 뽑기 위해 사장이 얼마나 챙기고 있으며 확보한 핵심인재를 성장시키는 데 얼마나 노력하고 있는지를 사장평가항목에 반영하도록 하세요."

이 회장은 2002년 5월 용인에서 열린 전자사장단회의에서 핵심인력확보를 강조하며 이렇게 말했다.

2003년 9월초 삼성전자 김인수 팀장은 삼성전자부회장을 비롯해 반도체부문총괄사장 등이 4차례에 걸쳐 심층면접을 실시했을 정도로 비중 있는 슈퍼 급 핵심인력 한 명을 데려오기 위해 회사전용기를 타고 미국출장길에 올랐다. 삼성은 인재 한 명을 데려오기 위해 이렇게 전용기를 띄울 만큼 핵심인력확보에 적극적이다.

이 회장이 2002년부터 매월 계열사별로 '월별 핵심인력확보실적'을 챙김에 따라, 삼성 계열사 인사팀장들의 주머니에는 핵심인력의 목표와 현황을 적은 보고서가 항상 준비되어있다. 구조조정본부 인력 팀에서 계열사의 핵심인력 확보 진척정도를 보고하면 이 회장은 실적이 부진한 담당장들을 불러 독려하기도 했다.

이 회장이 2002년부터 핵심인력확보에 부쩍 신경을 쓰는 것은 반도체 이후 삼성의 수종 사업을 찾기 위해 고민한 끝에, 핵심인력을 통해 미래 수종사업의 열쇠를 마련하겠다는 결론을 내렸기 때문이다.

# 326 핵심인력 데려오는데
# 사장이 직접 나서라

"반도체는 두뇌, 디스플레이는 눈, 배터리는 심장에 해당한다. 배터리사업은 그만큼 중요하다. 배터리사업을 업그레이드 시킬 대안을 마련했는가? 배터리는 내가 관장하는 사업이다. 기술을 업그레이드시키기 위해 대, 중, 소로 분류해 각각의 단계에서 필요한 핵심인력을 데려와라. 경쟁업체들의 신경을 자극해서는 절대 안 된다. 사장이 직접 나서라."

2002년 5월 경부고속도로 상행선 기흥부근에서 이 회장의 전화를 받은 삼성 계열사의 K사장은 갓길에 차를 세우고 이 회장과 1시간30분 동안 통화했다. 이 회장은 위와 같이 배터리사업추진현황을 확인했다. K사장은 이 회장이 부회장이던 1980년대 중반부터 이미 연료전지의 중요성을 간파하고 일본 S사의 제품을 들여다가 직접 분해하기도 할 만큼 배터리 부문에 특별한 관심을 쏟고 있다는 사실을 오래 전부터 알고 있었다.

이 회장은 핵심인력확보를 얼마나 강조하는지 다른 사장단에게도 전파하라고 통화 말미에 지시했고, K사장은 서울로 돌아오자마자 긴급 임원회의를 소집하고, TF를 구성해 10여 일에 걸쳐 핵심인력확보를 위한 로드맵을 작성했으며, 이 회장의 지시사항을 구조조정본부에 전달했다.

K사장은 2002년 5월 용인에서 열린 사장단회의에서 이 회장의 인재철학과 이를 제대로 수용하지 못한 자신의 실패사례를 발표했다. 20여 년 동안 비서실에서 이 회장을 보필했던 K사장의 자기반성을 통한 실패사례 발표는 다른 사장들에게 반면교사로 큰 교훈을 주었다.

# 327 핵심인력 20명 확보보다
# 10명 내보내는 게 더 나쁘다

"사장이 슈퍼 급 인력확보에 나서지 않고 인사부서에서 확보해놓은 사람을 슈퍼 급이라고 하는데 이것은 엉터리다. 더 나쁜 것은 이미 확보한 슈퍼 급, A급 인력을 내보내는 것이다. 핵심인력을 내보내는 것은 정말 나쁘다. 20명을 확보하는 것보다 10명을 내보내는 것이 더 나쁘다."

삼성전자는 스카우트한 핵심인력들이 회사 내에서 자리를 잡을 수 있도록 여러 방면으로 지원한다. 핵심인력이 입사하면 회사에 적응할 수 있도록 전천후로 지원하기 위해서 채용과정에서부터 접촉해온 실무자를 일정기간 해당조직에 함께 배치한다. 외국인을 위해 전담인력이 24시간 대기하면서 본인은 물론 가족들의 불편사항을 해결해주는 '콜센터'도 운영하고 있는데, 그들의 주요업무는 병원, 주택, 자녀들의 학교, 비자 등과 관련된 문제를 해결해준다. 기흥과 수원의 공장에는 외국인을 위한 전용 식당도 마련했다.

핵심인력의 확보뿐 아니라 채용한 인력에 대한 관리와 지원에도 이 회장의 관심이 이어지고 있음을 위와 같은 사례들로 알 수 있다.

한편, 삼성전자 관계사의 한 사장이 일본본사에 기술자를 구해달라고 했다는 보고를 들은 이 회장은 그에게 이런 말을 전했다.

"자기 장가가는데 남보고 색시 구해달라는 격이다. 사장이 직접 나서서 구체적으로 필요한 분야의 기술자를 구해야한다. 이제는 기술 중에서도 소프트 기술 싸움인데 당신은 소프트가 뭔지도 모르고 있다."

# 328 '삼고초려도'를 주어
# 핵심인력의 중요성을 느끼도록

이 회장은 유비가 제갈량을 세 번이나 찾아가 도움을 청했다는 '삼고초려'의 내용을 수묵화에 담아낸 '삼고초려도'를 아들 이재용 상무에게 주었고, 이 상무는 자신의 사무실에 걸어두었다. 그는 아들에게도 인재에 대한 중요성을 강조하며 후계자의 첫째덕목으로 삼고 있다. 매일 바라보면서 핵심인력의 중요성을 느끼라는 이 회장의 특별한 배려로 보인다.

삼성의 일관된 경영철학 중 하나가 선대 이병철 회장부터 내려오는 인재확보지만 이 회장은 이를 한층 더 발전시키고 있다는 평가를 받았다.

삼성구조조정본부는 2002년부터 연말 사장단업적평가에 계열사별 핵심인력확보 달성 율을 반영하고 있다. 핵심인력확보 달성 율이 100점 만점에 30점이나 되는 만큼 계열사 CEO들은 핵심인력확보를 위해 '목숨을 걸었다'는 말을 서슴지 않고 할 정도로 인재확보에 열을 올리고 있다. 성인희 구조조정본부 상무는 '앞으로 핵심인력확보 달성 율이 사장단평가에서 더욱 높은 비중을 차지할 것'이라고 내다보고 '2002년 몇몇 CEO가 실적을 달성하지 못해 경고를 받은 것으로 알고 있다.'고 귀띔해주었다.

2001년 9월 이현봉 삼성전자 인사팀장은 핵심인재인 S씨를 만나기 위해 미국으로 갔으나, 9.11테러로 미국 내 모든 국내선이 결항돼 미팅이 취소될 위기에 처하자, 약속을 하루 늦추고 새너제이에서 포틀랜드까지 13시간을 자동차로 달려갔다. S씨는 결국 자신과의 만남을 위해 26시간을 달려온 이 팀장의 정성에 감동해 삼성전자에 들어왔다.

# 329 기술흡수의 지름길은 인재확보다

"일본, 미국의 1급기술자는 연봉이 20만~50만 달러지만 인공위성을 쏘아올린 소련기술자는 1,000달러만 주면 데려올 수 있다. 기초과학기술이 뛰어난 소련의 기술자들을 영입하라."

1990년대 초반 소련붕괴직후 이 회장은 이렇게 지시했다. 삼성전자는 '기술사업 위원회'를 즉각 구성하고 러시아 기술자확보에 힘을 쏟았다.

이후 삼성은 IT 대국 인도와 이공계 인재의 보고 중국 등 세계 각국에서 외국인 핵심인력확보에 노력을 기울였다. 1995년 즈음부터는 중국, 러시아, 인도 등의 일류대학 이공계 상위 5%를 대상으로 무조건으로 학비를 대주고 국적을 불문하며 글로벌인재확보에 공을 들였다.

이 회장은 중앙일보이사 시절부터 우수한 일본인을 데려오기 위해 직접 가서 '삼고초려'를 하고 집으로 불러 식사를 대접하며 친밀도를 높였다. 당사자가 나라를 배신하는 기분이 들지 않도록 하면서 1960년대 말 처음으로 일본 전자업계 통(通)인 마츠우라 히데오 고문을 데려왔다.

이 회장은 국내에서조차 후발주자였던 삼성전자를 단시일 내에 일으키려면 기술흡수가 가장 빠른 길이고, 그러려면 우수한 기술을 가진 글로벌인재가 절실히 필요하다고 생각했다. 그래서 그는 글로벌인재확보를 위해 당시 삼성 사장의 두세 배에 달하는 월급을 주면서까지 일본인 고문 영입에 나섰다. 뿐만 아니라 아파트를 제공하고, 통역과 가정부를 붙여주고, 자료수집 비용까지 별도로 제공하는 정성을 보였다.

## 330 일류리더는 남의 지혜를 사용한다

〈한비자〉는 중국 춘추전국시대 법가이자 사상가인 한비(韓非)가 지은 저서로 한비는 '삼류리더는 자신의 능력을 사용하고, 이류리더는 남의 힘을 이용하고, 일류리더는 남의 지혜를 사용한다.'고 갈파했다. 진정한 리더십이란 부하가 각자의 능력을 십분 발휘하도록 해주는 것이라는 얘기다.

이 회장은 경영자에게는 〈손자병법〉, 〈삼국지〉, 〈사서삼경〉 등을 권하고, 스태프임원들에게는 자신의 위치가 얼마나 중요한가를 알 수 있도록 〈한비자〉를 권했다. 이 회장이 스태프임원들에게 필독서로 〈한비자〉를 권하는 것은 다음의 이유 때문이다.

'관리의 삼성'으로까지 불리는 삼성의 관리위주 경영은 합리성, 완벽성 등의 긍정적인 면은 있지만, 위험을 받아들여 기회로 만드는 도전과 혁신을 가로막는 요인으로 작용했다. 1993년 9월 이 회장은 '21세기 CEO 과정'이라는 주제를 내세워 변화기피 형이 대부분이었던 당시의 관리본부장들을 용인 연수원에 불러 모아 외부와의 연락도 단절시킨 채 강도 높은 훈련을 실시했다. 관리본부장들은 처음엔 회사 돌아가는 상황을 몰래몰래 체크했지만 한 달이 지나 자신들이 없는데도 오히려 회사가 더 잘 돌아가자 '나는 뭔가, 내 존재는 뭔가'하는 생각까지 들었다고 한다.

결국 관리본부장에게 의존적이던 부하직원들은 제 할 일을 스스로 제대로 파악하는 계기가 됐고, 행(行)을 이끌어내기 위한 교육을 받은 관리본부장들은 '용(用)'과 '훈(訓)'의 의미도 함께 깨닫게 됐다고 한다.

# 331 CEO는 종합예술가다

"우리나라에 빌게이츠 같은 천재가 한두 명만 있어도 경제수준이 업그레이드되고 국가발전의 원동력을 확보하게 될 것이다."

2003년 6월 신 경영 10주년 기념식에서 이건희 회장은 이렇게 말하며 '천재육성'이 반드시 필요하다고 역설했다.

이 회장은 '지행용훈평(知行用訓評)'할 줄 알아야 한다는 것을 CEO의 덕목으로 꼽는다. 즉 CEO는 많이 알고(知), 직접 할 줄 알고(行), 시킬 줄 알고(用), 지도하고(訓), 평가할 줄 알아야(評)한다는 것이다.

첫 번째 덕목인 지(知)를 살펴보자. 이 회장은 실제로 이공계 출신 CEO들에게는 문학과 철학을, 상경계열 출신 CEO들에게는 전공자 못지않게 기술을 터득하라고 요구하는데, 이는 한국과학기술원(KAIST)에 테크노 경영대학원(Techno MBA)이 세워진 배경을 보면 잘 알 수 있다.

이 회장은 1994년 봄 이우희 비서실 인사팀장에게 "경영자는 기술을 알아야하고 기술자는 경영을 알아야한다"며 방안을 강구하라고 지시했다. 이 회장은 지시에만 그치지 않고 당시 심상철 카이스트원장을 찾아가 정원의 반 이상을 삼성 인으로 채우겠다며 테크노 MBA 과정이 꼭 설립돼야한다고 설득했다. 이듬해 설립된 테크노 경영대학원에 삼성은 차세대 리더 육성을 위해 100명의 과장급 간부를 보냈다.

정준명 일본 삼성사장은 '이 회장은 경영자가 전천후 인간이 되기를 원한다.'고 말했는데, 이 회장의 표현을 빌리면 CEO는 종합예술가다.

# 332 기술 중시 경영은
# 기술인력 존중부터다

"기술 중시야 당연한 말이지만 삼성그룹의 R&D 투자는 총매출 규모의 5%선으로 선진수준을 지속적으로 유지하고 있다. … 기술 고문의 경우 전자산업은 주로 일본이 강하니까 일본에서 데려오고 있는데, 한민족의 프라이드도 있고, 반일감정도 있고, 삼성 특유의 권위의식과 … 반발도 심해 …. 연구 인력을 확보하고 선진기술에 대한 자료 수집을 용이하게 하기 위해 해외현지연구소를 22개 설립…. 삼성의 연구개발 인력은 1만 3천 명이다. 과거 5년간 6배를 늘린 수치…"

위는 1993년 경영자대상수상 기념강연에서 이 회장이 한 말로 엔지니어를 중용하는 기술 중시 경영철학이 그대로 드러나 있다. 회장취임 이후 그가 기용한 삼성전자의 수장(首長)은 모두 공학도 출신의 엔지니어였다. 또 삼성전자에서 중역을 지내며 끝까지 중용된 강진구, 김광호,, 임경춘 전 회장 등은 모두 동양방송 기술자 출신이다. 이들은 동양방송 출범당시 정부가 달러를 통제하는 바람에 방송장비를 수입하지 못하자 KBS에 가서 카메라를 분해해 회로를 스케치하고 세운상가 등에서 부품을 사 모아 조립하는 등 우여곡절 끝에 방송을 제때 시작하게 한 장본인들이다. 이 회장은 이런 과정을 지켜보면서 기술의 중요성을 인식했던 것 같다.

이 회장의 기술 중시 경영은 기술 인력 존중에서 출발하는데, 연구개발비를 매출액의 10%까지 끌어올리고 연구수당을 추가로 지급한 것 등은 기술 중시 경영의 좋은 사례다.

# 333 벌에도
# 애정이라는 인센티브를 주어라

"나에게 감사해야한다. 좌천하면 뭐가 달라지는지 아느냐? 좌천하면 안 보이던 게 보이고, 보이던 게 안 보여."

이 회장은 '신상필상(信賞必賞)'이 통하는 인센티브 신봉자로 애정이 없으면 벌도 내리지 않는다. 그의 벌에는 애정이라는 인센티브가 붙는데, 좌천됐다가 재신임을 받은 정준명 일본 삼성사장의 경우가 그 예다.

1997년 정 사장이 일본에 간 이 회장과 함께 저녁을 먹으러 가던 중, 비서출신답게 버릇처럼 앞좌석에 타려는데 이 회장이 뒷좌석에 앉자고 했다. 그는 차 안에서 정 사장의 무릎에 한손을 얹더니 불쑥 위와 같이 묻고, 우물쭈물하는 정 사장에게 이런 한마디를 던졌다. 정 사장의 '좌천'은 못 보던 것을 볼 수 있게 하는 '담금질'이었음을 시사한다. 실제로 이 회장은 정 사장을 경제연구소로 내려 보낼 때 일본의 메이지유신과 개혁에 대해 공부하라고 일러주었다.

이 회장이 노력하다 실패한 경영진을 직접 찾아서 하는 격려도 CEO들에게는 과감한 스톡옵션 같은 물질적인 인센티브 못지않게 동기부여가 되기 때문에 정신적으로 큰 인센티브가 된다.

1980년대 초 양인모 삼성 엔지니어링 부회장이 삼성종합건설에서 이라크사업 본부장을 맡고 있을 때, 잠깐 귀국하면 이 회장은 그를 직접 집으로 불러 식사를 같이하며 "가족들이 힘들겠다. 특히 아내가 힘들어하지 않느냐, 이라크에서 고생 많이 한다."며 자상하게 격려해주었다고 한다.

# 334 유럽의 강소국들을 보고 배워라

"국민들에게 '규제 없는 나라' '기업하기 좋은 나라'의 모델을 삼성이 앞장서서 제시할 필요가 있다. 마의 1만 달러를 돌파하기 위해서는 국민, 국가, 기업이 힘을 합쳐야한다. 그런데 우리나라에서는 기업가가 지탄의 대상이 되고 있다. 유럽의 강소국들을 보고 배워야한다."

2001년 5월 9일 이학수 삼성구조조정본부장은 이 회장으로부터 이런 이야기를 들었다. 비슷한 시기에 열린 전자사장단회의에서도 이 회장은 강소국에 대한 자신의 심중을 다음과 같이 드러내놓았다.

"핀란드, 스웨덴 등 북유럽국가들은 우리나라처럼 규모는 작지만 세계적인 대기업들이 국제경쟁력을 갖추면서 강국의 위치를 확보했다. 우리도 이들 강소국처럼 대기업이 국가경제활성화에 대한 사명감을 가져야한다."

이 본부장은 담당 장들에게 이 회장의 뜻을 즉시 전달하고 강소국에 대한 기본 자료와 홍보계획을 만들라고 지시했다.

경제연구소는 10여명의 실무요원들을 차출하여, 스웨덴, 핀란드, 스위스, 네덜란드 등의 강소국 즉, '작지만 강한 나라'를 탐방하고, 〈유럽 강소국의 기업 활동 여건〉이라는 보고서를 작성했다.

두 차례로 나눠 강소국 여행에 나섰던 기자들의 반응은 이 회장의 예상대로, 기업들의 경영활동을 뒷받침하는 정치 및 행정 시스템에 매우 깊은 인상을 받고, 우리나라도 이 분야의 개혁이 속히 이루어져야한다고 공감했다.

# 335 이 회장의 용인술은
## '패자부활전'이다

"상사가 떠나면 부하들이 상사의 잘못된 점을 찾아내 흠집 내는 게 세상사인데 5년 동안 당신을 폄하하는 사람이 아무도 없었다. 또 현대에서 삼성을 비판했다는 소리도 들어보지 못했다. 다시 같이 일해보자."

이 회장의 개혁 작업을 이해하는 데 빼놓을 수 없는 부분이 '패자부활전'을 골자로 하는 '용인술'이다. 승자에게만 기회를 주는 선대 회장의 토너먼트 형식과는 대조적이다. 실제로 삼성전자 VCR사업부장을 지내다 1980년대 중반 현대전자로 자리를 옮긴 윤종용, 중앙일보기획실장을 거쳐 1975년 삼성전자로 옮겨 일하다가 2년간의 외유 끝에 돌아와 삼성의 료기 사업을 맡았다가 현대전자로 옮긴 남궁 석, 38세 때부터 제일제당의 대표이사를 맡는 등 이병철 '회장의 오른팔'로 통했던 인물로 1987년부터 1991년까지 롯데그룹으로 가있었던 경주현 등은 외도했다가 이 회장의 부름을 받고 다시 삼성에 복귀한 인물들이다.

이 회장은 회장취임 후 VCR을 살리려면 윤종용 상무가 필요하니 다시 불러들이라고 지시했다. 결국 윤 상무는 복귀했고 이후 각고의 노력 끝에 VCR부문을 정상화시켰다. 1993년 9월 20일 이 회장이 남궁 석을 찾았고 결국 삼성 SDS사장으로 복귀해 그룹의 정보화를 위해 매진했다. 호출을 받고 그를 찾은 남궁 사장에게 이 회장은 위와 같은 말을 했다. 1991년에는 삼성종합화학대산단지준공 등 그룹의 기계·화학계열사를 총괄할 인물이 필요하다고 보고 경주현 전 부회장을 불러들였다.

# 336 꺼진 불도 다시 보는 인재경영은
# 1석4조의 효과가 있다

떠난 인물을 다시 기용하는 이 회장의 '패자부활' 용인술에는 1석4조의 효과가 있다. ①기존조직에 긴장감을 불어넣는다. ②복귀한 CEO는 열정을 바쳐 업무를 추진한다. ③다른 그룹에서 배웠던 노하우도 얻게 된다. ④삼성을 떠난 사람들이 친정을 욕하지 않는 부수효과도 거둔다는 네 가지다. 삼성을 떠난 사람들이 좀처럼 '친정'을 비난하지 않는 것은 이 회장의 용인술과도 관련이 있다.

앞 장에서처럼 다른 그룹으로 외도를 하지는 않았지만 중도하차했던 여러 CEO들도 이 회장의 호출을 받고 현직으로 복귀하기도 했다.

임경춘 전 삼성자동차 회장은 1991년 SDS 고문으로 사실상 은퇴했으나 1992년 삼성전자 도쿄주재사장으로 복귀해 자동차사업을 총괄했다.

현명관 전경련부회장도 삼성시계사장으로 좌천됐다가 그룹비서실장까지 올랐다. 현 부회장은 감사원에 근무하다가 1970년대 중반 한솔제지관리부장으로 삼성에 합류한 뒤 호텔신라관리부문에 근무하다 삼성시계사장으로 옮겼다. 당시 삼성시계는 엄청난 적자상태에 있었으나, 현 사장은 본사를 성남으로 옮기고, 삼성항공과 공장을 맞바꾸는 등 대대적인 구조조정을 단행했다. 500명이 넘는 생산직원을 영업직으로 돌리고, 기술제휴를 하던 세이코의 로열티도 깎았다.

이런 노력 끝에 그는 1993년 10월 '꺼진 불도 다시 봐야 한다.'는 속담을 유행시키며 비서실장으로 전격 발탁되었다.

# 337 항상 깨어 있으라(Be alert)

"네가 알고 있는 것은 허무맹랑한 것이니 항상 깨어있으라(Be alert)."

이 회장은 늘 이렇게 주문하며 임직원들을 격려한다. 'Be alert'의 의미는 '항상 적절한 수준의 긴장감을 갖고 있어야한다.'는 뜻이다.

이 회장은 오쿠라호텔의 종업원을 예로 들면서 'Be alert'의 의미를 설명했다. 1991년 초 이 회장은 오쿠라호텔 신관 로비에 있다가 한 종업원이 엘리베이터 앞을 지나가다가 저 멀리서 손님이 들어오는 모습을 보자 엘리베이터를 준비시켜놓고 가는 재미있는 장면을 목격하고, 종업원의 이 같은 행동 속에는 어느 정도의 긴장감, 즉 위기의식이 깔려있다고 생각했다. 결국 혁신에 있어서 가장 중요한 것은 위기의식을 갖는 것이다.

그룹의 경영철학과 핵심가치를 공유하고 능력을 기르는 첫 번째 교육방법은 현실을 직시하도록 하는 것이다. 현실을 알게 되면 위기의식은 저절로 따라오게 된다는 이론이다.

삼성이 인재들의 창조적 능력이 맘껏 발휘되는 두뇌천국이 되기를 기대하는 이 회장은 기업이 인재를 양성하지 않는 것은 죄악이라 생각한다.

2002년 5월 용인연수원 '창조관'을 찾은 일본 산요의 이우에 사토시 회장 일행은, 삼성 성공의 기틀이 26박27일 동안 강도 높게 펼쳐지는 신입사원입문교육과 600여 개의 콘텐츠가 구비된 온라인교육 등 사원들의 교육을 통한 인재개발에 있었음을 확인하고, 자신들이 삼성에 진 이유를 깨닫게 됐다고 한다.

# 338 연구개발을 안하는 것은
# 농부가 종자를 먹는 것과 같다

"연구개발을 제대로 하지 않는 것은 농부가 배고프다고 뿌릴 종자를 먹는 행위와 같다."

이 회장은 이렇게 강조하며 연구개발을 보험에 비유했다. 1993년 신 경영선언 직후 기술원은 그룹 안팎에서 '뭐하는 곳인지 모르겠다.'는 비판을 받자 1987년 설립 이래 처음으로 그룹의 경영진단을 받았다. 당시 기술원은 단기 성과위주의 연구를 주로 하는 바람에 미래의 씨앗이 될 사업을 위한 연구가 제대로 이뤄지지 않았다.

1993년 1월 전자계열 사장단회의에서 이 회장은 그룹 내 여러 업종의 업의 개념에 대해 설명하면서 기술원을 다음과 같이 얘기했다.

"기술원은 아무것도 안하고 게으름을 피울 수 있는 업종이다. 하지만 이렇게 되면 3~5년 후 그룹전체 차원에서 몇 천억 원, 몇 조원의 기회손실이 생길 것이다."

기술원이 본연의 업무인 그룹의 미래를 책임질 기술연구에 충실하려면 리더의 역할이 중요했기 때문에 이 회장은 2년간이나 공석이었던 기술원장을 초빙하라고 지시했다. 비서실인사팀에서는 아이오와주립 공대학장까지 지냈던 임관교수를 찾아내 삼고초려 끝에 기술원장으로 모셔왔다. 이 회장은 '좋은 사람 뽑았다'며 직접 면담까지 하고 격려했다. 미국유학생들의 좌장 격이었던 임 교수는 삼성이 이공계 우수 유학파인력들을 유치하는데 대단히 중요한 역할을 하며 핵심인물의 중요성을 입증했다.

# 339 중국을 인건비 싼 시장으로
# 인식하면 백전백패다

"중국을 단순히 인건비가 싼 시장으로만 인식해선 안 된다. 이렇게 생각하는 한 중국과의 경쟁에서 백전백패하는 것은 물론이고 우리가 먹고 살 수 있는 기반을 다 뺏길 것이다." "중화권에 대한 연구를 더 철저히 진행하고 관련 전문가를 영입하는 등 만반의 대비를 갖춰야한다."

이 회장은 중국시장과 관련해 이렇게 강조했다.

이 회장이 내린 특명은 '중국 시장 파고들기'와 '중국과의 경쟁에 대비하자'는 두 가지 의미를 동시에 내포하고 있다. 그는 세계 최대 생산 및 소비시장으로 급속히 떠오르고 있는 중국시장에서 우위를 차지하지 못할 경우 경쟁에서 패배하는 것은 물론 생계의 기반마저 잃을 수 있다고 우려하고 있다.

그리고 대 중국 전략과 관련해 중국은 물론 홍콩, 싱가포르, 말레이시아 등에 퍼져있는 화교권이 자본과 기술력을 지속적으로 결집함에 따라 미래에는 최대의 경쟁상대가 될 수 있다고 전망하고, 이들과 미국계 중국인 등을 한데 묶어 범 화교 인구로 보고, 그들에게 어떤 제품을 팔 것인지, 어떤 세일방식을 채택할 것인지는 물론 그들의 문화의식까지 더 철저히 연구하라고 강조했다.

그는 최대 맞수가 될 중국을 철저한 준비와 전략으로 압도해야 한다는 절박감에서 각 계열사들에 대 중국전략 수정 및 실행을 신속하게 진행하라고 주문했다.

# 340 신 경영 2기는
# 중국시장 전략 강화가 키워드다

"중국시장에서 기회를 놓칠 경우 미래 경쟁력이 크게 약화될 것이기 때문에 그룹차원에서 중국시장 경영전략을 새롭게 짜야한다."

이 회장은 신 경영 2기 출범을 앞두고 2003년 6월 초 열린 사장단회의에서 이런 특명을 내렸다.

삼성은 2003년 6월 신 경영 2기 출범 시 천재경영, 미래 성장엔진 발굴, 중국시장 전략 강화를 핵심전략으로 표방하고 이를 3대 키워드로 정했다. 중국시장에서의 성과를 이 회장이 직접 챙길 것이라는 소식이 전달되면서 각 계열사들은 대 중국 경영에 속력을 올렸다.

천재경영은 소프트웨어, 미래 성장엔진 발굴은 콘텐츠, 중국시장 전략은 신 경영 2기 중점사업으로 하드웨어적 성격을 갖고 있다. 천재경영을 통해 급격한 산업기반 전환에 능동적으로 대처하는 창조적 인재를 육성하고, 미래 성장엔진 발굴로 기존 성과에 안주하는 타성을 타파하고, 세계 1등 제품을 확대하여 수익성을 높이는 한편, 중화권 경제의 약진과 시장 기회가 대폭 확대됨에 따라 삼성의 상대적인 열세가 보이는 중국시장 전략을 강화하여 경쟁우위를 유지 확대하겠다는 야심찬 경영구상이다.

이와 관련하여 이 회장은 다음과 같은 어록을 남겼다.

"나라 위한 천재 키우기에 적극 나서야 한다." "이제 기회를 선점하는 경영만이 살 길이다." "중국 시장에서 기회를 놓칠 경우 백전백패하게 될 것이다."

# 341 경제 생존의 길은 인재양성이다

"기술이라는 것이 어느 개인이나 한두 연구소의 힘만으로 이루어지는 것도 아니고, '산·학·관(産·學·官)'이 합심하여 해나갈 일이지만, 무엇보다 중요한 것은 온 국민이 어린 시절부터 평생학습의 개념으로 과학을 생활화해나가는 것이라고 생각합니다. … 아이들의 장래 희망에서도 과학자가 더 많이 나와야하는데, 이를 위해서는 과학계통의 '영재교육'이 실시되어야하며, 문교정책으로도 '천재육성 사립학교'가 허가되어 적극 육성해야 하겠습니다. 특히 의대나 공대처럼 돈이 많이 들어가는 학교는 실정을 감안하여 기부금 입학제를 검토할 필요가 있다고 생각합니다."

위는 1993년 5월 26일 '전국과학자교육대회'의 강연내용 중 일부이다.

이 회장은 세계적으로 경쟁은 치열해지고 불확실성은 더욱 커지는 미래에 우리 경제가 살아남을 수 있는 방법으로 첫째 과학의 생활화, 대중화, 둘째 과학자, 기술자가 존중받는 사회적 풍토 조성, 셋째 과학 기술의 고부가가치화(소프트화)에 주력하는 것이라며 힘주어 말했다. 둘째 항목에서 삼성이 할 수 있는 일은 인재양성밖에 없다고 지적하고 '나라위한 천재 키우기'를 제시했다. 이의 실천을 위한 방안으로 2002년 장학재단을 만들고 삼성 입사여부와 상관없이 '나라를 위해 일한다.'는 조건만 붙인 채 해외유학을 보냈다. 장학재단을 세운 것은 '사과를 얻겠다는 것이 아니고 사과나무를 심겠다는 의미'라고 표현한 만큼 이 회장이 심은 사과나무에서 어떤 사과들이 열릴지 기대가 크다.

# 342 여자도 출산하는 것 빼고는
# 남자와 똑같지 않습니까?

"여성인력에 대해서는 정말로 신중히 연구·검토해야 합니다. 신 경영을 선언하기 전부터 여성들을 많이 뽑으라고 했는데……. 아마도 분위기가 제대로 안 돌아가니 나가버리고, 출산 때문에 나가고 하는 바람에 제대로 정착이 안 됐을 겁니다. 국가적으로 큰 낭비라고 생각해요. 이번에 보니 경찰대 졸업생 중에서 1~3위가 여자였습니다. 사격을 포함해 1~3위의 종합성적을 거뒀으니 옛날의 여자들이 아닙니다. 출산하는 것 빼고는 남자와 똑같지 않습니까?"

1989년 경찰대에 여학생 입학이 처음 허용된 이래, 2002년 처음으로 1~3등을 모두 여성졸업자가 차지했다. 경찰대는 신입생 120명 중 10%를 여학생으로 뽑는데, 그해 1~3학년 수석도 모두 여학생이었다.

2002년도 경찰대 졸업식 보름쯤 뒤 이학수 삼성 구조조정본부장과 노인식 부사장이 업무보고 차 승지원을 찾았을 때, 이 회장은 보고를 쭉 듣다가 갑자기 여성인력문제를 위와 같이 끄집어냈다.

취임 초기부터 여성인력을 뽑으라고 채근하던 이 회장의 특별 지시가 있은 뒤 실무진은 여성인력 수급현황을 파악하고, 신규채용인력 가운데 20%를 여성으로 뽑고 육아시설을 늘리는 등 제도적인 지원책을 서둘러 마련했다.

그러나 이 회장은 20%로는 성에 차지 않았던지 여성인력을 30% 뽑으라고 비서 팀을 통해 강력하게 지시했다.

# 343 여자는 소비결정권을 가진 주체다

"여성은 근본적으로 강하다. 한 생명을 탄생시키는 자궁의 힘이 바로 그 근원이다. 그러나 그들에겐 어떤 힘의 주기 같은 게 있다. 남자들이 힘을 일정기간에 걸쳐 지속적으로 쏟아 부을 수 있는 것과는 대조적이다. 그래서 훈련이 필요하다. 남자들보다 더 강한 훈련을 극복해내면 남자든 여자든 차이가 없다."

경영적 측면에서 여자를 소비결정권을 가진 주체로 간주하는 이 회장의 여성관이다.

"신문구독의 예를 보라. 남자들이 아무리 '이것보자, 저것은 안 된다'해도 아무소용 없다. 집에 있는 여자가 결정해버리면 결코 바뀌지 않는다."

가전제품이나 의류는 더욱 그렇기 때문에 이 회장은 모든 제품을 여성의 취향에 맞도록 해야 한다고 생각한다.

"그래서 여성 디자이너가 필요하다. 삼성에서는 그게 취약하다. 앞으로 그런 여성인력을 키울 필요가 있다."

삼성이 여성인력에 대한 시각을 바꾸게 된 연유인 셈이다. 상품개발과 경쟁력 확보를 위해 여성은 필수적 기본요소로 자리 잡고 있기에, 삼성은 여성이 기업에서 업무보조 역할에 만족해야 하던 시대는 지났다고 판단하고, 대졸출신 전문비서직을 뽑아 한 때 화제가 됐다. 삼성에서는 1992년 가을 대졸사원 공개채용 때부터 남녀구분 없이 공개경쟁시험을 거쳐 사원을 선발키로 해 또 한 번 주목을 끌었다.

# 344 여성을 모든 면에서
# 똑같이 대우하라

삼성그룹은 대졸 신입사원 채용 시 남녀에 제한을 두지 않는 완전 공개경쟁제도를 도입키로 했다.

삼성그룹은 지금까지 매년 100여 명의 대졸 여사원을 공채형식으로 선발하면서 모집분야를 특정분야로 제한, 여대생의 경우 공채제도가 유명무실한 상태였으나 올해부터는 모집분야 제한을 철폐……

삼성그룹의 이번 조치는 이건희 회장의 지시에 따른 것인데 다른 그룹에도 영향을 미쳐 고학력 여성인력 취업기회 확대의 계기가 될 것으로 보인다.

삼성은 올해 여성 전문직 제를 도입, 상반기 중 비서전문직 50명을 채용한데 이어 하반기에는 소프트웨어 직종까지 이를 적용, 100명의 여대생을 채용했다.

위는 1992년 12월 1일자 서울경제신문의 보도내용이다.

이 대졸여성공채제도는 삼성의 이미지를 크게 높였다. 특히 여대생들에게 큰 환영을 받았고, 재계의 관심도 끌었다.

대졸여성공채인력이 필요하지만 특별한 대우를 받는 것은 아니라는 것을 다음과 같은 이 회장의 지시를 통해서 알 수 있다.

"여성의 끈기와 사고의 유연성, 섬세함을 활용하기 위해서는 여성 공채가 필요하다. … 채용에서 남성과 똑같이 경쟁한 이상 승진, 승급에서도 동일하게 하라. 출장이나 숙직도 마찬가지다. 육체적으로나 정신적으로 의무, 권한 등 모든 면에서 똑같이 대우하라."

# 345 더 파격적인
# 여성인력 채용안을 만들어라

"첫째, 남성에게는 없는 여성의 감수성이 보완돼야 세계경쟁에 뛰어들 수 있다. 둘째, 사회적인 편견을 무릅쓰고 활용할 우수 여성인력이 많다. 셋째, 여성노동력이 첨부돼야 국가가 경쟁력을 가진다."

이 회장은 자신이 지시한 여성인력 채용에 진척이 없음을 알고 1990년쯤 비서실 인사팀장을 불러 여성인력을 뽑아야 하는 이유를 이렇게 조목조목 설명했다.

이 회장의 여성인력에 대한 관심과 철학이 구체화되기 시작한 것은 신경영선언 무렵, 여성인력활용을 강력하게 지시한 이후였다.

삼성은 1994년 채용 때 학력과 성차별을 완전히 없애고 월급체계를 남녀 똑같이 만든 것이 골자인 〈열린 인사개혁안〉을 내놓았다. 같은 직급에서 남자의 70~80퍼센트를 받던 여자들의 임금이 한꺼번에 올라 인건비 상승률이 수십 퍼센트에 이르렀으나, 당시로서는 획기적인 제도였다.

삼성그룹에서 1992년 비서, 디자이너 등 여성전문직공채, 1993년 대졸여성공채를 실시하자 취업의 기회를 잡기 어려웠던 여성들이 구름처럼 몰려들었다. 비서실 인사팀에서는 회장의 의중을 어느 정도는 반영했다고 생각해 회의석상에서 채용열기를 보고했으나, 이 회장은 칭찬을 하기는커녕 도리어 이렇게 질책을 했다.

"더 파격적인 안을 만들어라. 좀 손해를 보더라도 우리가 먼저 나서야 한다."

# 346 인력부족, 구매력 저하의 대안은 여성이다

"출산율이 낮아지고 고령화가 진행되면서 생산가능 인구가 줄어들어 장기적으로 인력부족, 구매력저하 문제가 심각하게 대두되고 있습니다. 이 회장은 이 경우 전반적인 소비위축으로 경제가 활기를 잃게 되는데 이를 막기 위해서는 집안에 사장돼있는 여성인력을 끌어내야한다고 말씀하시더군요. 3년 전 나온 매킨지의 우먼리포트를 보니 2010년까지 우리나라 고급인력의 30퍼센트가 부족하다고 합디다. 준비된 고급인력인 여성인력을 활용하지 않을 수 없습니다."

삼성이 1992년부터 10여 년간 여성관련 제도도입 등으로 비교적 좋은 평가를 받고 있는데도, 이 회장이 2002년 여성인력정책에 다시 강력한 드라이브를 건 이유를 이경숙 숙명여대총장은 이 회장과 여성인력 활용문제에 대해 논의한 후 위와 같이 설명했다.

이 회장의 논리는 여성이 경제활동에 참가하면 가계소득원을 둘로 늘려 임금탄력성을 높여주기 때문에 기업에 좋고, 가계소득이 늘어나 소비활성화에 기여할 수 있으므로 국가적으로도 이득이라는 것이다.

여성인력활용 드라이브가 한창이던 1995년쯤 비서실인사팀에서는 국민소득 2만 달러가 넘는 나라에 대해 조사했다. 조사결과 대부분의 나라가 맞벌이가구의 비중이 높았으며, 싱가포르는 95%가량이나 되는 것으로 나타났다. 이 조사결과를 본 이 회장은 여성인력의 경제활동참여 없이는 국민소득 2만 달러라는 목표는 달성이 멀고 힘들다고 생각한 듯하다.

# 347 평생직장은 '앉아서 놀아도 의식주는 보장하고 안 내쫓는다'

"임직원의 복지향상에도 최선을 다하여 모든 삼성 인들이 평생을 걸어 후회 없는 직장이 되도록 하겠습니다."

"…생활수준의 향상은 물론 … 임직원 모두가… 신바람 나게 일할 수 있는 제도적 뒷받침을 해야 … 개인의 발전은 곧 회사의 발전… 사회발전으로 이어진다는… 인재육성에 투자하는 … 임직원 모두에게 급여 등 보수 면에서 최고수준을 보장해주고… 재산형성을 지원하며 복지시설의 지속적인 확충과 종업원 상호친목, … 상호부조를 … 늘리는 데 …."

"뛸 사람은 뛰어라. 빨리 걸을 사람은 빨리 걸어라. …. 걷기 싫은 사람은 앉아서 놀아라.… 의식주는 보장하겠다. … 내쫓지 않는다."

"비전과 보람을 주는 직장구현에 … 헌신적 노력을 기울여야 … 평생직장으로서의 애착이 충만하고 … 삼성의 기업문화는 예술의 경지에까지 승화될 수 있다."

이건희 회장의 평생직장에 대한 생각은 철저하다. 이 회장은 임직원들을 대상으로 한 특강을 통해 평생직장에 대한 자신의 관념을 이렇게 표현했다. 열과 성을 다해 회사발전에 헌신했던 임직원이 심신의 피곤을 느낄 때 재충전의 기회를 주고, 좌절을 느낄 때 용기를 주는 것이 진정한 의미의 평생직장이란다. 정년이 되어도 계속 역량을 발휘할 기회를 주고, 대를 이어 삼성가족이 될 수 있을 정도로 '한번 삼성인은 영원한 삼성인'으로 남도록 하겠다는 것이 이 회장의 평생직장 론이다.

# 348 '신상필상'제도가 있어야 신바람 나서 일 한다

"'너 가고 싶은 데 가라. 외국 가서 공부하고 싶으면 해라. 프로답게 제대로 좀 해봐라.' 그래서 자기가 반성하고 '다시 해보겠습니다.'하면 또 기회를 주어야한다. 이렇게 해야지 그냥 징계를 가하거나 관심을 안 가져주면 사람들이 움츠리게 된다. 감사, 진단, 인사라는 것은 어려운 일이다. 뒤에 숨어서 표 안 나게 열심히 파내야 하기 때문에 보통 머리 갖고는 안 된다. 머리와 전략, 전술과 인내와 성실함이 없으면 소위 싹쓸이, 혁신밖에는 못한다. 틀린 짓은 못하게 하고 잘 하는 사람은 상 줘서 더 잘하게 하는 게 1급이다."

선대 회장 시절 엄격하기로 유명했던 신상필벌(信賞必罰)제도는 '신상필상(信賞必償)'으로 바뀌어, 잘한 것은 북돋워주고 잘못한 것은 덮어준다. 개인에 대한 배려가 있어야 조직이 융화할 수 있다는 이 회장의 지론에 따라 보너스도 더 주는 시스템은 유지하되 깎는 일은 없도록 했다.

상보다 벌을 지나치게 강조하면 '잘못이나 실수를 저질러 벌을 받지 않을까'하는 두려움이 앞서 업무수행에 소극적이고 책임회피적인 자세로 임할 우려가 있다. 벌을 받은 사람은 잘못을 반성하고 분발하기보다는 회사에 대해 불신감을 갖고 조직분위기를 경직시킴으로써 오히려 조직력을 약화시키는 부정적인 측면이 더 크다. 그러므로 잘못한 것을 찾아 벌을 주기보다는 잘한 일을 찾아 상을 주는 데 힘을 쏟아 조직전체에 잘해보려는 의욕이 충만하게 하는 것이 중요하다는 것이 이 회장의 생각이다.

# 349 평생직장을 만들어
# 신바람 나게 일하게 하라

"직급과 인격은 전혀 다른 차원이다. 상무나 사장이 2~3급 직의 인격을 무시한다면 말도 안 되는 소리다. 이 원리를 각 조직에 그대로 적용하면 이것이 바로 인간중시의 경영이다. 이 같은 풍토에서 '내 회사'라는 의식이 나오고, 진정한 애사심이 샘솟는다."

위는 한 세미나에서 이 회장이 인간중시에 대해 밝힌 내용으로 인간존중의 의지를 잘 담고 있다.

이 회장이 "한 사람의 평가는 1~2년의 행적을 보지마라. 최소 30년은 보아야 한다." "뒷다리 잡지 않는 한, 스스로 떠나지 않는 한 삼성에서 쫓아내지 않겠다."고 강조하는 것도 바로 이 인간존중의 의지와 신념 때문이다.

"심리학에는 스트레스 쇼크라는 게 있다. 결혼할 때 받는 쇼크의 정도를 500이라고 가정하면, 배우자 사망 시의 쇼크는 800이고, 10년 근무한 직장에서 해고당할 때의 쇼크는 그 중간 쯤 된다고 한다. 실질적으로 평생 근무하면서 괜히 불안감을 갖게 하는 것은 업무효율 면에서도 큰 낭비를 초래한다. 실력이 모자라 임원으로 승진 못하는 사람은 삼성이 직접 안 해도 될 사업을 찾아서 맡기고, 65세 이후에는 고문이나 상담역으로 활용하는 것도 평생직장의 정착을 위한 방안이 될 수 있을 것이다. 삼성에 근무하는 자체가 긍지가 되고, 그래서 신바람 나게 일 할 수 있는 직장을 만들자는 것이 나의 욕심이다."

# 350 월급쟁이들의 고민을
# 다 없애주는 게 평생직장이다

"월급쟁이가 회사 문을 나서면 하는 고민이 무엇인가. 아마 90%는 자신과 가족의 건강, 자녀교육, 노후대책일 것이다. 이 세 가지가 월급쟁이들의 3대 고민 아닌가."

1993년 신 경영선언 직후 전 임원을 대상으로 정밀검진을 실시한 결과 80%이상이 충치, 치주질환 등의 치과치료가 시급한 것으로 나타남에 따라, 이 회장은 1994년 치과전담의사를 정해놓고 이들의 치아를 책임지고 관리하라고 지시했다. 그에 따라 의료보험이 적용되지 않는 부분이 많은 치과진료에 혜택을 주기위해 치주, 보철 등 7개 분야를 전문적으로 치료할 수 있는 치료센터를 그룹 내에 만들었다.

그 즈음 임직원과 그 배우자가 치료나 수술을 받을 경우 의료비용 전액을 지원해주는 '삼성의료보장제도'를 도입하고, 기존의 중·고·대학생 자녀 학자금 지원 외에 유치원비 일부도 지원해주는 등 임원뿐 아니라 직원들에 대한 복지도 획기적으로 확대했다.

이 회장은 취임사에서 "또 임직원의 복지향상에도 최선을 다하여 모든 삼성 인들이 일생을 걸어 후회 없는 직장이 되도록 하겠다."면서 '평생직장'이라는 개념을 도입했다. 그는 월급쟁이들의 90%의 고민을 회사에서 다 해결해주면 고민이 사라져 회사 일을 열심히 할 수 있게 된다는 생각을 가지고, 삼성이 평생직장이 되기 위한 방안으로 월급쟁이 3대 고민 해결을 위와 같이 제시했다.

# 351 탁아소 지으면 무주택자가
## 자기 집을 가질 수 있다

"탁아소 지으면 달동네 무주택자가 자기 집을 가질 수 있다."

이해가 안 간다. 그러나 이 회장이 삼성생명을 통해 탁아사업을 적극 추진한 배경에는 이런 뜻이 들어있단다.

"우리나라는 주택문제가 … 심각하다. 특히 … 달동네는 더 그렇다. …. 달동네가 없어지지 않는 한 우리나라는 부가 아무리 많아져도 분배문제가 해결되지 않는다. 달동네 남자들은 한 달이면 반을 공친다. … 또 여자는 아기 데리고 일을 하니 제대로 못한다. … 한 달에 40~60만원이 고작이다. … 달동네 입구에 탁아소를 짓는다면 … 달라진다. 아기를 맡길 수 있으니까. … 우리 회사에서는 남자를 … 취업계약을 해준다. … 월수가 100만원으로 올라…. 둘이서 … 150~200만원은 벌 수 있다. … 100만원을 예금할 수 있다. 1년 반만 예금하면 1,800만원이 된다. … 영세민 아파트 하나 마련할 수 있다. …. 탁아소 하나 짓는데 … 수십억 원 …. 탁아소 하나 지으려고 도장 받는 데 고생하고, 기업이 짓겠다는 데도 땅을 안 줘 … 사서 지어야했다. 달동네 사람들이 1~2년 만에 집을 사니 … 소문이 났다. 너도나도 취직시켜달라고 …. 삼성은 탁아사업을 통해 달동네 주민들이 '정부도 구제할 수 없다'는 가난을 벗어나는 데 큰 도움이 되고 있다. 삼성건설은 …, 고정수입을 보장해…. 이 같은 탁아사업은 회장의 특별지시에 따라 삼성물산이 … 유럽 국가의 교육 자료나 시설, 노하우, 운영에 필요한 소프트를 확보하여 제공하고 있다."

# 352 탁아소를 세우면
# 빈민 2세 방지할 수 있다

"내가 탁아소를 세우는 것은 단지 아이들을 돌보는 차원에서 그치는 것이 아니다. 내게는 철학이 있다. 첫째가 가난으로부터의 탈출, 두 번째는 빈민 2세의 방지를 위해서다. 부부가 안팎에서 벌 수 있는데도 아이 때문에 집에 있어야할 때, 그 아이를 누군가가 돌봐주면 이 부부의 수입은 두 배가 된다. 한 사람이 번 것을 꼬박 저축해봐라. 한 달에 50만원씩 1년만 해도 6백만 원이다. 이렇게 3년 고생하면 변두리에 전세방이라도 얻고, 더 들어가면 훌륭한 자기 집을 가질 수 있다. 영세민들의 가장 큰 소원은 집을 갖는 것이다. 경제적으로 여유가 생기면 아이들을 교육시킬 수 있고 이 아이가 커서 자기 밥벌이를 하면 부모의 가난을 물려받지 않아도 된다. 그러면 빈민 2세는 나오지 않는다."

회장으로 취임한 1988년 이 회장은 탁아사업을 구상하고 추진하기 시작했다. 여기저기서 반대의 목소리가 나왔으나 이 회장은 특유의 집요함과 추진력으로 밀어붙였다. 그는 탁아사업에도 완벽한 일류를 추구했다. 건축이 시작되기 전 이 회장은 '이왕 지을 바에는 최고의 시설로 지어라'고 지시하고 아이가 사용하는 계단의 높이와 손잡이의 틈새까지도 세심히 신경 쓰라고 주문했다. 아이가 가장 편안하게 용변을 볼 수 있는 변기를 설치토록 특별주문생산까지 했다.

이 회장은 나서는 것을 싫어해 행사나 기념식에는 안 나가도 탁아소 일이라면 달려 나가곤 했다.

# 353 국가경쟁력을 높이기 위해
# 기업이 할 수 있는 일을 찾아라

"국가경쟁력이 높아져야 기업경쟁력도 높아지므로 국가경쟁력을 높이기 위해 기업이 할 수 있는 일들을 찾아보라. 이런 차원에서 1억 평 규모의 국제자유무역도시 건설을 기획해 그 안을 정부에 제시하라. 계획을 짤 때는 물류와 효율적인 국토활용을 염두에 두고 특히 도로 폭이 100미터 이상이어야 하며 지하공간도 충분히 활용하는 방안을 강구해야한다."

위는 1993년 비서실 신 경영추진 팀에게 내린 이 회장의 지시에서 구체적인 모습을 보이는 삼위일체론 대강의 내용이다.

이 회장은 삼성뿐 아니라 국민, 정부, 기업이 하나가 되어 전부 변해야 한국이 경쟁력을 가지고 세기말적 변화에 대응할 수 있다며 삼위일체를 늘 강조해왔다. 삼위일체론이란 정부는 정책을 통해서, 국민은 따뜻한 이해와 격려를 통해서 기업을 뒷받침해주고, 기업은 좋은 물건 빨리 값싸게 만들어서 세계시장에 내다팔고, 여기서 얻은 이윤을 국민과 사회를 위해서 쓰겠다는 자세를 갖추어야한다는 게 이 회장의 논리였다.

그러나 북경발언의 파문은 정치, 사회적 여건 때문에 신 경영 진로에도 영향을 미쳐, 이후로는 신 경영의 정신이 회사 내부로만 향하게 되었다.

배동만 전략홍보 팀장은 안타까운 마음을 다음과 같이 전했다.

"북경발언은 이 회장이 맹렬한 속도로 쫓아오는 중국의 추격을 느끼고 삼위일체를 통해 사전에 대비할 것을 호소한 것이었으나, 정치, 사회적인 현실 때문에 삼성이 제자리걸음하게 된 것은 안타까운 일이다."

# 354 내 생일에는
# 복지시설에 선물을 보내라

"내 생일에는 고아원이나 양로원 등 주변 복지시설에 선물 한 가지씩을 보내서 기쁨을 나누도록 하면 좋겠다."

사랑고백 한 번 못 받아봤다는 이 회장의 부인 홍라희 여사는 매년 1월 9일 떡국과 떡, 과일, 설탕, 비누 등 생필품을 가득 담아 경기도 의왕시 나환자촌인 성 나자로 마을을 찾아가 용돈봉투를 건넨다.

2015년 37년째를 맞은 홍 여사의 선행은 원불교 박청수교무의 소개로 시작됐다. 1979년 무렵 박 교무가 우이동 원불교수도원에 근무할 때 홍 여사가 소속한 불교여신도모임인 불이회(不二會) 회원들을 상대로 강의를 했다. 이후 홍 여사는 원불교강남교당 부지마련에 사재 2억 원을 쾌척, 주변을 놀라게 했다. 그 후 홍 여사는 자신이 평생 봉사할 수 있는 단체를 희망했고, 박 교무로부터 성 나자로 마을을 소개받음으로써 홍 여사와 성 나자로 마을의 인연은 시작되었다. 박 교무는 홍 여사와의 이런 인연으로 삼성의 1호 보육사업인 '미아샛별어린이집'의 초대원장을 맡게 된다.

1997년 1월 9일 자신의 생일축하 만찬 자리에서 이 회장은 50여 명의 계열사 사장들에게 생일선물 사절을 선언했다. 부인이 자신의 생일에 맞춰 소외계층을 찾는 것을 알고 있는 이 회장은 위와 같은 당부를 덧붙이며 의미 있는 메시지를 던졌다. 이 일은 삼성이 매년 초 계열사별로 실시하는 '회장명의 지원 사업'의 출발점이 되었다.

# 355 기업하기 좋은 나라 되려면
# 빈민층이 사라져야 한다

"달동네 빈민들이 어떻게 생활하는지 생생하게 있는 그대로 비디오로 담아 사장단은 직접 보라."

이 회장은 회장으로 취임한지 겨우 1년이 지난 1988년 말 경영과는 아무런 관련이 없는 이런 특이한 지시를 내려 사장단을 당혹케 했다. 삼성 봉사활동을 총괄한 한용외 삼성전자 배색가전부문사장은 '이때부터 삼성 사장단은 주말약속을 삼가고 너도나도 달동네로 달려갔다.'고 회고했다.

이 회장이 삼성 사회봉사의 트레이드마크로 내세운 보육 사업에서 사회에 공헌해야한다는 그의 철학은 잘 나타난다. 보육 사업은 그가 강조하는 '1석5조'의 효과와 같은 맥락을 이룬다.

빈민촌에 탁아소를 세우면 부모들은 안심하고 경제활동에 전념할 수 있어 빈곤에서 탈출할 수 있고, 더불어 빈민자녀 양산도 예방할 수 있다. 자녀들은 위험한 환경에서 벗어나 양질의 교육을 받을 수 있게 되고, 또 정부는 저소득층의 생계문제와 고용부담을 덜 수 있다. 기업은 공익사업 참여로 이미지를 쇄신하면서 구매력 확대로 이어갈 수 있다.

1994년 초 배종렬 비서실 홍보팀장은 재계차원에서 보육 사업을 추진하라는 이 회장의 특명을 받고, 모그룹 총수를 찾아가 보육사업 전망에 대해 30분가량 설명했으나, 재계차원에서 추진하기는 무리라는 답변만 들었다. 이리 되자 삼성은 사회봉사단을 조직하고, 사회봉사활동을 사장단 평가 자료로 활용하기로 하는 등 사회공헌사업을 직접 구체화했다.

# 356 지나가는 사람도 차 한 잔 할 수 있는 공간 마련하라

"삼성본관 로비는 공공의 장소입니다. 직원은 물론 일반인도 감상할 수 있게 의미 있는 암각화를 큼지막하게 준비해 개조해주십시오."

삼성본관 로비 정면에 초대형 '십장생' 암각화가 걸린 사연은 이랬다.

1986년 어느 날 이 회장 부자에게는 걱정거리가 생겼다. 화강석으로 된 본관 로비 벽에 철분이 넘치면서 흘러내린 것이다.

수소문 끝에 이종상 서울대박물관장에게 녹물 때문에 흉물스럽게 변한 본관정면을 개조해달라고 부탁했고, 이 관장은 여러 가지 방안을 추진했다. 당시 부회장이었던 이 회장은 위와 같이 암각화 아이디어를 냈다.

이 회장은 "지나가는 사람이나 고객들도 이 작품을 볼 수 있도록 빌딩 정면을 유리로 만들고, 작품을 감상한 뒤에 차도 한 잔 할 수 있는 공간을 마련하라"고 지시했고, 삼성은 그의 지시에 따라 1997년 1층 로비를 포함해 태평로의 주요빌딩을 연결하는 대규모 건물 수리에 들어갔다.

이처럼 '문화' 또한 이 회장의 경영철학을 이해하는 데 빼놓을 수 없는 부분이다.

본관 정면에는 십장생, 뒤에는 첨단디지털제품 전시장이 있고, 본관 바로 옆 삼성생명빌딩에는 로댕의 명작 '지옥의 문'이 상설 전시되고, 본관 오른쪽엔 남대문, 왼쪽엔 덕수궁이 조화를 이룬다. 이 관장은 삼성본관주변을 동양과, 서양, 과거와 현재의 절묘한 만남을 의미하는 거리로 조성하고 '문화의 거리'라 이름 지었다.

# 357 기업도
## 철학과 문화를 팔아야한다

"21세기는 문화의 시대이자 지적 자산이 기업의 가치를 결정짓는 시대다. 기업도 단순히 제품을 파는 시대를 지나 기업의 철학과 문화를 팔아야한다."

이 회장은 문화와 경영은 별개가 아니라 한 묶음이라는 특유의 철학을 1996년 신년사에서 이 같이 드러냈다. 같은 해 열린 전자계열 사장단회의에서도 "전자는 안목 있는 젊은 화가나 조각가에게 각 제품의 디자인이나 색깔을 자문 받고 필요하면 문화재단과도 협조하세요."라고 지시하며 제품과 문화를 연결하는 방법을 구체적으로 제시했다.

이 회장은 평소 제품에 그 나라의 문화가 깃들어있지 않으면 단명하게 되고 이는 곧바로 경쟁력 저하로 연결된다는 생각을 가지고 있다. 그가 신 경영이 한창이던 무렵 '문화'를 화두로 던진 이유는 이런 그의 신념을 반영한 것이라 할 수 있다. 이에 대한 평가는 질경영의 안착지점을 '문화경영'이라고 여기고 강력한 드라이브를 걸었다는 것이다.

이 회장은 삼성의 이미지홍보도 문화를 매개로 하는 방향으로 전개돼야 한다고 보고, 이미 1994년에 '문화홍보'를 다음과 같이 지시했었다.

"삼성의 자기보호 전략은 무엇인가? 매출 등으로만 홍보한다면 반감만 사게 된다. 이제는 문화 사업으로 국민에게 차원 높은 삼성의 이미지를 심어주는 전략을 짜야한다. 국민에게 좋은 일도 하고 대국민 삼성이미지도 제고할 수 있는 대책을 마련하라."

# 358 해외사업에서 부도나면 나라 이미지가 떨어진다

"부도 사태가 나면 주식회사 대한민국의 이미지가 뚝 떨어진다. 손익은 차후문제다."

1979년 이 회장은 그룹 부회장이 되면서 해외사업추진위원장이라는 직함을 하나 더 받았다. 삼성은 당시 중동시장 개척을 위해 신원개발을 인수했다. 신원개발은 국제계약 능력도 없는 상태에서 무리하게 수주하는 바람에 이라크 움카슬의 5,6,7부두공사가 중단된 상황이었다. 이라크로서는 중요한 사회간접자본인 만큼 우리 정부에 항의했고, 이에 따라 정부 측의 고충도 이만저만이 아니었다.

그때 이 회장은 해외사업추진위원장 자격으로 위와 같이 말하며 공사를 강행하라고 지시했다. 계약서상의 공사비는 3천4백만 달러였으나 실제로는 7천만 달러가 들었다. 부두공사 성공으로 금전적으로는 배 이상의 손해를 보았지만, 북한과 더 가까웠던 이라크가 우리 정부와 수교하는 데 한몫하며 국익에 일조했다고 양인모 삼성엔지니어링 부회장은 전한다.

신 경영선언 직전, 이 회장이 등에 식은땀이 흐를 정도로 절박한 위기의식을 느꼈던 것은, 삼성 하나만 잘 되자는 게 아니라 우리나라 경제가 세계적인 경쟁력을 갖춰나가는 데 삼성이 앞장서야한다는 신념이 있었기 때문이었다. 우국충정 하는 경제인으로서 기업의 이익보다는 나라의 장래를 먼저 생각하고, 국가의 이익과 발전에 이바지해야한다는 것은 이 회장이 부회장시절부터 가져온 국가관이었다.

# 359 환자의 입장에서 병원을 지어라

1995년 세밑, 삼성서울병원에 이건희 회장이 입원할 것이라는 소식이 전해져 병원 전체에 비상이 걸렸다. 신 경영으로 삼성그룹시스템과 임직원들의 의식개혁이 한창이던 때인지라 이 회장을 기다리는 병원의 분위기는 극도로 긴장돼 보였다고 한다.

1999년 작고한 한용철 원장을 비롯한 병원수뇌부의 움직임이 예사롭지 않은 가운데, 아주 건강한 모습의 이 회장이 비서진과 함께 뚜벅뚜벅 걸어서 병원으로 들어와 3일 동안 20층 특실에 머물다가 퇴원했다고 한다.

이 회장은 입원해 있는 동안 아무 치료도 검사도 받지 않은 채, 다만 외래환자가 다 빠져나간 저녁에만 모자를 쓴 채 휠체어를 타고 특실에서 나와 매일 한두 시간씩 병원 구석구석을 돌아다녔다.

이 회장은 환자와 내방객들의 입장에서 동선을 일일이 확인하고, 시설과 서비스 등을 직접 점검하며 병원 곳곳을 돌아보았다.

이 회장은 병원을 짓기 전에 이미 병원관계자들에게 '존스홉킨스 병원, 도쿄대병원 등 세계 유명병원에 사나흘 간 입원해 환자의 입장에서 병원을 살펴보라.'고 지시했었다.

삼성 서울병원은 신기하게도 지하 4층까지 햇볕이 들고, 병원 특유의 냄새인 포르말린 냄새가 나지 않는다. 이는 환자의 입장을 충분히 고려해 고감도 서비스를 추구하는 병원 짓기를 바란 이 회장의 배려에서 나온 결과다.

# 360 영안실 이노베이션으로
# 장례문화 업그레이드

"서울 와서 병원에 한 번 가 보세요."

이 회장은 입원하기 몇 개월 전 임경춘 전 삼성 일본본사부회장에게 이렇게 지시했다. 임 전 부회장은 급히 채비를 갖춰 삼성서울병원 영안실을 목적지로 서울 출장길에 올랐다.

와서 보니 영안실은 이 회장의 말마따나 정말 '도떼기시장'이었다. 국내 최대 규모, 최신식 시설의 병원을 열어 차별화한다고 했지만, 영안실분위기만은 다른 병원과 다를 게 하나도 없었다. 술 냄새, 담배연기, 향내가 섞여 퀴퀴했고 여기저기서 시끄럽게 떠드는 소리와 문상객들로 야단법석이었다. 이 회장은 의료원이 상가는 떠들썩해야 한다는 우리 특유의 장례문화를 경건하고 조용한 방향으로 바꿔주길 원했다.

벽에 흡음재를 붙이고 간접조명을 설치하고 상주가 쉴 수 있는 공간을 마련하는 등 개보수 공사를 즉각 진행했다. 비어있던 지하 2층부터 먼저 이 개념을 도입해 식당과 휴게소, 샤워시설을 만든 다음, 지하 1층을 닫은 뒤 천장 구조를 바꾸고, 분향 대엔 특별한 환기시설을 설치해 향냄새를 흡수하게 하는 전면적인 리노베이션이 이루어졌다.

병원관계자들의 근태를 파악하고, 염할 때 주고받던 촌지를 포함, 잘못된 관행을 근절시켰다. 그 결과 삼성서울병원이 환자편의 위주의 신 경영개념을 도입해 의사들이 환자를 대하는 태도와 장례서비스에 대한 인식을 크게 바꿔놓아, 병원문화와 장례문화를 발전시켰다는 평을 받았다.

# 361 화장실은
# 편안하고 아늑한 곳이라야 한다

"왜 이리 어두워요! 편안하고 아늑하게 느껴져야 할 곳이 이렇게 지저 분하면 어떡합니까? 벽에 조화라도 붙여요. 비누는 손을 뻗으면 바로 잡히는 곳에 있어야하지 않겠어요? 거울도 좀 큰 걸로 갖다 놓으세요."

1993년 6월 베를린의 삼성전관 독일 생산법인 화장실에서 이 회장이 이렇게 목소리를 높였다.

수행 중이던 김순택 삼성전관 전무는 아무 말도 못하고 그저 거침없이 쏟아내는 이 회장의 말을 수첩에 받아 적기에 바빴다. 삼성전관 독일법인은 1992년 이회장이 독일정부관계자들과 직접협의를 거친 후 도시바, 필립스, 톰슨 등 세계적인 기업들을 물리치고 인수한 공장이다.

이 회장의 이런 지적은 한국인은 물론 독일인까지 화장실에 대한 통념을 바꾸는 계기가 되었다. 회사는 즉각 수십만 마르크를 들여 개조에 나섰고 화장실은 호텔의 수준이 되었다. 당시 이 회장의 지적사항은 무려 스물세 가지나 되었다고 한다.

우리나라에서 화장실문화 운동이 본격화된 것은 2002년 한·일 월드컵을 앞둔 2000년부터였다. 월드컵을 일본과 공동 개최하게 됨에 따라 외국인들이 직접 적나라하게 비교할 상황이 되자 지방정부와 시민단체가 나서서 운동을 전개했다. 화장실은 문화의 척도가 될 수 있다는 점을 감안할 때, 삼성이 화장실의 문화·휴식 공간화 운동을 앞장서서 이끎으로써 우리 국민들의 의식을 향상시키는 선도자 역할을 했다고 할 수 있겠다.

# 362 삼성 성장의 힘은 회장의 리더십
## ―강영훈 전 총리

1998년 이재용 상무의 결혼식 주례를 맡았던 강영훈 전 총리는 삼성과 이건희 회장에 대해 이렇게 분석했다.

"국민소득 2만 달러 달성을 위해서는 삼성과 같은 세계적 기업이 7~8개가 나와야한다." "삼성의 성장에는 이 회장의 리더십이 큰 역할을 했다." "1980년대 이병철 회장과 골프를 자주 쳤는데 그때마다 선대 회장은 이 회장의 경영수업에 대해 관심이 높았던 것으로 기억한다." "이 회장이 동양방송과 중앙일보 이사로 근무하면서 한국, 나아가 세계를 조망할 수 있는 시야를 가질 수 있었을 것이다." "삼성이 정경유착으로 성장했거나 이 회장 오너 일가와 관련된 도덕적 흠집이 있었다면 주례요청을 거절했을 것이다." "삼성의 무노조 신화는 이 회장의 인간존중 철학에 근거한 것으로 삼성은 부의 사회 환원에 가장 적극적이다." "내가 1998년 사회복지공동모금 회 초대회장으로 취임했을 당시 이 회장은 100억원을 쾌척했으며, 대한 적십자사 행사 등에도 삼성의 지원이 여러 차례 있었다." "삼성 계열사들은 각급 책임자에게 전결권을 주고 있으며 이런 기업문화로 인해 업무 스피드가 높아지는 게 아니냐. 그런 의미에서 이 회장은 '아무것도 하지 않고 있으나 모두 다 하고 있는 사람'이다."

이 회장이 정치에 뜻을 뒀다면 성공할 수 있었겠느냐는 질문에 "난장판인 우리 정치판에 이 회장 스타일은 어울리지 않는다. 정치보다는 기업을 키우는 게 우리나라를 위한 큰 정치다."라며 인간적 신뢰를 드러냈다.

# 363 이 회장은 지장이다
## −박용성 전 대한상의회장

"덕으로 조직원을 아무리 잘 추스르고 난국을 돌파하는 용맹스러움을 가지면 뭘 합니까? 방향 한번 잘못 잡으면 그 회사는 바로 망해요. 회장이 선두에 나서서 '나를 따르라'고 한 그룹은 모두 망했습니다. 지금은 그런 리더십이 필요한 시기가 아닙니다."

박용성 전 대한상의회장(두산중공업회장)은 2003년 미래청사진에 대한 왓슨 와이어트 사의 '오너 경영의 가장 모범적인 사례는 삼성그룹이며 삼성이 가장 이상적인 오너경영방향으로 가고 있다'는 요지의 컨설팅결과를 보고받았다고 한다. 우리 현실에 뿌리를 둔 우리 기업이 우리 현실에 맞춰 성공했기 때문에 한마디로 '삼성을 그대로 따라하라'는 것이었단다.

"삼성은 이건희 회장이 현장에서 한발 뒤로 물러나 큰 전략을 만들어 제시하고 각 관계사 CEO들이 그 전략을 실전에서 펼친 뒤 성과에 따른 보상과 책임추궁이 확실하다. 우리가 가야할 길이라고 본다."

박 회장은 위와 같이 말하며, 리더타입 면에서 이 회장은 '덕장(德長)'과 '용장(勇將)'보다는 '지장(智將)'에 가까운 사람이라고 평하고, 현대사회에서 가장 필요로 하는 리더는 지장이라고 생각한다.

박 회장의 말뜻은 경제규모가 커진 오늘날에는 오너가 미래의 트렌드를 잘 파악해 전략적 방향만 제시하면 된다는 것이다. 이 회장이 취임 이후 삼성그룹이 나아갈 전략방향을 제시했고, 삼성이 그 방향에 맞춰 조직의 힘을 모았기에 오늘날의 삼성이 건재하다는 것이다.

# 364 사려 깊은 철학자
# -이경숙 숙명여대총장

"원칙과 기본을 상당히 중요시한다는 인상을 받았습니다. 돈을 못 버는 한이 있어도 인간존중, 사회봉사 등 기본가치를 먼저 내세울 분이라는 생각이 들었습니다. 마치 철학자와 얘기를 나누는 것 같았어요."

이경숙 숙명여대총장이 가진 이건희 회장의 이미지는 '사려 깊은 철학자'다. 2002년 삼성 이건희 장학재단이 출범하면서 이 총장은 재단의 심사위원장으로 위촉되었고 두 사람은 정식으로 만나게 되었다. 2002년 9월 이 회장은 이 총장을 승지원으로 초대해 먼저 말을 건넸다.

"일주일 전부터 숙명여대를 위해 무슨 아이디어가 없나, 도와줄 수 있는 방법이 없나 구상했습니다. 1년에 우리나라 여성지도자급이 될 수 있는 10명을 발굴, 키워내는 게 어떻습니까? 그것이 숙명여대를 다르게 만들 것입니다."

이 총장은 이 회장이 만나는 수많은 사람 중 하나인 자신과 자신이 속한 기관의 발전방향을 일주일 내내 고민한 사려 깊음에 한 번 놀라고, 이 회장이 일주일 만에 생각해낸 방안의 절묘함에 두 번 놀랐다고 한다.

"그날 만찬에 들어가기 전에는 삼성의 이건희라는 기업가를 만나는 줄 알았는데 끝날 시점에선 철학자 이건희와 만나고 나오는 느낌이었다. 이후 수차례 이 회장을 만났지만 그날의 인상이 한 번도 흐트러진 적은 없다. 이 회장은 여성이건 남성이건 사람을 존중한다는 차원이지 여성만 더 대우해준다는 차원은 아닌 것 같다는 인상을 받았다."고도 말했다.

# 365 최대장점은 끊임없이 사색하는 것
## —이우에 산요전기회장

"종업원을 소중히 여기는 경영철학이다. 최근 삼성이 급성장한 최대요인도 바로 '인재'에 기인한다."

산요전기의 이우에 회장은 이 회장의 어떤 점이 가장 인상 깊게 남느냐는 질문에 이렇게 주저 없이 대답하고 다음과 같이 이 회장을 평했다.

"2002년 이 회장 초청으로 서울을 방문할 당시 이 회장이 '삼성이 산요로부터 여러 가지 도움을 받았다'면서 전세기를 내주는 등 극진한 대접을 받아 그가 은혜와 의리를 중시하는 기업가라는 인상을 받았다. 이 회장의 최대장점은 혜안을 키우기 위해 끊임없이 사색하는 것이다. 삼성이 비약적인 발전을 이룬 데는 이 회장의 경영철학인 '경영의 스피드와 인사의 공정성'이 바탕이 됐다."

지장, 덕장, 용장 가운데 이 회장은 어느 쪽에 가까우냐는 질문에 "용장 밑에는 약졸이 없고 덕장 밑에는 배신자가 없고 또 지장 밑에는 잔꾀 부리는 사람이 없다. 이 회장은 이런 부문을 두루 갖췄다. 그 중에서도 지장의 측면이 강하다."고 말했단다.

한편 이우에 회장은 이회장과 몇 해 전에 면담할 때, "한국은 금속제 식기를 사용하기 때문에 떨어뜨려도 깨지지 않지만 일본은 도자기를 쓰기 때문에 물건을 소중히 하는 생활문화가 형성되어 있다. 거기에서부터 제조에 대한 자세에 차이가 난다."는 이 회장의 말을 듣고 일본문화에 대한 이해가 깊다는 인상을 받았다고 말했다.                    끝.

❑ 위의 내용들은 각종 일간지 및 잡지와 아래의 책들을 참고했습니다.

이건희 개혁 10년, 김성홍, 우인호, 김영사

100년 앞서가는 사람 이건희, 이용우, 건강다이제스트사

이건희 에세이, 이건희, 동아일보사

마누라 자식 빼고 다 바꿔라, 박원배, 청맥

이건희 이야기, 강승구, 미래미디어

이건희 신 경영철학, 서울PLAN기획실, 포도원